EINE ERFOLGSGESCHICHTE

Birnbach 1959

739	Passau ist Bischofssitz
812	Erster schriftlicher Beleg des Ortsnamens Birnbach
1160	Das Passauer Domkapitel empfängt Birnbacher Besitz.
1329	Passaus „Kryptarier" Pfarrherren zu Birnbach
1410	Bezeichnung Hofmark erstmals belegt
1435	Agnes Bernauer wird in der Donau ertränkt.
1475	Landshuter Hochzeit
1483	Spätgotischer Neubau der Birnbacher Pfarrkirche
1503	Der Landshuter Erbfolgekrieg bricht aus.
1504	Birnbach und Brombach werden gebrandschatzt.
1563	Die Ortenburger Grafen schließen sich der lutherischen Lehre an.
1604	Bau eines Hauses für den Reichenberger Gerichtsamtmann
1648	Schwedisch-französisches Heer lagert vorübergehend nahe Birnbach und Hirschbach.
1672	Caspar von Schmid beginnt mit dem Erwerb von Birnbacher Besitzungen.
1673	Birnbach wird geschlossene Hofmark.
1675	Großer Ortsbrand
1677	Birnbach erhält das Recht zur Abhaltung von Jahrmärkten.
1692	Das Pfarrhaus ist neu aufgebaut.
1693	Caspar von Schmid stirbt am 3. September in Schloss Schönbrunn.
1695	Birnbach bekommt seinen eigenen Heiligen, Chrysantus.
1701	Spanischer Erbfolgekrieg entbrennt.
1704	Kurfürst Max II. Emanuel flieht nach Brüssel. Bayern wird kaiserlich-österreichisch besetzt.
1705	Birnbachs Pfarrhof wird von der kaiserlichen Soldateska geplündert.
1706	Aidenbacher Bauernschlacht
1715	Kurfürst Max II. Emanuel kehrt aus dem Exil zurück.
1741	Eintritt Bayerns in den österreichischen Erbfolgekrieg
1774	Abtragung des Kirchturms wegen Schräglage
1797	Endgültiges Ende des „Birnbacher Bierkriegs"
1802	Einführung der allgemeinen Schulpflicht
1803	Säkularisation. Aufhebung der umliegenden Klöster und des Hochstifts Passau
1806	Bayern wird Königreich.
1831	Wiederaufrichtung des Kirchturms
1866	Das Institutsgebäude (heutige Grundschule) wird eingeweiht.
1870	Bayern wird Teil des Deutschen Reichs.
1871	Graf Max von Arco auf Valey erwirbt Schloss und Brauerei.
1879	Bahnanschluss Birnbachs
1901	Erster Telefonanschluss in Birnbach
1906	Eröffnung eines Kindergartens
1914	Neuer Pfarrhof wird errichtet.
1918	Bayern wird Republik.
1972	Birnbach, Hirschbach, Brombach, Asenham und Untertattenbach werden Großgemeinde Birnbach.
1976	Inbetriebnahme der Rottal Terme
1984	Birnbach wird Markt.
1987	Der Markt Birnbach wird Bad.

EINE ERFOLGSGESCHICHTE

Idee
Alexandra Unertl-Bufler

Herausgeber:
Matthias Koopmann
Viktor Gröll
Martin Ortmeier

Impressum

Layout:	Bettina Gschneidner
Illustrationen:	Helga Mader, Isabella Kurić
Satz:	Elisabeth und Angela Bauer
Gesamtherstellung:	BAUER-VERLAG Thalhofen, www.verlag-bauer.de Tel.: 08345/1601, info@verlag-bauer.de
ISBN	978-3-941013-09-4
Druck:	Passavia Druckservice GmbH & Co. KG, Passau

Bild- und Quellennachweis:
Bettina Gschneidner • Viktor Gröll • Georg Gerleigner • Thomas Weber
Thomas Richter • Bernhard Landbrecht • Dietmar Demuth • Georg Stahlbauer
Matthias Wurm • Günter Schäftlein • Horst Miersen
Rudolf Groisshammer, www.aidenbach.de und www.kufv.de

Kurverwaltung Bad Birnbach • Landratsamt Rottal-Inn, Gerti Dilling
Freilichtmuseum Finsterau und Massing • Heimatkundekreis Bad Birnbach im R. d. G.
arc-Architekten • Gebhard & arc-Architekten

Landesamt für Vermessung und Geoinformation 2011- Stiche von Michael Wening (Schloss Reichenberg, Markt Pfarrkirchen, Schloss Neudeck, Schloss Baumgarten, Schloss Brombach)

Falls wir Urheber von Texten und Bildern nicht ausfindig machen konnten, werden diese um Nachricht gebeten. Die Mengenangabe bei Rezepten gilt für 4 Personen.

Inhalt

10 Durch die Jahrhunderte *Matthias Koopmann*

An Peros Bach · Von Grüftlern & Familliensinn · Brandschatzung & Glaubensnot
Unfälle, Pest & Reibereien · Aufstieg & Tragödie · Wiederauferstanden aus Ruinen
Ein Heiliger und ein Rebell · Aufstand, Künstler & Bankrott
Fromme Fräulein - neue Zeiten

Viktor Gröll **Eine Erfolgsgeschichte 40**

Wie alles ins Rollen kam · Mit Kannen und Kübeln
Die Väter der Badentwicklung · Erste Schritte · Das ländliche Bad
Trendsetter Vitarium · Gerüstet für die Zukunft

62 Von Kirchen & Schlössern *Matthias Koopmann*

Birnbach, Neudeck, Asenham, Aunham, Hölzlberg, Brombach, Huckenham,
Kirchberg, Hirschbach, Luderbach, Lengham, Schwaibach, St. Veit

Martin Ortmeier **Rottal - Bauernland 74**

Die alten Bauernhäuser rund um Birnbach · Einöden und Weiler
Der Blick für die Spuren · Altes Bauernland braucht eine Martinskirche
Spuren der Zeit, des Vergehens und Erneuerns

88 Durch's Jahr *Martin Ortmeier/Josef Bauer*

Winter: Rauhnacht, Weihnachten, Fasching... Kohlgerichte, Ganserlbraten...
Frühjahr: Bauer sein, Immer draussen, Spiele... Kräutersuppe, Kalbsleber...
Sommer: Getreide hat Bares gebracht... Kartoffelbratl, Hollerkücherl...
Herbst: Feste und Märkte, Leonhardiritt... Rehragout, Dampfnudeln...

Martin Ortmeier/Viktor Gröll **Lebensbilder 140**

Franz Xaver Unertl · Ludwig Mayer · Hans Wasner · Englbert Hölzl
Josef Hasenberger sen. · Siegfried Biermeier · Hans Putz · Erwin Brummer
Minerl Sigl · Josef Kagerer · Auszeichnung für ein Lebenswerk

Wie es zu diesem Buch kam

Josef Bauer, Verleger

„Nein, kein Kochbuch", das war die klare Aussage von Alexandra Unertl-Bufler, als ich die damalige Vorsitzende des Rings der Gastlichkeit im März 2009 besuchte. „Wir brauchen etwas Anderes, etwas Besonderes: Geschichte leicht und locker erzählt, in vielen kleinen Kapiteln. Ein Buch für Einheimische und Gäste." Die Idee war geboren, auch Minerl Sigl bestärkte uns. Klar war auch, dass für die Gestaltung des Layouts und des Umschlages nur Bettina Gschneidner (re.) in Frage kam.

Jetzt sind meine Frau und ich zwar schon seit über 30 Jahren regelmäßig im ländlichen Bad und haben dort auch 1995 gemeinsam mit Josef Kagerer vom Ring der Gastlichkeit und dem Frauenbund unter Federführung von Angela Scheibelhuber ein Kochbuch erstellt, aber ein „schönes Birnbach-Buch"? Da braucht es Mitstreiter.

„In Passau gibt's einen, der tolle historische Stadtführungen macht, der kann bestimmt auch schreiben." So stellte Unertl-Bufler den ersten Kontakt mit Matthias Koopmann her, der höchst erfolgreich seit 10 Jahren in Stadt und Landkreis Passau interaktive Kostüm-Theater-Führungen und -Arrangements veranstaltet. In akribischer Kleinarbeit sichtete der Historiker den vorhandenen Quellen- und Literaturbestand, wertete und wählte aus. Das Ergebnis ist eine konzentrierte, spannend zu lesende Zusammenschau des aktuellen Forschungsstands zur Birnbacher Geschichte, angereichert - wie etwa im Fall der Apollonia Orthner - mit kritischen Bemerkungen, neuen Details und Sichtweisen.

Als ich ihm erläuterte, dass nach meinen Vorstellungen in einem Buch über Bad Birnbach auch das Leben auf dem Land mit den daraus resultierenden Arbeiten während des Jahreskreises und den bäuerlichen Bauten Platz finden muss, schlägt Koopmann für diesen Part Dr. Martin Ortmeier vor. Der leitet seit 1984 die niederbayerischen Freilichtmuseen Massing und Finsterau. „Als würde die Zeit der vierziger, fünfziger und sechziger Jahre noch einmal auferstehen, so lebendig erzählt da ein Kenner des Lebens im Bayerischen Wald, im niederbayerischen Rottal, in der Stadt Passau", beschreibt Dr. Winfried Helm den profunden Kenner Niederbayerns. Wenn Ortmeier durch die Gegend geht oder fährt, sieht er Details, die „Otto-Normalverbraucher" nicht auffallen - der gelernte Ofenbauer sieht Spuren der Zeit.

Wie es zu diesem Buch kam

Der Historiker Koopmann endet mit seinen geschichtlichen Betrachtungen zu Beginn des 2. Weltkriegs. Also braucht's noch einen Insider, der die Erfolgsgeschichte Birnbachs authentisch und mit dem nötigen Hintergrundwissen vermittelt. Viktor Gröll jun. ist seit mehr als 20 Jahren als Berichterstatter für die Passauer Neue Presse unterwegs. So hat er das Schreiben von der Pike auf gelernt und auch im Blut: Sein Vater Viktor Gröll sen. war lange Jahre als Kreisredakteur für dieses Blatt tätig und ein Wegbegleiter des ländlichen Bades in den schwierigen Anfangsjahren.

Fast 25 Jahre lang war Viktor Gröll jun. in der Rottal Terme beschäftigt, viele Jahre davon in leitender Funktion. So kennt er Bad Birnbach aus dem Effeff. Er hat mittlerweile in schwieriger Zeit das Amt des Kurdirektors übernommen. Ein Beweis mehr, dass wir den idealen Autor für dieses Kapitel gefunden haben.

Aber Birnbach ist nicht nur Geschichte; das Salz in der Suppe sind die Geschichten. Ein wahrer Genuss war es, als Minerl Sigl, Josef Kagerer und Franz Unertl, der Sohn des legendären Bundestagsabgeordneten, dem Volkskundler Ortmeier Geschichten, Erlebnisse und Anekdoten erzählten. Sie bilden die Grundlage für den Bereich Feste und Bräuche im Jahreslauf. Auch Maria Mayer wusste Vieles zu berichten, das nicht in Vergessenheit geraten soll.

Sie, liebe Leser, werden natürlich das eine oder andere vermissen: Josefifeier beim Weißbräu, Maibaumaufstellen, Johannisfeuer, Kräuterweihe an Maria Auffahrt, Erntedank, Kirchweih usw. Wer ein Buch, ein Kaleidoskop über Birnbach herausgibt, braucht den Mut zur Lücke. Vielleicht gibt es später einmal die Gelegenheit dazu in einem weiteren Band.

Da zu den Festen im Rottal traditionelle Schmankerl gekocht, respektive gebacken werden, konnte der ursprüngliche Verlegerwunsch nach einem Kochbuch wenigstens zum Teil berücksichtigt werden. Acht Wirtshäuser haben saisonale Schmankerl vorgestellt, einige Privatpersonen haben uns traditionelle Rezepte für unser Buch zur Verfügung gestellt. Dieser „Mut zur Lücke" war auch bei den Gasthäusern gefragt und beim letzten Kapitel des Buches, den Lebensbildern. Die Auswahl ist zwar nicht willkürlich, aber doch individuell. Dass nur eine Frau dabei ist, liegt einfach daran, dass die Frauen eher im Verborgenen wirken.

Am Schluss sei all denen gedankt, die Informationen geliefert sowie Fotos, Zeichnungen, Karten und Texte zur Verfügung gestellt haben. Es sind dies die Birnbacher Vereine, die Kurverwaltung Bad Birnbach, die Familien Unertl, Biermeier, Weber-Wasner, Hölzl und Hasenberger sowie Hans und Josef Putz.

Besonders aber danke ich meiner Frau Elisabeth, die seit über zwei Jahren mit großer Geduld, aber doch dem nötigen Nachdruck den Kontakt zu den Autoren, Gasthäusern und diversen Ämtern gehalten hat. Ohne sie gäbe es dieses Buch nicht.

Bauer Josef

Familienbetrieb Bauer-Verlag: Josef Bauer, seine Frau Elisabeth und die beiden Kinder Thomas und Angela

Bad Birnbach – das ländliche Bad.

Dieser Slogan steht für unseren Kur- und Erholungsort seit Anbeginn. Er beschreibt eine Erfolgsgeschichte, die bis heute in der deutschen Bäderwelt einzigartig ist. Und doch: Was sich so leicht dahin sagt, bedurfte einer äußerst weitsichtigen Planung und viel Energie, um den vorgegebenen Weg auch durchzuhalten.

Unseren Gründervätern sind wir heute zu großem Dank verpflichtet. Sie haben in einem historisch wertvollen Ort ein Fundament geschaffen, auf dem mit der Zeit weit mehr als 2000 Arbeitsplätze aufgebaut wurden. Sie haben es verstanden, die vorhandenen Werte und Strukturen in der geschichtsträchtigen Hofmark aufzugreifen und in eine neue Zeit hinein zu entwickeln. So ist in Bad Birnbach kein Kurort auf der grünen Wiese entstanden, sondern eine homogene Struktur, die Gästen wie Einheimischen gleichermaßen eine hohe Lebensqualität bietet.

Bad Birnbach

Wirtschaftlich können wir uns den Fremdenverkehr gar nicht mehr wegdenken. Was wäre das Rottal, gäbe es den Tourismus nicht? Als „ländliches Bad" haben wir uns von unseren Nachbarn Bad Griesbach und Bad Füssing deutlich abgesetzt. Und das ist gut so. Die drei Orte im „Rottaler Bäderdreieck" müssen sich nicht permanent bekämpfen, sondern ganz im Gegenteil: Sie ergänzen sich bestens.

Aber ist ein ländliches Bad noch zeitgemäß? Diese Frage haben wir uns in Bad Birnbach sehr intensiv gestellt. Die Antwort fiel eindeutig aus: Es ist zeitgemäßer denn je. Um das zu erkennen, brauchten wir keine neuen Umweltkatastrophen und keine weitere Finanzkrise mehr. Das Thema Gesundheit wird die Zukunft beherrschen. Und wo könnte man mehr für die Gesunderhaltung tun, als bei uns? Das Heilwasser der Rottal Terme ist ebenso wie die Rottaler Hügellandschaft ein Geschenk Gottes. Wir wissen das zu schätzen. Nicht umsonst haben wir unsere beiden Quellen dem Heiligen Chrysantus und dem Heiligen Bruder Konrad geweiht, nicht umsonst bewachen drei steinerne Löwen symbolhaft die Quellfassung im Kurpark. Doch es gibt weitere Faktoren, die in unseren Überlegungen eine große Rolle spielen. Die Welt ist zu schnell geworden, für manch einen viel zu schnell. Da tun Orte gut, die den rechten Maßstab behalten haben und auf Nachhaltigkeit setzen statt auf den schnellen Euro. Das ist bei uns in Bad Birnbach der Fall. Mit dem Markenprojekt der Nürnberger Spezialisten von brand:trust wurde das Thema „ländlich" gründlich hinterfragt und schließlich auch für die Zukunft als wegweisend erachtet. Trotz neuer Erkenntnisse haben alte Grundsätze ihre Gültigkeit nicht verloren. Wie hat es Hanns Weber, der frühere Geschäftsleiter des Zweckverbandes Thermalbad Birnbach einmal formuliert: „Ländlich, das heißt nicht billig und schon gar nicht konservativ." Recht hat er! Gerade deshalb ist es gut, dass der Zweckverband Thermalbad Birnbach gemeinsam mit seiner Rottal Terme und unserer Marktgemeinde das Entwicklungsgutachten aus den 70er-Jahren nach 1988 derzeit ein weiteres Mal fortschreibt. So viele Themen stehen an. Woher werden wir künftig unsere Energie beziehen? Wie schaffen wir es, auch für junge Familien ein attraktiver Wohnort zu sein? Wie können wir bei unseren Gästen und bei den Gästen in spe punkten? Kann unser ländliches Bad auch ein klimaneutrales Bad werden? Wir werden sehen, und wir laden alle dazu ein, an der Zukunft unseres Ortes, unserer Marktgemeinde mitzuarbeiten. Jetzt aber wünschen wir erst einmal allen Leserinnen und Lesern eine spannende Lektüre bei einem Ausflug in die jüngere und ältere Geschichte Bad Birnbachs und bei der Betrachtung einzelner Lebensbilder von Menschen, die auf ihre eigene Weise etwas Besonderes sind.

Josef Hasenberger
Bürgermeister

Viktor Gröll
Leiter der Kurverwaltung

Matthias Koopmann

Bad Birnbach – das ist ein lebendiges, modernes Kurbad mit sympathisch-ländlichem Charakter. Das ist genauso aber auch ein Ort mit einer langen faszinierenden, teils dramatischen Geschichte. Es ist das jahrzehntelange Verdienst einer höchst engagierten und aktiven Heimatforschung, wenn sich hier im Folgenden eine Zusammenschau von Birnbachs Schicksalen im Laufe der Jahrhunderte entwerfen lässt.

Besonders hervorzuheben sind die zahlreichen Quellenstudien und Abhandlungen von Hans Putz, der gemeinsam mit Josef Putz die renommierte Reihe der Bad Birnbacher Heimathefte begründet hat. Ihm sei an dieser Stelle für sein bereitwilliges Korrekturlesen und manchem Hinweis herzlich Dank gesagt.

An Peros Bach
9. bis 12. Jahrhundert

Sie markieren den Beginn der eigentlichen Birnbacher Geschichte: Romanus und Gebhard. Zwei verwandte Edelleute. Sie waren begütert, fromm, anscheinend kinderlos und machten sich Gedanken – Gedanken um ihr Seelenheil. Ein gutes Werk sollte ihnen nach dem Tod den schnellen Einzug durch die Himmelspforte sicherstellen. Also schenkten Romanus und Gebhard ihren ganzen Grundbesitz der Kirche, genauer gesagt dem „Altar des heiligen Stephanus", dem Bistum Passau. Teil dieser Schenkung waren auch in ihrem Umfang nicht näher beschriebene Ländereien in Bad Birnbach[1].

Die im Jahr 812 erstellte Schenkungsurkunde enthält den ersten schriftlichen Beleg des Ortsnamens. Freilich sprach man damals nicht von Birnbach, sondern noch von „Perinpah", was sich hochdeutsch mit „Bach des Pero" übersetzen lässt. Ein gewisser Pero muss demnach der Ortsgründer von „Perinpah" gewesen sein. Von ihm erhielten Bach und Siedlung ihren Namen. Und tatsächlich, in der Zeugenliste der besagten Schenkungsurkunde findet man an erster Stelle einen Edlen mit dem äußerst seltenen Namen Pero! Ob es sich bei diesem Pero nun noch um den Ortsgründer höchstselbst, oder schon um einen Nachkommen gehandelt hat, bleibt offen[2]. Fest steht allerdings, dass sich der ursprüngliche Ortsname im Lauf der Zeiten nach und nach verändert hat: Perinpah wurde zu Pirenbach, Pernbach, Pürenbach und Pirnbach. Eine langsame Entwicklung, an deren Ende dann ab etwa 1800 erst der heute wohlvertraute Name Birnbach stand[3].

Ein weiteres, noch aus dem 9. Jahrhundert stammendes Dokument erwähnt bereits eine Basilika, also einen größeren Kirchenbau in „Perinpah". Bischof

Durch die Jahrhunderte

Reginhar (818-838) ließ festhalten, dass ein Edler namens Onhart die zuvor wohl adelige Eigenkirche an das Bistum Passau übertragen, man sie diesem später aber dann wieder „geraubt" habe. Eine klare knappe Angabe, könnte man meinen. Ärgerlicherweise birgt die Quelle aber ein Problem, das Heimatforschern großes Kopfzerbrechen schafft: Der in recht holprigem, nicht eindeutig zu übersetzendem Latein verfasste Originaltext weist auch die nähere Ortsbezeichnung „ad vilusa" auf. Und das heißt „an der Vils". Ein an der Vils gelegenes Perinpah könnte aber schlechterdings mit unserem Birnbach nicht identisch sein. Ob sich allerdings der Hinweis „ad vilusa" zwingend auf das zehn Worte im Text von ihm entfernte Perinpah beziehen muss, ist aus guten Gründen fraglich und umstritten. Wir lassen es an dieser Stelle offen[4].

Auf historisch sicherem Grund bewegt man sich erst wieder um 1160/64. Und zwar erneut dank einer frommen Zuwendung: Diesmal ist es der Passauer Domdekan und spätere Bischof Rupertus, der das Passauer Domkapitel per Testament zum Empfänger seiner Birnbacher Besitzungen macht. Ausdrücklich spricht er dabei auch von „seiner" dort vorhandenen Kirche und den Leibeigenen, die mit ihr verbunden waren. Rupert selbst hatte den betroffenen Besitzkomplex zuvor von Passaus Bischof Konrad als Geschenk empfangen. Daher ist anzunehmen, dass es sich im Kern noch um das alte Stiftungsgut der beiden Edlen Gebhard und Romanus gehandelt hat[5].

Im 12. Jahrhundert lässt sich in den Quellen auch ein vor Ort präsenter Adel nachweisen, der sich nach seinem Sitz „von Birnbach" nennt[6]. Ob diese Birnbacher womöglich noch direkte Nachfahren des Pero, ob sie Edelfreie oder abhängige Dienstmannen des Hochstifts Passau waren, ist ungeklärt. Fest steht allerdings, dass es zu ihrer Zeit bereits drei wesentliche Komponenten waren, die die Grundstruktur des Ortsbildes geprägt haben: die Anwesen der einfachen Dorfbewohner, der Adelssitz und die alles dominierende Kirche, die sich bis ins 13. Jahrhundert von einer grundherrlichen Eigenkirche zum Mittelpunkt einer bedeutenden Pfarrei gemausert hat.

Spitzbogenfriesreste an der westlichen Außenmauer des ehemaligen Südturms. Aufgenommen über dem Gewölbe unter dem Dach der südlichen Seitenkapelle (Frühere Katharinenkapelle)

Von Grüftlern & Familiensinn

13. – 15. Jahrhundert

Wegen ihrer Wirkungsstätte hieß man sie etwas makaber klingend gern „die Grüftler". Gemeint waren die vier Kapläne, die in mittelalterlichen Tagen die Altardienste in Passaus Domkrypta versehen haben. Ein Einsatz, der sich durchaus lohnte: 1329 wies man den „Kryptariern" zur Sicherung ihres Unterhalts die Pfarrei Birnbach an[7]. Die war nach der Eingliederung von weiteren, vormals adeligen Eigenkirchen mittlerweile eine Großpfarrei mit ansehnlichen Einkünften. Mit rund 100 Quadratkilometern umfasste der Pfarrsprengel in etwa das Gemeindegebiet des heutigen Bad Birnbach, teils in Richtung Bayerbach darüber noch hinausreichend[8].

Die Grüftler waren nun zwar offiziell auch Birnbachs Pfarrer, konnten wegen ihrer Passauer Verpflichtungen dies Amt jedoch vor Ort nicht selber ausfüllen. Also setzten sie einen Vikar ein, der die Pfarrseelsorge zu versehen hatte. Die praktisch wie Pfarrer wirkenden und daher meist auch so bezeichneten Vikare konnten spätestens seit dem 15. Jahrhundert auf die Unterstützung von zwei bis drei „Gesellpriestern", einem „Frühmesser" und zeitweise sogar noch einem Prediger zurückgreifen. Ohne Frage waren sie alle viel beschäftigt, mussten außer der Pfarrkirche doch auch noch 13 Nebenkirchen und Kapellen betreut werden[9].

Über Leben und Wirken der mittelalterlichen Geistlichen zu Birnbach ist im Einzelnen kaum etwas bekannt. Eine Ausnahme bildet Pfarrvikar Andreas Grueber[10]. Der 1436 verstorbene Grueber war zumindest zeitweilig zugleich auch noch Kanoniker des Chorherrenstiftes St. Johannes zu Vilshofen. Und natürlich war er fromm: Seiner Pfarrkirche zu Birnbach stiftete er einen neuen Seitenaltar zu Ehren der heiligen Anna, verbunden mit einem festlich zu begehenden Jahrestag und einer ewigen Tagesmesse. Er konnte es sich leisten. Die erhaltene Abschrift seines Testaments bezeugt ein stattliches Vermögen: Grueber verfügte Geldzuwendungen von 68.280 Pfennigen und 22 Gulden, der einzelne Gulden zu rund 240 Pfennigen. Die Größenordnung des Gesamtbetrags verdeutlicht ein Vergleich: Ein Kalb besaß in Niederbayern damals einen Gegenwert von 50, ein Schwein von 60-90 Pfennigen. Zur weiteren Hinterlassenschaft Gruebers zählten u. a. vier Gutshöfe, mehrere Pferde, ein offenbar beachtlicher Viehbestand, eine ungenannte Anzahl Bücher, der unbekannte Inhalt einer vielsagend im sicheren Passau aufbewahrten Truhe und ein kostbarer vergoldeter Gürtel.

Eine Zeichnung der verloren gegangenen Grabplatte präsentiert Grueber als andächtigen Priester mit weich geformten, gutmütigen Zügen. Hierzu passt die Auswahl seiner Erben: Bedacht wurden mehrere, zur Pfarrei gehörende Kirchen, seine geistlichen Gehilfen, Birnbachs Messner und Gruebers nähere Verwandtschaft. Besonders großzügig und fürsorglich begünstigte der Pfarrvikar allerdings Kinder – nämlich seine eigenen! Grueber macht in seinem Testament nicht das geringste Hehl daraus, dass er vierfacher Vater war. Auch die Mutter seiner Kinder weiß er zu benennen und angemessen zu ver-

Epitaph von Pfarrer Andreas Grueber

sorgen: seine Hausmagd Cäcilia. Ein klassischer Fall, könnte man sagen. Und damals durchaus kein Geheimnis. Am wenigsten im Kloster Aldersbach, mit dem Grueber in geschäftlichen Kontakten stand. Ein zeitgenössischer Codex führt Cäcilia denn auch offen und ganz ohne Umschweife als Konkubine ihres priesterlichen Brotherrn an[11].

Wie kam ein Pfarrvikar wie Grueber eigentlich zu seinem ungewöhnlich großen Wohlstand? Fest steht, dass er auch wirtschaftlich Talent besaß und seine Mittel in sehr vorteilhafter Weise investierte. Er kaufte Güter an, die er zu Lebzeiten teils schon an seine Kinder weitergab, engagierte sich im Weingeschäft und als Kreditgeber. Zu seinen Schuldnern zählten der Abt von Aldersbach, der Probst und Klosterkonvent von Ranshofen, Bürger aus Braunau und seine beiden Vettern. Vor diesem Hintergrund darf man getrost voraussetzen, dass sich Grueber auch in der Verwaltung seiner Pfarrgüter als guter Haushälter erwiesen hat. Die Früchte erntete ein Nachfolger nur wenige Jahrzehnte später: 1483 konnte unter Einbindung des alten Turms ein spätgotischer Neubau der Birnbacher Pfarrkirche geweiht werden. Ein Erfolg, zu dem Andreas Grueber zweifellos bereits die ersten Grundlagen geschaffen hatte.

Das Aquarell Casimirs von Ortenburg zeigt von Südwesten her den durch Zäune umgrenzten Pfarrort mit der Woad im Vordergrund, auf der sich heute großenteils der Neue Marktplatz erstreckt.

Brandschatzung & Glaubensnot
16. Jahrhundert

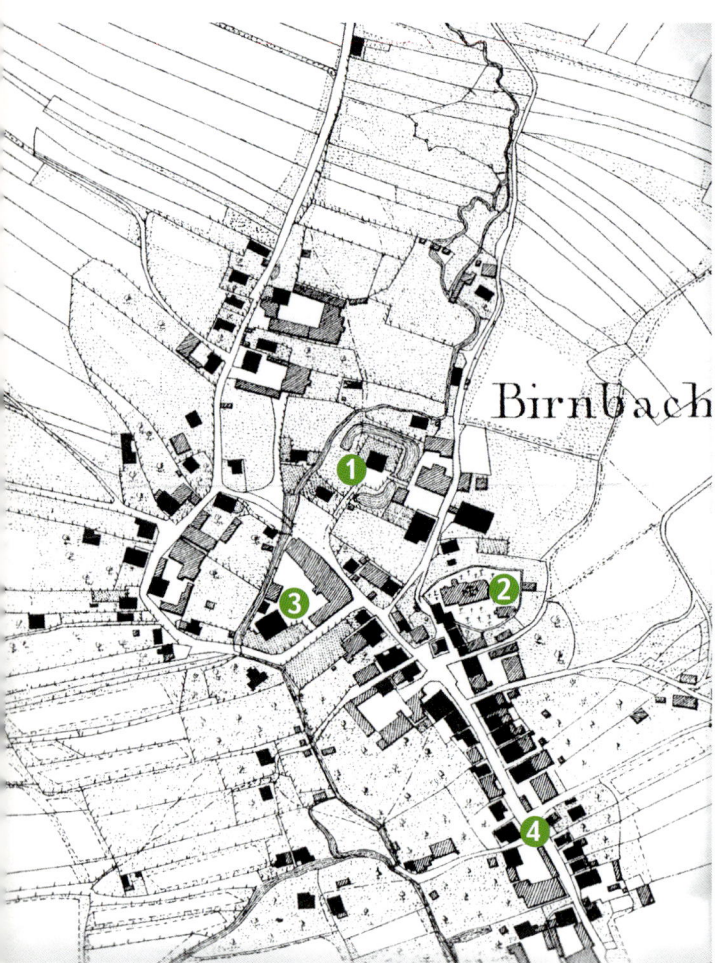

Birnbach im Urkataster 1824. Seit dem 16./17. Jh. hatte sich die Siedlungsstruktur kaum verändert. Hofmarkschloss (1), Pfarrkirche (2) und alter Pfarrhof (3) liegen, ein gleichschenkliges Dreieck bildend, dicht beieinander. Die Hauptstraße (4), die heutige „Hofmark", schließt sich nach Südwesten an. Der Wassergraben des Schlossgebäudes ist zu gut drei Vierteln noch vorhanden, auf dem Kirchplatz stehen noch Torhaus und Sebastianskapelle.

Ja, das 16. Jahrhundert hätte für Birnbach wahrhaft besser beginnen können: Nach dem Tod Herzog Georgs des Reichen von Bayern-Landshut am 1. Dezember 1503 wurde Niederbayern hart umkämpfter Kriegsschauplatz. Zwei Jahre tobte der Landshuter Erbfolgekrieg. Wie das nahe Brombach und zahllose andere Ortschaften ging auch Birnbach 1504 in Flammen auf[12]. Über Opferschicksale und Schadensausmaß gibt die allgemeine Nachricht keinen Aufschluss. Was aber Brandschatzung für eine – damals noch fast ausnahmslos aus Holzbauten bestehende – Ansiedlung bedeutet hat, kann jeder sich leicht ausmalen. An mit Sicherheit zu dieser Zeit in Birnbach schon vorhandenen Steingebäuden lassen sich allein die Pfarrkirche Maria Himmelfahrt und die gotische Sebastianskapelle nennen, die neben ihr am Rand des Kirchfriedhofs gestanden hat. Auf einem Geländesporn über dem Dorf platziert, gesichert durch einen Abschnittsgraben, die Friedhofsmauer und ein Torhaus, konnte der Komplex der Pfarrkirche im Mittelalter auch als Zufluchtsort im Sinne einer Kirchenburg genutzt werden[13]. Fest steht, dass die Bausubstanz der Kirche die Verwüstung Birnbachs 1504 gut überstanden hat.

Ob auch der Adelssitz in diesem Jahr bereits ein Steinbau war, ist fraglich. Das noch bestehende Herrenhaus dürfte im Kern dem 16. Jahrhundert angehören. Wie frühe Ansichten belegen, war es im ursprünglichen Zustand durch ein steiles, spätgotisches Walmdach, den noch vorhandenen Erker und einen Treppenturm gekennzeichnet. Bis ins 19. Jahrhundert befand es sich auf einer quadratisch angelegten Insel, ringsum von einem breiten Wassergraben, auf der Nord- und Westseite zudem vom Birnbach eingefasst. In dieser Form könnte das kleine Weiherschlösschen frühestens der adligen Familie Westerkircher zu verdanken sein, die Sitz und Hofmark Birnbach 1430-1531 als ein bayerisch-herzogliches Lehen in Händen hielt[14].

Durch die Jahrhunderte

Die Bezeichnung Hofmark scheint für Birnbach erstmals 1410 belegt zu sein. Hofmarken, so wurden Siedlungen in Altbayern genannt, in denen die adlige oder kirchliche Grundherrschaft auch mit dem Recht der niederen Gerichtsbarkeit verbunden war. Bezog sich die Gerichtshoheit des Hofmarksherrn auf sämtliche Bewohner eines Orts, so galt die Hofmark als „geschlossen". Birnbach dagegen zählte zu den sogenannten „offenen" Hofmarken. Hier lebten auch Untertanen fremder, auswärtiger Grundherren. Als solche waren sie auch von der Gerichtsbarkeit des Sitzinhabers ausgenommen. Ende des 16. Jahrhundert waren es schließlich ganze sieben Herrschaften, auf die die Grundgüter und Grundrechte im Dorf verteilt waren. Unter ihnen die Reichsgrafen von Ortenburg, in deren Eigentum sich damals auch das nahe Schloss Neudeck befand[15]. (Siehe auch Seite 65)

Die Ortenburger schlossen sich 1563 unter Reichsgraf Joachim offen und mit glühendem Engagement der neuen lutherischen Lehre an. Auch in Birnbach blieb die Reformation nicht ohne Auswirkungen. Eine 1564 auf herzogliche Weisung vorgenommene Prüfung ergab einen verheerenden Befund: Über zwei Drittel der rund 1600 erwachsenen Pfarrmitglieder verweigerten die Osterkommunion[16]. Ein untrügliches Anzeichen für protestantische Gesinnung. Da wundert es dann wenig, wenn auch der Edelmann Hans Vorstauer, seit 1580 Hofmarksherr zu Birnbach, dem herzoglichen Pfleger zu Reichenberg als Protestant verdächtig war. Dies bot wohl auch den Grund dafür, dass man ihm zeitweilig die niedere Gerichtsbarkeit entzogen hat[17].

Zu den Ursachen des starken Zulaufs, den die neue Konfession anfangs gefunden hat, gehörte nicht zuletzt der miserable Zustand, in dem sich katholische Seelsorge und Geistlichkeit in jenen Tagen präsentiert haben. In Birnbach traf ein Visitator 1558 auf akuten Personalnotstand: „Vor Zeiten sein 6 Priester da gewest. Jetzt nur der Pfarrer. Und ein Gsell Priester." Immerhin, Pfarrvikar Thomas Prantmayr wird attestiert, dass er sich redlich und mit ausreichendem Wissen mühe, seinen priesterlichen Pflichten nachzukommen. Der gebürtige Birnbacher war jedoch schon hochbetagt. Und um Wolfgang Kirchgassner, seinen Kaplan, stand es alles andere als zum Besten. Allein ein Satz im Protokoll des Visitators enthüllt bereits dessen gravierenden Kompetenzmangel: „Helt die Meß für guet, weiß aber nichts darvon zu sagen, was sie sej." Kirchgassners Unwissen in theologischen Belangen war keineswegs ein Einzelfall, vielmehr die Regel. Was wollte man erwarten, solange als Voraussetzung zur Priesterweihe nicht etwa ein profundes Theologiestudium, sondern bloß die bescheidene Kenntnis einiger lateinischer Grundbegriffe und der zur Sakramentspendung erforderlichen Sprechformeln vonnöten war? Da ist es fast schon überflüssig zu erwähnen, dass die Köchin Kirchgassners zudem noch Mutter seiner Kinder war[18].

Dass es in Sachen Sittlichkeit auch noch ganz anders ging, demonstrierte Pfarrvikar Georg Wolfgang Reichardt. 1574 ist dieser kurzerhand mit einer Wirtsgattin zu Birnbach durchgebrannt. Unmittelbar zuvor hatte Reichardt unterschwellig den Versuch betrieben, die Nachfolge auf seine Pfarrstelle einem ihm genehmen Kandidaten zuzuspielen. Ein Vorgang, dem der bayerisch-herzogliche Pfleger und Landrichter zu Reichenberg, Sebastian Höhenkirchner, mit Entschiedenheit entgegentrat. Und so verständigte er die Regierung, dass Reichardts geistlicher Protegé ein guter Freund der ihrem Ehemann entsprungenen Wirtin und folglich auch als Mitwisser der Fluchtaktion verdächtig sei. Vor allem allerdings und schlimmer noch: Es handele sich um einen Priester, der vormals Protestant gewesen sei. Für eine so bedeutende Pfarrei wie die Birnbacher, der viele Untertanen des protestantischen Ortenburger Grafenhauses angehörten, war ein solcher Mann als Seelsorger in keinster Weise akzeptabel. Da brauchte man aus Höhenkirchners Sicht stattdessen zwingend einen durch verlässliche Bekenntnistreue ausgewiesenen und gelehrten Theologen[19].

Tatsächlich hatte die katholische Kirche auf dem lang andauernden Konzil von Trient (1545-1563) inzwischen selber ihre allseits eingetretenen Missstände erkannt und nachhaltige Reformen auf den Weg gebracht. Angegangen wurde dabei insbesondere auch die Anhebung der priesterlichen Ausbildung und Sittlichkeit. Eine sehr bezeichnende der vielen Konzilsbestimmungen: Künftig durften Pfarrer nur noch Frauen ab einem Alter von 40 Jahren als Köchinnen und Hausmägde in Dienst stellen[20]! Auf weltlicher Seite taten Bayerns Herzöge mit einem harten und entschlossenen Vorgehen das ihre, um die katholische Glaubenseinheit ihres Territoriums schnell und zur Gänze wiederherzustellen.

Schloss Reichenberg bei Pfarrkirchen um 1700. Der bayerische Schlosspfleger war meist zugleich auch Landrichter.

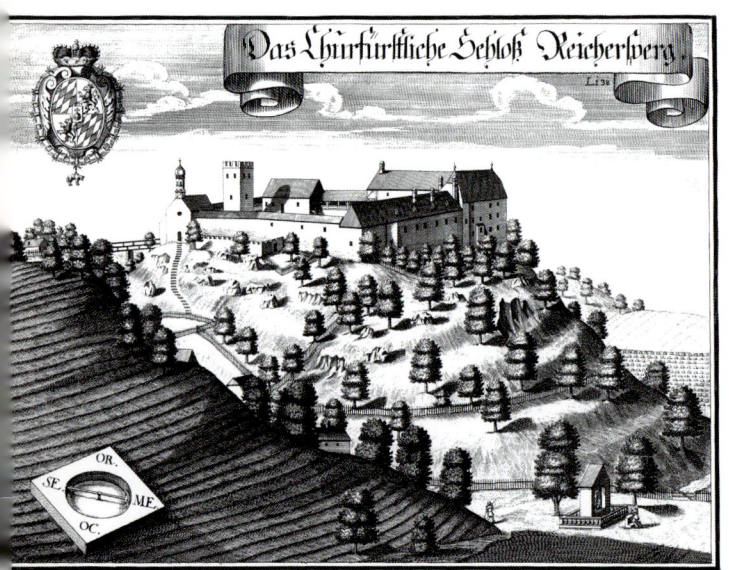

Unfälle, Pest & Reibereien
1600-1672

Das verschwundene Anwesen des Birnbacher Gerichtsamtmanns 1955.

1604 wurde in Birnbach wieder einmal neu gebaut. Am damaligen Ortsrand – der heutigen Bachstraße - entstand ein eigener Wohn- und Dienstsitz für den Amtmann des Reichenberger Landgerichts. Zuvor war er im Ort nur als bescheidener Mieter einquartiert[21]. Den herzoglichen Landgerichten oblag die Ausübung der Hochgerichtsbarkeit, sowie der niederen Gerichtsbarkeit über all jene Landbewohner, die nicht Untertanen eines adligen oder geistlichen Hofmarksherrn waren. In ihre generelle Zuständigkeit fielen zudem alle Streitigkeiten über Grundbesitz und Nutzungsrechte, des Weiteren auch Konkursverfahren[22]. Die Landgerichte waren in Amtsbezirke unterteilt, an deren Spitze ein von Obmännern unterstützter Gerichtsamtmann bzw. Scherge stand. Das Birnbacher Schergenamt, als einer von ursprünglich drei, dann vier Bezirken des Reichenberger Landgerichts, ist schon ab 1320 nachweisbar. Bei deckungsgleichen Grenzen nach Norden, Westen und Süden, entsprach es etwa drei Vierteln des damaligen Pfarrgebiets. Der Amtmann war ausführendes Organ des Landrichters und hatte als solches insbesondere Polizeiaufgaben wahrzunehmen. Er führte Vernehmungen und Festnahmen durch, leistete Zustelldienste, gab Verordnungen

Durch die Jahrhunderte

bekannt, unterstützte u. a. aber auch bei der Veranlagung und Einhebung der Steuern[23]. Jedes Amt verfügte bis ins 17. Jahrhundert über eine Schranne, einen lediglich mit Schranken eingefriedeten Gerichtsplatz unter freiem Himmel. Zweimal jährlich, im Frühjahr und Herbst, bereiste der Landrichter die Schrannen, um „Ehehafttaidinge", öffentliche Gerichtstage, auf ihnen abzuhalten. In Birnbach verweist der Straßenname „Auf der Schrann" noch auf die ursprüngliche Lage der Gerichtsstätte[24]. Das neue Amtshaus von 1604 stand zweckmäßig in dichter Nachbarschaft. Bis zum Dezember 1989 konnte der Holzbau überdauern, dann ging er durch einen Brand verloren[25].

Zu den Vorfällen, die von Birnbachs Amtmännern zu untersuchen waren, zählte 1614 in Oberbirnbach der mysteriöse Tod der Apollonia Orthner[26]. Die „alte Orthnerin" war eine kinderlose Witwe. Nach dem Tod ihres Mannes hatte sie den in freiem Eigentum gestandenen Orthner-Hof an Schwager Siegmund übergeben und sich ihr Erbteil dafür auszahlen lassen. Anschließend in den Austrag gegangen, hatte sie als neue Bleibe ein in dichter Nachbarschaft gelegenes „Leerhäusl"[27], ein kleines Anwesen des Klosters Suben, angemietet. Klein, aber durchaus doch „ein besseres heußl", wie vermerkt wurde. Gewirtschaftet hat Apollonia fortan mit einer Kuh, einem Schwein, einer Geiß und etwas Federvieh. Und wirtschaften konnte sie. Mit dem ererbten Geld vergab sie nutzbringend Kredite. Am Ende waren es ganze acht Personen, die bei ihr in der Kreide standen. Und das mit einem beachtlichen Gesamtbetrag von 111 Gulden und 46 Kreuzern. Zur weiteren Aufbesserung des Lebensunterhalts verdingte Apollonia sich außerdem als Tagelöhnerin. Zuweilen bedurfte sie aber auch selbst der Hilfe eines Tagelöhners. So hatte sie sich zum Karfreitag 1614 Jakob Zagskhorn einbestellt. Dessen hartnäckiges Klopfen an der Haustür blieb jedoch vergebens. Apollonia konnte ihn nicht hören. Beim besten Willen nicht. Sie lag zu diesem Zeitpunkt längst am Grund des

„Auf der Schrann" fanden in früheren Jahren Pferderennen statt, eine Attraktion sowohl für die Birnbacher als auch für die „Rossnarrischen" aus dem ganzen Rottal

Durch die Jahrhunderte

etwa 15 Meter tiefen Dorfbrunnens. Ertrunken. War es ein Unfall, Selbstmord oder womöglich ein Verbrechen? Eines ohne Frage: Ein Fall für den sogleich nach ihrem Fund herbeigerufenen Amtmann Benedikt Ebersperger!

Heute würde man zur Aufklärung des Sachverhalts moderne Methoden der kriminalistischen Spurenanalyse anwenden. Ebersperger musste sich bei seinen Ermittlungen dagegen notgedrungen auf Vernehmungen im Umfeld der Verstorbenen beschränken. Die zu Protokoll genommenen Aussagen ergeben in der Tat ein interessantes Bild: Siegmund Orthner, Apollonias Schwager, will einerseits in gutem friedlich-nachbarlichem Einvernehmen mit ihr gelebt haben, lässt ansonsten allerdings kein gutes Haar an ihr. Er schildert sie als ausgesprochen geizige, zudem verlogene Person, die „tag und nacht dem guet nachtracht". In penetranter Weise hätte sie sich auf den Gründen ihrer Schuldner und auf anderen Flächen nicht zustehende Nutzungsrechte angemaßt. Immer wieder hätten die Betroffenen dies Treiben unterbinden und sie stets von neuem verscheuchen müssen. Apollonia dagegen habe ständig abwegig gejammert, dass ihr niemand etwas hätte lassen wollen. Leopold Wagner stützt die Darstellung und fasst es selbst noch schärfer: Apollonia „sey halt ein verzwaifelts weib gewest, so den Leuthen auf Iren gründten gelegen, und geraubt, was erwischt…". Metzger Thomas Piernbech aus Birnbach ergänzt, dass sie zur Lebzeit ihres Ehemannes oftmals „Hauskrieg" provoziert hätte. Piernbech zählte zu den Schuldnern Apollonias.

Das Fazit der Ermittlungen: Apollonia Orthner hatte nicht in bestem Ansehen gestanden. Im Gegenteil. Vielen war sie zur Last gefallen und niemand trauerte um sie. Wie aber kam sie in den Brunnen? Ein Raubmord scheidet sicher aus. In ihrem Haus hatte man offenkundig nichts entwendet. Auch das in drei Beuteln aufbewahrte Bargeld von 3 Gulden fand sich noch. An einen Unfall dachte einzig Siegmund Orthners Ehefrau Rosina. Für alle anderen stand fest, dass es ein Selbstmord war. Schließlich habe Apollonia wiederholt gesagt, sie würde sich einst selber aufhängen oder ertränken. „So jetzt beschehen", wie Schwager Siegmund es lakonisch kommentierte. Und das Motiv? Für Siegmund keine Frage: purer Geiz. Apollonia habe gefürchtet, dass sie den Verwandten ihres Mannes noch Erbanteile hätte auszahlen müssen. Dem habe sie sich durch den Tod entzogen. Ein seltsam klingendes Motiv, das Siegmund unterstellt. Denn Tatsache und aktenkundig ist, dass entsprechende Erbansprüche schon seit 1607 gänzlich abgegolten waren. Insbesondere durch die Herausgabe des Orthner-Hofs. Es bleiben Ungereimtheiten, die stutzen lassen.

Durch die Jahrhunderte

Was, wenn Apollonias Brunnensturz in Wirklichkeit weder ein Unfall noch ein Freitod war? Wollte man hypothetisch Fremdverschulden unterstellen, wäre nach allem Dafürhalten von einem Beziehungstäter auszugehen. In Anbetracht der offenkundig schweren Spannungen um Apollonia nicht abwegig. War es am Brunnen vielleicht zu einem handgreiflichen Streit gekommen? Mit unbeabsichtigten Folgen? Wer weiß. Wir werden es nicht mehr erfahren. Denn für Amtmann Ebersperger war der Fall aufgrund seiner Vernehmungen geklärt. Er hatte keine Zweifel: Selbstmord. So übernahm es auch das Landgericht. Für Apollonia hatte dieses Urteil weitere gravierende Folgen. Selbstmördern war ein christliches Begräbnis auf geweihten Friedhöfen als Todsündern verwehrt. Also beauftragte der Amtmann einen Abdecker, um Apollonias Leichnam unehrenhaft an einem „absonderlichen orth, da hiervor auch schon dergleichen Cörpper liegent" zu verscharren. Dort ruht sie wohl noch immer.

Zwei Jahre nach dem tragischen Ende Apollonias wechselte das kleine Weiherschloss zu Birnbach den Besitzer. Neue Hofmarksherren waren die Freiherrn von Starzhausen zu Ottmaring, denen mit dem Ankauf auch die zeitweilig entzogene niedere Gerichtsbarkeit wieder verliehen wurde[28]. Zwei Starzhausener Herren zu Birnbach – die Gebrüder Urban und Hans Adolph - machten im Dreißigjährigen Krieg soldatische Karriere. 1637 standen sie als Stall- und Quartiermeister im Dienst des kaiserlichen Generals Johann von Götzen[29]. Während Urban 1641 als kurbayerischer Hauptmann starb, brachte es sein Bruder bis zum kurbayerischen Leibgardeleutnant zu Pferd, Mundschenk und Kriegsrat.

Birnbach selbst blieb von den Wirren des Krieges scheinbar lang verschont. Graf Casimir von Ortenburg portraitiert den Ort um 1620 (Seite 13) mit einem seiner schönsten Aquarelle noch als friedliche Idylle. Bedrohlich wurde es dann aber doch, als im Juni 1648 nahe Birnbach und Hirschbach vorübergehend ein schwedisch-französisches Heer sein Lager aufgeschlagen hat[30]. Zu Birnbach hatte man aus Angst vor Plünderung gut vorgesorgt und das kostbare liturgische Gerät der Pfarrkirche im Vorjahr schon an einen sicheren Ort verbracht[31]. Von massiven Grausamkeiten und Verwüstungen blieb man allem Anschein nach aber weitgehend verschont. Folgt man den Kirchenrechnungen, ging jedenfalls das religiöse Leben ungebrochen weiter wie gewohnt und man war noch immer in der Lage, namhafte Beträge in die Kirchenausstattung zu investieren[32].

Nichtsdestotrotz hatte die fremde Soldateska für die Birnbacher, ja für das ganze Rottal schlimme Folgen. Sie hatte die Pest ins Land gebracht[33]! Für hohe Opferzahlen im Pfarrgebiet von Birnbach sprechen mehrere Indizien: Neun zur Grundherrschaft der Pfarrkirche gehörende Höfe mussten 1650 neu vergeben werden, da die alten Inhaber plötzlich allesamt verstorben und auch keine familiären Erben mehr vorhanden waren. In der Kirche selbst mussten aus gleichem Grund auf einen Schlag gleich 21 Kirchenstühle neu besetzt werden[34]. Auf dem Gottesackerfeld an der heutigen Florian-Fischer-Straße schließlich soll sich ein eigens angelegter Pestfriedhof befunden haben[35]. Vor dem Hintergrund des „Großen Sterbens" lässt sich auch die Läutstiftung verstehen, die Pfarrer Wolfgang Kastler 1649 noch kurz vor seinem Tod begründet hat. Ein regelmäßiges Läuten Donnerstagabend und Freitagnachmittag sollte der Erinnerung an die Ölbergangst und Christi Tod gewidmet sein. Die Pest verschwand wieder, der Läutbrauch hat bis heute überdauert[36].

Aufstieg & Tragödie

1672-1675

Es muss ein großes Raunen durch den Ort gegangen sein, als sich die Neuigkeit verbreitet hat: Im Mai 1672 verkaufte die Witwe des verstorbenen Schlossherrn Hans Adolph von Starzhausen ihre Birnbacher Besitzungen an Caspar von Schmid[37]. *Den* Caspar von Schmid! Der Name war in Bayern damals alles andere als unbekannt. Wer war dieser bedeutende Mann, der das heutige Gemeindewappen Birnbachs um den roten Rosenzweig bereichert[38], dem man sogar ein heimatliches Bühnenspiel gewidmet hat[39]? Zur Welt gekommen war er 1622 in Schwandorf in der Oberpfalz. Bürgerlich. Sein Vater Martin Joseph diente als Beamter des Herzogtums Pfalz-Neuburg. Er ermöglichte dem Sohn eine hervorragende Ausbildung. Caspar lernte am Jesuitenkolleg zu München, studierte Philosophie, Logik und Rechtswissenschaften an der Universität Ingolstadt und schloss dort ab als Doktor beider Rechte[40].

„Der Schmied seines Glücks" sei er gewesen, heißt es wortspielerisch in seiner Grabinschrift. In der Tat erwies sich Caspar Schmid nicht nur als äußerst fleißig, sondern auch als exzellenter Netzwerker. Bereits im Studium knüpfte er Kontakte zu bedeutenden Persönlichkeiten und verstand es, sie zu nutzen. Zu seinen wichtigsten Förderern und Freunden zählte früh der kurbayerische Kanzler Johann Adlzreiter, dem Schmid durch seine Frau schließlich auch familiär verbunden war[41]. Entsprechend schnell gestaltete sich die Karriere: 1649 erst Regierungsrat zu Straubing, war er schon zwei Jahre darauf Hofrat in München und Mitglied des sogenannten Revisionsrates, der obersten Justizbehörde des bayerischen Kurstaats. 1656 beruft ihn der junge Kurfürst Ferdinand Maria in den Geheimen Rat, die oberste Zentralbehörde seiner landesfürstlichen Verwaltung. In der Folge errang er zusehends das Vertrauen seines Landesherrn. Auch die kurfürstliche Mutter Maria Anna wusste Schmid zu schätzen und ihn zur

Erledigung privater Aufträge heranzuziehen. Der weitere Aufstieg ließ nicht auf sich warten. Mit der Verleihung des Wappenbriefs erfolgte 1658 Schmids Erhebung in den Adelsstand. 1662 betraute man ihn zusätzlich noch mit dem Amt des Oberstlehensprobstes, der Aufsicht über das gesamte kurfürstliche Lehenswesen. Im gleichen Jahr starb Kanzler Adlzreiter, was Schmid die Position des Vizekanzlers einbrachte. Nachrücker als Kanzler war Schmids Amtsvorgänger Johann Georg Oexl, der ab 1663 allerdings als Reichstagsabgesandter Bayerns weitgehend und dauerhaft in Regensburg gebunden war. Die tatsächliche Leitung der Regierungsgeschäfte lag in München somit in den Händen seines Stellvertreters Schmid. Zwar wurde Oexl 1667 insbesondere auf Betreiben Schmids vom Kurfürsten entlassen, durfte dennoch aber seinen Titel weiter führen. So erklärt sich, dass Schmid erst 1677 nach dem Tod Oexls auch nominell die Kanzlerschaft zuteil wurde.

Über zwei Jahrzehnte prägte Caspar von Schmid unter Kurfürst Ferdinand Maria Bayerns Politik, war er der „zweite Mann im Staat". Nach außen galt es, die im Dreißigjährigen Krieg gewonnene Souveränität Bayerns den Großmächten Frankreich und Habsburg gegenüber zu behaupten und nach Möglichkeit noch auszubauen. Andererseits brauchte es dauerhaften Frieden als Voraussetzung für wirtschaftlichen Aufschwung. Um diese Ziele zu erreichen beschritt Schmid offiziell den Weg einer „bewaffneten Neutralität", ging insgeheim tatsächlich aber eine enge und höchst einträgliche Bündnispartnerschaft mit Frankreich ein[42]. Innenpolitisch sorgte er mit weitreichenden Reformen in Verwaltung, Rechts- und Finanzwesen für eine Stärkung der absolutistisch-fürstlichen Zentralgewalt und sanierte mit Erfolg den angeschlagenen Staatshaushalt. Schmids ganz besonderes Augenmerk fanden die Bauern, in deren Wohlergehen er auch die Basis allgemeinen Wohlstands sah. „Der wahre Reichtum des lieben Vaterlandes" war für ihn die Landwirtschaft. Vor diesem Hintergrund ist es verständlich, wenn Caspar von Schmid auch für sich selbst in größerem Umfang den Erwerb von Landbesitz betrieben hat. Dabei trieb ihn wohl auch die Sorge um die Zukunftssicherung seiner Kinder um[43].

In Birnbach stellte der Ankauf der Starzhausischen Besitzungen lediglich den Auftakt dar. Zielstrebig und in rascher Folge konnte von Schmid auch die Ortsanteile der Ortenburger Grafen, des Johann Heinrich von Hienheim zu Baumgarten und des Klosters Asbach an sich bringen[44]. Den Abschluss bildeten zwei kurfürstliche Güter, die er auf dem Tauschweg in die Hand bekam. Mit der Beurkundung des Tauschgeschäfts am 7. Oktober 1673 wird Caspar von Schmid durch Kurfürst Ferdinand Maria gleichzeitig die alleinige und volle Hofmarksherrschaft über Birnbach zuerkannt. Schmid erhielt damit die

Durch die Jahrhunderte

niedere Gerichtsbarkeit und das Scharwerksrecht[45] über den ganzen Ort, der fortan statt einer offenen eine geschlossene Hofmark war. Eine Hofmark, die zudem noch von der Lehenschaft befreit wurde, was heißt, dass Schmid und seine Nachkommen die mit ihr verbundenen Rechte und Besitzungen nach freiem Belieben vererben und veräußern konnten.

Zum Zeitpunkt dieses für die Ortsgeschichte so bedeutenden Ereignisses bestand Birnbach aus etwa 60 Anwesen. Gut drei Viertel davon befanden sich in Schmids persönlichem Eigentum, der Rest fast durchweg in Kirchenbesitz, vor allem der Pfarrei[46]. Man zählte u. a. sechs Wirte, sechs Bäcker, drei Metzger, drei Krämer, einen Bader und zwei Schmiede[47]. Caspar von Schmid ging unverzüglich daran, die Wirtschaft der Hofmark zu entwickeln und zu fördern. Den ersten großen Schritt stellte die Erlangung des Braurechts dar. Schmid nutzte ohne Zögern eine günstige sich bietende Gelegenheit[48]: Parallel zu seinen Erwerbungen in Birnbach beabsichtigte Johann Heinrich von Hienheim den Verkauf von Schloss und Hofmark Baumgarten an Graf Gottfried Wilhelm zu Rheinstein und Tattenbach. Baumgarten war ein bayerisches Lehen, infolgedessen die kurfürstliche Zustimmung erforderlich. Die Angelegenheit fiel in Schmids Zuständigkeit als Oberstlehensprobst. Und er sorgte dafür, dass die Verkaufsgenehmigung an besondere Bedingungen geknüpft wurde: Das mit Schloss Baumgarten verbundene Braurecht für weißes Gerstenbier – ein Recht, das damals erst wenigen bayerischen Sudstätten verliehen war – musste abgetrennt und für 500 Gulden nach Birnbach, an niemand anderen als Schmid selbst, verkauft werden. Graf Gottfrieds Wirt im nahen Obertattenbach sollte verpflichtet werden, Bier künftig ausschließlich aus Birnbach zu beziehen, die Schlossbrauerei Baumgarten dagegen nur noch zur Braunbierlieferung an ihren eigenen Hofmarkswirt berechtigt sein. Johann Heinrich von Hienheim und Graf Gottfried blieb nichts anderes übrig. Sie mussten akzeptieren. Am 8. Februar 1673 wurden die entsprechenden Vertragsvereinbarungen durch Kurfürst Ferdinand Maria bestätigt. Ein ausdrücklicher Gunstbeweis an Caspar von Schmid, „wegen seiner uns bis daher geleisteten guten und ersprießlichen Dienste". Heutzutage würde man vergleichbare Vorgänge als äußerst fragwürdig, praktisch als Vorteilsnahme im Amt ansehen.

Nichtsdestotrotz konnte Schmid auf diese Weise die erste größere Gewerbeansiedlung in Birnbach etablieren. Kaum war das Braurecht verbrieft, begann der Bau der Brauerei neben dem Weiherschloss[49]. Das ursprüngliche Brauhaus blieb im Kern in Form des derzeitigen Sudhauses erhalten. Hinzu kam das Kellerhaus mit drei großen Kellern anstelle des heutigen Gebäudes Bräugasse 6. Brau- und Kellerhaus stellten für lange Zeit die größten steinernen Profanbauten des Ortes dar. Ihre Ausführung in Ziegelwerk erwies sich bald als unschätzbarer Vorteil…

So schnell und energisch Schmid die Basis für den wirtschaftlichen Aufschwung seiner Hofmark Birnbach auch geschaffen hat, so rasch und unvermittelt traf sie ein verheerender Rückschlag: Am 21. Juli 1675 führte Nachlässigkeit im Schenkermeierhof[50] zu einem Flächenbrand, der den hauptsächlich aus Holzbauten bestehenden Ort in weiten Teilen vernichtet hat[51]. Allein mit Schöpfwasser war Großbränden nicht beizukommen. Zu den wenigen Gebäuden, die die Katastrophe leidlich unbeschadet überstanden haben, zählten Schloss und Brauereikomplex. Auch die Pfarrkirche ist von den Flammen erfasst worden, verlor ihr Dachwerk und einen Gutteil ihrer Einrichtung. Der Steinbau selbst aber hielt samt seiner Gewölbe stand[52].

Die materiellen Schäden insgesamt müssen immens gewesen sein. Im vollständig zerstörten Pfarrhof betrug allein schon der Verlust an Silbergeschmeide, Lebensmitteln und sonstigen Mobilien laut Pfarrer Dremelig rund 1000 Gulden[53]. Und das in einer Zeit ohne jede Form von Brandschutz- oder Hausratsversicherung! Doch man resignierte nicht. Das Leben musste notgedrungen weitergehen. Kaum hatte sich der Brand gelegt, packten die Birnbacher entschlossen an. Nach erstaunlichen drei Wochen war die Säuberung der Brandstätten schon abgeschlossen und die Wiederaufbauarbeiten konnten beginnen[54].

Schloss und Brauerei auf einem Ölgemälde um 1700 (oben) und auf einer Ansicht von 1873 (unten). Veränderungen zeigt nur das Schlossgebäude, dessen Treppenturm und steiles Walmdach ihm im 18. Jh. schon abhanden kamen.

Wiederauferstanden aus Ruinen
(1675-1680)

Ob durch die Anlieferung von Baumaterial, großzügige Spenden und Kredite oder die vorübergehende Aussetzung von grundherrlichen Abgabe- und Steuerpflichten - die ausgebrannten Birnbacher erfuhren in ihrer schlimmen Notlage von allen Seiten Solidarität und Unterstützung[55]. Und erneut erwies es sich als außerordentlicher Glücksfall, dass mit Caspar von Schmid ein tatkräftiger und höchst einflussreicher Hofmarksherr zur Seite stand. Schmid nahm unverzügliche Verhandlungen mit Kurfürst Ferdinand Maria und Passaus Fürstbischof Sebastian von Pötting auf. Mit Erfolg: Zur Mittelbeschaffung wurden im Kurfürstentum Bayern und Bistum Passau gelegene Kirchen und Kirchenstiftungen mit einer außerordentlichen Brandsteuer belegt[56]. Nichts anderes als ein früher Solidaritätszuschlag. Die rund 2000 eingebrachten Gulden sollten in erster Linie für die Instandsetzung der Pfarrkirche, die verbleibenden Restmittel für die Wiederaufrichtung des Pfarrhofs zur Verfügung stehen[57]. Entsprechend zügig kam man an der Kirche mit den Arbeiten vonstatten. Noch im Brandjahr konnte eine neue Kirchenuhr montiert werden. Im Folgejahr war schon das Kirchenschiff, bis 1678 auch der Turmabschluss wieder gerichtet[58]. Als Akt der Wiederaufbauhilfe ist insbesondere das Recht zur Abhaltung von zwei jährlichen Märkten anzusehen, das der Hofmark 1677 auf inniges Betreiben Schmids verliehen wurde. Allenthalben sorgte man mit Engagement dafür, dass Birnbach wiederauferstand. Nur bei einem wollte es partout nicht so recht vorwärtsgehen - bei Pfarrer Gregor Dremelig.

Da der Pfarrhof samt seinen wirtschaftlichen Nutzgebäuden vollständig vernichtet war, hatte Hofmarksherr von Schmid dem Pfarrer einstweilige Aufnahme im unversehrten Schloss gewährt. Dessen Verhältnisse waren freilich recht beengt. Das ganze bescheidene Raumprogramm bestand aus gerade mal zwei Wohnzimmern, einer kleinen Stube, zwei Kammern, zwei Gewölben und der Küche. Hinzu kamen zwei Stuben in hölzernen Anbauten[59]. Das war alles. Für Caspar von Schmid vollkommen ausreichend, da er sich kaum selbst in Birnbach aufgehalten hat. Mit Haslach bei Traunstein und Schönbrunn bei Dachau besaß er noch zwei weitere Hofmarken. Als bevorzugte Aufenthalte dienten ihm sein am Rindermarkt gelegenes Stadthaus in München und das repräsentative Schloss Schönbrunn. Für Pfarrer Dremelig hieß das, er musste sich die angewiesene Stube im Birnbacher Schloss aus Platzmangel mit seinen Dienstboten und Hilfsgeistlichen teilen. Statt sich nun aber so schnell wie möglich um den Wiederaufbau seines Pfarrhofs zu bemühen, erging sich Dremelig in tatenlosem Wehklagen und Selbstmitleid. Bei einem so bedrückenden und unwürdigen Hausen müsse er nach und nach verderben, jammerte er unentwegt in seinen Briefen[60]. So gingen die Monate dahin. Hofmarksherr von Schmid sah sich schließlich zum Eingreifen gezwungen und drängte vehement darauf, den Pfarrhof endlich wieder aufzubauen, „weil der abgebrännte plaz den ganzen Dorf eine gewisse Unzier gibt". Als sich Pfarrer Dremelig dann doch noch aufgerafft und im September 1676 den Beginn von Baumaßnahmen vermeldet hat, war Schmids Geduld bereits erschöpft. Der eingeholte Kostenvoranschlag zum Pfarrhofbau bezifferte sich auf den stattlichen Betrag von 1800 Gulden. Dremelig schien in den Augen Schmids mit einer Bauaufgabe dieser Dimension zur Gänze überfordert. Er zog die Notbremse und bat Passaus Fürstbischof, Dremelig schleunigst zu versetzen. Erneut war Schmid erfolgreich. Dremelig wurde neuer Pfarrer zu Aufhausen. Seine Nachfolge in Birnbach trat im Sommer 1677 der aus dem italienischen Veltlin stammende Magister Marcus Graneroli an[61].

Graneroli war der Herkunft nach ein Edelmann. Sein erhaltener Grabstein an der Pfarrkirche zeigt einen Greif als Wappenschild. Begonnen hatte er die priesterliche Laufbahn als Kanoniker der Kirche Santa Maria Maggiore im italienischen Sandolo, im Bistum Como. Von dort wechselte er aus unbekannten Gründen in das Bistum Passau und wurde zunächst Pfarrer von Holzkirchen bei Ortenburg. Graneroli war eine gelungene Wahl. Kaum in Birnbach eingetroffen, machte er sich flugs an eine Aufnahme und klare Analyse der bestehenden Lage. Sein Fazit: Zu allererst musste die Sicherung der Pfarreinnahmen erreicht werden. Also galt es vorrangig, die ökonomische Betriebsfähigkeit des Pfarrhofs und zu diesem Zweck seine wirtschaftlichen Nutzgebäude wiederherzustellen. Erst als dieser Schritt bewältigt war, beschäftigte sich Graneroli mit der Besserung der eigenen Wohnverhältnisse. Den Neubau eines repräsentativen Pfarrhauses stellte er in Anbetracht nur noch beschränkter Mittel bis auf weiteres jedoch zurück. Stattdessen ließ er das abgebrannte Kaplanhaus wiederaufbauen.

Als hölzerner Blockbau an der Bräugasse blieb es wenigstens im Kern seither erhalten. Dies gilt auch für den älteren großen Pfarrkeller, auf dem man es errichtet und dem es seit jeher auch den Namen Kellerhaus (Bild oben) zu danken hat. Der Lagerkeller war dem Pfarrer vorbehalten. Im Pfarrhof selbst ließen sich Keller wegen seiner Lage dicht am Bach nicht ausschachten. Nach seiner Fertigstellung konnten Graneroli, seine Hilfsgeistlichen und Dienstboten das Kaplanhaus als ihr neues, behelfsweise gemeinsames Quartier beziehen. In einem dritten Schritt auch noch das Pfarrhaus anzugehen, war ihm nicht mehr vergönnt. Graneroli litt zunehmend unter einem schweren Magenleiden. Birnbachs Bader Leonhard Rumpler, ein herbeigerufener Doktor aus Schärding und teure Arzneien brachten keine Linderung. Eine eigens aus Pfarrkirchen eingeholte Köchin versuchte mit einer speziellen Krankenkost aus „Lemoni und anderes Gewürzwerch" beizustehen. Umsonst. Am 19. September 1680 ist Pfarrer Marcus Graneroli nach nur kurzer, aber wirkungsvoller Amtszeit schon verstorben.

Das Verzeichnis seiner Hinterlassenschaft zeugt von einer außerordentlich bescheidenen, geradezu ärmlich anmutenden und von Verzicht geprägten Lebensführung. Abgesehen von beachtlichen 45 Büchern besaß Graneroli keinerlei Wert- oder Luxusgegenstände, nicht mal eine ordentliche Küchenausstattung. Seine gesamte Kleidung bestand aus zwei zerrissenen Hemden, einer Bockslederhose, einem Sommer- und einem Wintermantel, einem „Göller"[62] aus Hirschleder, zwei Tuchröcken, ein paar Stiefeln und einem alten Hut. Dabei war Graneroli in Wahrheit alles andere als arm. Im Gegenteil! Dank einer größeren Familienschenkung hatte er seine in Birnbach umgesetzten Bauprojekte gänzlich aus der eigenen Tasche finanzieren können. Damit war sein Vermögen aber keineswegs erschöpft. Er hinterließ noch immer eine stattliche Erbmasse von 2593 Gulden! Im wahrsten Wortsinn offenbar vom Munde abgespart. Hinzu kamen weitere 500 Gulden, die Granerolis Nachfolger laut Testamentsverfügung als Ablöse für die privat erstellten Pfarrgebäude zu bezahlen hatte. Den bei weitem größten Teil des Erbes hinterließ Graneroli seiner Birnbacher Pfarrkirche, verbunden mit der Auflage, mit den Kapitalerträgen jährliche Auszahlungen an Arme, Kranke und sonst in große Not geratene Personen vorzunehmen. Mit Marcus Graneroli verlor Birnbach viel zu früh einen bemerkenswerten Mann, der sich überzeugend und mit ganzer Seele, bis hin zur eigenen Bedürfnislosigkeit dem Priesteramt verpflichtet hatte.

Ein Heiliger & ein Provisor
(1680-1702)

Nach Granerolis Tod bemühte sich Caspar von Schmid als Hofmarksherr um einen nach Möglichkeit nicht minder engagierten Nachfolger. Er hatte selber einen Kandidaten bei der Hand, den er nach eigenem Bekunden schon seit 20 Jahren gut kannte und hoch wertschätzte: den Priester Eustachius Bäuml. Dessen Berufung auf die Birnbacher Pfarrei stieß überraschend allerdings auf ganz erhebliche Probleme.

Die Zeiten, in denen das Besetzungsrecht der Pfarrstelle noch den „Kryptariern" an Passaus Dom zustand, waren mittlerweile längst vorbei. Schon vor 1643 sind die Kryptabenefizien im Dom und somit auch die zugehörigen Kaplanstellen erloschen. Da die aufgehobene Einrichtung der Aufsicht des Domkapitels unterstanden hatte, betrachtete sich dieses hinsichtlich der Birnbacher Pfarrei als legitimer Rechtsnachfolger. In den kirchlichen Rechtsverhältnissen kam es indessen aber zu Veränderungen. Im bayerischen Konkordat von 1583 wurde Bayerns Herzögen für die in ihrem Territorium gelegenen Pfarreien definitiv das Zugeständnis einer wechselnden Präsentation verbrieft. Betroffen waren all jene Pfarreien, in denen zuvor die Bischöfe direkt zur freien Berufung neuer Seelsorger berechtigt waren. Fortan hatten die Bischöfe dies Recht mit Bayerns Herzögen zu teilen. Über die jeweilige Zuständigkeit entschied der Monat, in dem die Notwendigkeit zur Neubesetzung einer Pfarrstelle entstanden war. In ungeraden, den sogenannten „päpstlichen" Monaten oblag die Präsentation des priesterlichen Nachfolgers den Herzögen, in geraden weiterhin den Bischöfen. Pfarreien, in denen diese Regelung zum Tragen kam, wurden Wechselpfarreien genannt.

Auch Birnbach war im 17. Jahrhundert schließlich eine Wechselpfarrei. Zumindest glaubten das Caspar von Schmid und Bayerns Landesherr, Kurfürst Max Emanuel. Da Pfarrer Graneroli im September, also einem ungeraden Monat verstorben war, trat von Schmid scheinbar folgerichtig mit seinem Besetzungswunsch an den Kurfürsten heran. Dieser hieß den Vorschlag gut, machte ihn sich zu eigen und forderte Passaus Fürstbischof am 14. Oktober 1680 auf, seinen Kandidaten Eustachius Bäuml als Birnbachs neuen Pfarrer zu investieren. Passaus Domkapitel protestierte energisch! Aus seiner Sicht war Birnbach keineswegs eine Wechselpfarrei, sondern seit langem dem Domkapitel inkorporiert, somit ausschließlich auch von diesem zu besetzen. Freilich gingen die notwendigen Dokumente ab, um diese Auffassung beweiskräftig zu untermauern[63]. So kam es zwischen Kurfürst, Fürstbischof und Domkapitel zu einem jahrelangen Streit, der erst 1696 zum Nachteil des Kapitels seinen endgültigen Abschluss fand. Zum Opfer des Konflikts wurde Eustachius Bäuml, der auf eine Investitur als Pfarrer dauerhaft verzichten und sich stattdessen mit dem unsicheren, geduldeten Status eines Pfarrprovisors arrangieren musste.

Nichtsdestoweniger erwies sich Bäuml, ein gebürtiger Schwandorfer und Magisterabsolvent der Jesuiten-Universität zu Dillingen, als Seelsorger aus Leidenschaft. Er galt als eindringlicher Prediger und legte ganz besonderen Wert auf eine möglichst andächtige und feierliche Messgestaltung. So verdankte Birnbachs Pfarrkirche ihm 1688 ihre erste kleine Orgel. Eine weitere Kirchenorgel fand man im Gebiet des Reichenberger Landgerichts bis 1780 nur noch in Pfarrkirchen[64]. Bettler und in Not Geratene konnten stets auf Bäumls mitfühlende Hilfsbereitschaft zählen, bei ihm Brot und sogar Herberge in Anspruch nehmen[65]. Dennoch erwiesen sich die seiner Obhut anvertrauten Pfarrschäfchen zuweilen als renitent. Auf Drängen des Hofmarksherrn von Schmid hatte Bäuml anstelle einer bunt zusammengewürfelten Bestuhlung 1688 für die Pfarrkirche auch neue, einheitliche Sitzbänke zu 330 Plätzen angeschafft[66]. Nun war es damals üblich, dass die

Pfarrmitglieder in der Kirche feste Plätze einnahmen, für die sie eine Pachtgebühr zu zahlen hatten. Ein Brauch, der bis etwa 1950 in Birnbach noch lebendig und an kleinen Namensschildchen an den Kirchenbänken kenntlich war. Um die investierten 250 Gulden rasch abzudecken, sollten für die Wahrung alter Platzrechte in den neuen Kirchenbänken einmalig je ein Gulden und 15 Kreuzer Ablöse gezahlt werden. Nicht derart abgelöste Plätze drohte Pfarrprovisor Bäuml frei an andere verdiente Pfarrmitglieder zu vergeben. Ein Vorgehen, das Empörung und helle Aufregung verursacht hat. Die meisten Betroffenen verweigerten die als zu hoch empfundene Ablöse, verloren so ihren Platzanspruch und stritten sich alsdann mit den von Bäuml neu Begünstigten. Beim fürstbischöflichen Offizialat[67] in Passau gingen heftige Klagen ein. Die Beschwerdeführer erklärten sich zwar durchaus willens, einen angemessenen Beitrag zu den Bankkosten zu leisten, forderten jedoch mit Nachdruck, die vermeintlich zu hohe einmalige Abschlagszahlung zu Gunsten einer niedrigeren Jahrespacht von jeweils 15 Kreuzern wieder zu verwerfen. Bäuml äußerte in einer Stellungnahme Zweifel an den Rechenkünsten seiner Pfarrkinder, die so auf längere Sicht doch weitaus mehr, als von ihm einmal abverlangt, zu zahlen hätten. Gleichwohl kam er den Klagenden letztlich entgegen. Die so umstrittenen Bänke mussten in der Pfarrkirche zum größten Teil schon 1882 einer Neuausstattung weichen. Letzte noch vorhandene Exemplare entfernte man dann 1969. Erhalten blieben schnitzdekorierte Eichenholzwangen, die heute in der Aunhamer Johannes-Kirche zu bewundern sind[68].

Zu den enttäuschenden Erfahrungen, mit denen Pfarrprovisor Bäuml immer wieder konfrontiert wurde, zählten in den ersten Jahren auch seine beigesellten Hilfspriester[69]. Zwei bei seinem Amtsantritt vorhandene Kapläne hatten ihn im Frühjahr 1682 verlassen. Es folgte Kaplan Neukirchner, der nach gerade nur zwei Monaten den Dienst wieder quittierte, weil „Herr Pfarrer daselbst nicht allein sehr schlechte, sondern auch sogar stinkende und übel zubereitete Speisen den Kaplänen vorsetzt … dass solche selbst der Hund nicht fressen mögen"[70]. Bäuml hielt derartigen Verleumdungen beim fürstbischöflichen Offizialat entgegen, dass Neukirchner, statt seinen priesterlichen Pflichten nachzukommen, lieber tüchtig die Wirtshäuser frequentiert und sich mehrfach noch in tiefer Nacht herumgetrieben habe. Neukirchner geriet nun selber unter Druck und musste Teile seiner Vorwürfe relativieren. Das Offizialat ermahnte den Kaplan schließlich, seine üble Nachrede bezüglich der Versorgung gegen Bäuml einzustellen und drohte ihm mit Festungshaft, sollten auch weiterhin noch Klagen über dessen Wirtshausaufenthalte eingehen. Bäuml aber wurde angehalten, seine Kapläne künftig nach verbindlichen Vergütungsregeln zu entlohnen, in strenger Disziplin zu halten und Verfehlungen zu melden.

Durch die Jahrhunderte

Birnbach auf einem Ölgemälde um 1700. Als Vorlage ist aufgrund besonderer Charakteristika eine verlorene Wening-Zeichnung anzunehmen.

Trotz des Ausgangs dieser Angelegenheit ist anzunehmen, dass die von Bäuml ausgereichte Kost wohl wirklich nicht die allerbeste war. Fest steht jedenfalls, dass er in seiner Birnbacher Haushaltsführung von Anfang an zu großer Sparsamkeit genötigt war. Gleich bei seinem Amtsantritt hatte er die geforderte Ablöse für die von Graneroli wiederaufgebauten Pfarrgebäude zahlen müssen. Hinzu kamen über 553 Gulden Ablöse für die Übernahme von Hausinventar, landwirtschaftlichem Gerät, lagerndem Getreide und Viehbestand. Bäuml hatte sich verschulden müssen, um die Summe aufzubringen. Insofern verwundert nicht, dass sich der ausstehende Wiederaufbau des eigentlichen Pfarrhauses aus finanziellen Gründen weiterhin verzögert hat. Es dauerte bis 1689, bis die Sache doch noch in Bewegung kam. Wieder war der maßgebliche Initiator Hofmarksherr Caspar von Schmid. Der war inzwischen nicht mehr kurbayerischer Kanzler, dafür aber 1688 in den Freiherrnstand erhoben worden[71]. Er hatte 1680 bereits zugesagt, den Pfarrhofbau u. a. mit kostenloser Lieferung von Bauholz, Fundament- und Ziegelsteinen zu unterstützen. Dank seines intensiven Einwirkens kam es jetzt endlich auch zur Auszahlung von 250 Gulden, die von der seinerzeit für Birnbach eingehobenen Kirchenbrandsteuer noch übrig waren. Verwahrt vom Pfarrkirchener Dekan Georg Obermayr, hatte der sich jahrelang einer Herausgabe mit immer neuen Ausflüchten verweigert. Weitere 300 Gulden für den Pfarrhausbau durften gegen Auflagen dem hinterlassenen Graneroli-Kapital entnommen werden. Auch Pfarrprovisor Bäuml tat, was ihm nur möglich war. Seit sieben Jahren hatte er stetig für eine Fundierung schon nach Feldsteinen graben und sie lagern lassen. Im November 1689 konnte er schließlich den Ankauf von 100 Zimmerhölzern mitteilen[72].

Die Mittel waren zur Hand, dem Pfarrhausbau stand jetzt nichts mehr im Wege! 1692 stand er aufrecht. Ein stattlicher Ziegelbau, der, wenn auch mit Veränderungen, so doch im Kern die Zeit bis heute überdauert hat. Eine um 1700 gemalte Ortsansicht zeigt ihn neben Schloss, Brauerei und Pfarrkirche als dominierendes Gebäude. Übergroße Rechteckfenster mit ovalen Oberlichtern boten äußerlich den Anschein einer regelrechten „Beletage". Zum herrschaftlich geprägten Habitus gehörten außerdem auch Gast- und Repräsentationsräume, eine eigene Bibliothek und ein teils in barocker Ziermanier geformter Nutzgarten[73]. Das alles hatte seinen Preis: Nach Ausschöpfung aller vorhandenen und angebotenen Ressourcen war Pfarrprovisor Bäuml letzten Endes nicht darum herumgekommen, neuerlich Kredite aufzunehmen.

Dem glücklich abgeschlossenen Pfarrhausbau schloss sich schon bald ein weiteres, für Birnbach außerordentlich bedeutsames Ereignis an. Für Bäuml war es zweifellos der Höhepunkt in seinem priesterlichen Leben. Man schrieb den 25. Oktober 1695. Die ganze Hofmark fand sich auf den Beinen. Zahlreiche Gäste hatten sich von ringsum eingefunden.

Durch die Jahrhunderte

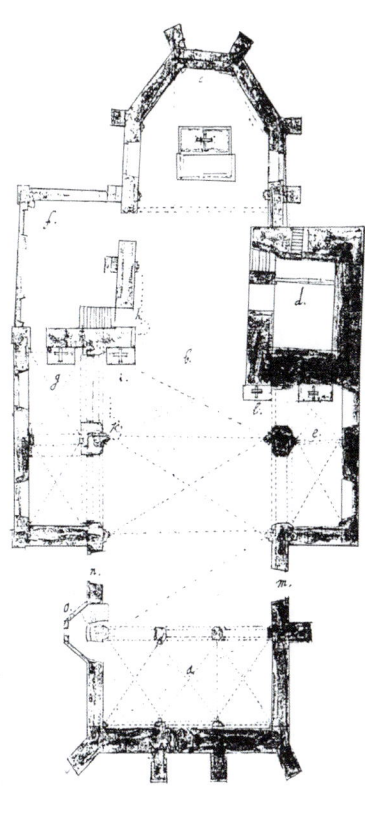

Dann hielt er unter Fahnen seinen feierlichen, triumphalen Einzug. Aufgebahrt in einem gläsernen Schrein, gefasst mit Brokatstoffen und Halbedelsteinen. An der Spitze der großen Prozession schritten würdevoll der Propst des Prämonstratenserklosters St. Salvator und viele andere hohe Geistliche. Birnbach bekam seinen eigenen Heiligen – den heiligen Chrysantus! Einen „Katakombenheiligen". Was war das für ein Heiliger und wie kam er ins Rottal?

1578 waren die antiken Katakomben Roms wiederentdeckt worden. Die darin Bestatteten hielt man für Opfer der großen Christenverfolgungen. So wurden sie pauschal zu Märtyrern erklärt, ihre massenhaft geborgenen „heiligen Leiber" europaweit zu hochbegehrten Reliquien. Soweit zu den erhobenen Skeletten kein Name überliefert war, wurde er posthum einfach erfunden. Katakombenheilige konnten aus Rom als Ehrung erlangt oder, bei entsprechendem Einfluss und Vermögen, auch erkauft werden. Ihre Beschaffung förderte das Prestige von Klöstern und adeligen Herrschaften, zog Pilger an und damit Wirtschaftskraft. Ihre offene Zurschaustellung in verglasten Altarschreinen bediente die emotional und sinnlich geprägte Volksfrömmigkeit barocker Tage. Es machte einen enormen Unterschied, ob man es nur mit winzigen, in einem Altar verborgenen Knochensplittern oder mit einem vollständigen, frei sichtbaren Heiligenskelett zu tun hatte. Katakombenheilige boten eine sehr konkrete und ergreifende Erfahrung, waren exklusive Fürbitter und Trostsspender.

Der Katakombenheilige Chrysantus war eine römische Ehrengabe an Caspar von Schmid. Wann genau er ihn erhalten hat, aus welcher Ursache und wo er ihn zunächst verwahren ließ, ist unbekannt. Schmid ist am 3. September 1693 auf seinem Schloss Schönbrunn bei Dachau verstorben. Erst sein Sohn und Erbe Franz Caspar[74] hat die heiligen Gebeine in üblicher Weise mit kostbaren Dekorationen fassen und sie in die Pfarrkirche zu Birnbach übertragen lassen. Möglicherweise ist er damit einem Wunsch des Vaters nachgekommen. In der Kirche ist der Chrysantischrein zunächst auf einem bestehenden Altar unter dem Chorbogen platziert worden. Eine exponierte, für die Verehrung vorteilhafte Position, die zugleich aber mit Nachteilen verbunden war. Der Schrein behinderte den Blick zum Hochaltar und damit auch zu den sich dort vollziehenden Handlungen der Liturgie. Um Abhilfe zu schaffen, planten Pfarrprovisor Bäuml und Hofmarksherr Franz Caspar von Schmid schließlich, den Heiligen in einem neu zu errichtenden Kappellenanbau am Kirchenschiff zu präsentieren. Am 26. November und 13. Dezember 1701 ersuchten sie Fürstbischof Kardinal Johann Philipp von Lamberg um Zustimmung zu ihrem Bauprojekt. Ob es bewilligt wurde oder nicht, bleibt offen. Fest steht aber, dass es nicht zur Ausführung gekommen ist. Ein Umstand, der vielleicht durch einen dramatischen politischen Konflikt verursacht war …

Aufstand, Künstler & Bankrott
(1701-1828)

1701 entbrannte der spanische Erbfolgekrieg. Die Häuser Wittelsbach und Habsburg, der mit Frankreich verbündete bayerische Kurfürst Max II. Emanuel und der von England unterstützte Kaiser Leopold I. wurden zu erbitterten Kriegsgegnern. Damit begann auch für das Rottal eine schwere Leidenszeit. Schon im November 1702 kam es zur Einberufung der sogenannten Landfahnen, der bayerischen Landwehraufgebote. Es folgten Kriegssteuern und Zwangsabgaben, Beschlagnahmen von Pferden und Zugtieren, erzwungene Schanzarbeiten und Truppeneinquartierungen. Im August 1703 führten kaiserlich-österreichische Truppen aus allen größeren Ortschaften des Rottals ausgewählte Geiseln ab, um die enorme Summe von 60.000 Gulden „Brandschatzungssteuer" zu erpressen. Betroffen war auch eine unbekannte Anzahl Birnbacher. Zwar begnügte man sich „um christlicher Barmherzigkeit willen" dann doch mit einer Zahlung von 4.000 Gulden. Aber selbst die waren nur mit allergrößter Mühe aufzubringen. Als die Geiseln endlich freikamen, hatte man sie zwischenzeitlich bis nach Wien verschleppt[75].

Das Jahr 1704 brachte mit der Einnahme Passaus einen kurzfristigen bayerischen Erfolg, den am 13. August die katastrophale Niederlage in der Schlacht von Höchstadt und Blindheim komplett wieder zunichte machte. Vernichtend geschlagen durch Prinz Eugen von Savoyen und den Herzog von Marlborough, dazu mit Reichsacht belegt, flüchtete Kurfürst Max Emanuel nach Brüssel. Die einstweilige Regentschaft in München übernahm seine Gemahlin Therese Kunigunde, eine Tochter des polnischen Königs Jan III. Sobieski. Am 7. November 1704 kam es zu einem Kapitulationsvertrag. Mit Ausnahme des Rentamts München wurde ganz Bayern kaiserlich-österreichisch besetzt. Die Lage verschärfte sich 1705 durch den Tod Kaiser Leopolds I., da dessen Sohn und Thronfolger Joseph I. mit Kurfürst Max Emanuel auch persönlich schwer verfeindet war. Er nahm keinerlei Rücksichten, ließ vertragsbrüchig auch in München einrücken und gab die verheerende Parole aus, Bayern solle „so genossen werden", dass es für den Kurfürsten in Zukunft nicht mehr zu gebrauchen sei. Die Auswirkungen waren fürchterlich. Die einquartierten Besatzer trieben die willkürliche Ausbeutung des Landvolks bis zum Äußersten: Tätliche Übergriffe, Vergewaltigungen, der Raub der letzten Futtermittel und des Saatguts gehörten bald zur täglichen Erfah-

Kaiserliche Besatzerwillkür, dargestellt im Aidenbacher Freilichtspiel.

rung. Auch Birnbachs Pfarrhof wurde Opfer kaiserlicher Soldateska: An einem unbekannten Tag des Jahres 1705 hat man ihn überfallen und geplündert, wobei auch kostbares Sakralgerät verloren ging[76].

Ab August 1705 betriebene Zwangsrekrutierungen waren endgültig der Funke, der das Pulverfass zur Explosion brachte. Junge Männer wurden von den Feldern geholt, nachts aus ihren Betten gezerrt oder beim Kirchgang abgefangen. Wer sich entziehen konnte, war bereit zum Widerstand. Überall ging rasch die Losung um: „Lieber bayerisch sterben, als kaiserlich verderben." Der Volksaufstand nahm seinen Lauf. Teils wandte man sich nicht nur gegen die Besatzer, sondern auch eigene, angestammte Obrigkeit, sofern sie ihre Untertanen zu heftig malträtiert hatte. Ein Angriffsziel war daher auch das gräflich-ortenburgische Schloss Neudeck, das am 6. November von rund 200 Bauern eingenommen und ausgiebig verwüstet wurde. Der verhasste Pfleger Johann Atzenberger hatte fliehen können, während seine schwangere Frau mit Schlägen, seine Kinder mit Steinwürfen bedacht wurden. Am gleichen Tag stürmte ein 600 Mann zählender Haufen Pfarrkirchen, belagerte Schloss Reichenberg und erzwang die Herausgabe der dort lagernden Landfahnenausrüstung.

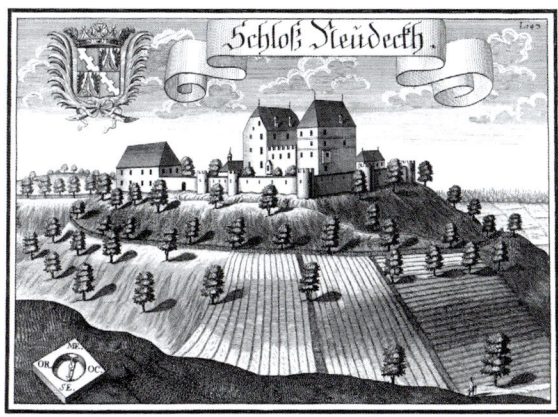

Schloss Neudeck nach einem Stich von Michael Wening

Zu den Rädelsführern der Aufständischen im Rottal zählte auch ein Birnbacher, den man den „Pfeiffer Jackl" nannte[77]. Am 9. November 1705 gelang ihm ein besonderer Coup: 24 kaiserliche Soldaten unter einem Hauptmann Rahmschüssel hatten in Birnbach Rekruten gegen Handgeld werben sollen. Mit einigen hundert Mann gelang es Jackl, den kleinen Trupp zu überrumpeln und 8.000 Gulden mitgeführter Werbegelder aufzubringen. Die Gefangenen wurden arg gedemütigt. Etliche sind nackt entkleidet und mit Stockschlägen misshandelt worden. Ein Vorgehen, das sich später rächen sollte. Den großen bayerischen Volksaufstand gegen die kaiserlich-österreichische Fremdherrschaft beendeten schließlich zwei blutige Desaster - in Oberbayern die Sendlinger „Mordweihnacht" am 24. Dezember 1705, in Niederbayern die Aidenbacher Bauernschlacht am 8. Januar 1706. Allein in Aidenbach beklagten die Aufständischen rund 4000 Gefallene, darunter zweifellos auch viele Birnbacher. Bis zum 18. Januar 1706 war der letzte Widerstand endgültig gebrochen.

Unmittelbar nach der Aidenbacher Bauernschlacht war die Region noch tagelang Verwüstungen und Plünderungen ausgesetzt. Birnbach traf es ganz besonders hart. Es ging erneut in Flammen auf. Wohl nicht zuletzt die Quittung für die erlittene Schmach beim Überfall des Pfeiffer Jackl. Auch die Person des Hofmarksherrn dürfte die Brandschatzung eher begünstigt haben. Franz Caspar von Schmid hatte als treuer kurfürstlicher Hofrat, Revisionsrat und Pfleger zu Aibling offen mit den Aufständischen paktiert, ja sogar die Musterung ihrer Tölzer Aufgebote vorgenommen. Der Zusammenbruch des Aufstandes verband sich dann für ihn mit bitteren Konsequenzen[78]: Von Schmid verlor seine Ämter, musste zwei Jahre lang in Ingolstädter Festungshaft und stand danach in seinem Anwesen in München unter Hausarrest. Zusätzlich wurde ihm der Prozess gemacht und als Ergebnis ein binnen acht Tagen zu zahlendes Strafgeld von 6000 Gulden abverlangt. Eine Leistung, zu der er nur mit Hilfe seiner Freunde fähig war. Erst nach Aufhebung der kaiserlichen Besatzung und der durch den Frieden von Rastatt ermöglichten Rückkehr Kurfürst Max Emanuels 1715 wurden Franz Caspar die entzogenen Ämter und Würden schließlich wieder zuerkannt.

In Birnbach lagen durch den Brand des Jahres 1706 der Pfarrhof, alle angrenzenden Handwerkerhäuser, die Schlossökonomie und die Häuser bis zur Bräugasse erneut in Schutt und Asche. Selbst der Pfarrkirchturm ist von den Flammen erfasst und schwer beschädigt worden. Es brauchte bis 1713, bis seine Wiederherstellung bewältigt war. Pfarrprovisor Bäuml sah sich gänzlich ruiniert und die jahrelangen Bemühungen um seinen Pfarrhof mit einem Schlag wieder vernichtet. Mehr noch. Nicht nur das gesamte landwirtschaftliche Gerät, Futter- und Getreidevorräte waren dahin, sondern auch ein großer, unersetzlicher Bestand an Dokumenten und Matrikelbüchern. Zwar machte Eustachius Bäuml sich sogleich daran, den ausgebrannten Ziegelbau des Pfarrhauses so gut es ging wieder mit Dach und Böden zu versehen. Tatsächlich aber war er seelisch und körperlich am Ende seiner Kräfte[79].

Im Oktober 1707 meldet Joachim Schott, Pfarrer zu Reutern, dass Bäuml „an seinen Kräften und Verstand dermaßen von Tag zu Tag abnehme", dass er zur vollen Ausübung der Amtsgeschäfte nicht mehr recht befähigt sei. Also stellte man ihm einen pfarrrechtlichen Sachwalter zur Seite, der gleich zu allererst mehrere von Bäuml versorgte „unnotwendige Leute aus Kost und Lohn" des Pfarrhaushalts entlassen ließ. Darunter fanden sich Arme, Obdachlose und mehrere Bauernsöhne, denen Bäuml eine Ausbildung hatte verschaffen wollen. Deren Vertreibung muss der von Menschenfreundlichkeit erfüllte Bäuml als persönlichen Affront empfunden haben. Schließlich blieb ihm keine andere Wahl: Am 20. April 1708 reichte er, nach vorangegangener Abstimmung, als Pfarrprovisor seinen Rücktritt ein. Bäumls Nachfolger wurde Joachim Schott. Da das lange strittige Besetzungsrecht auf die Birnbacher Pfarrei inzwischen vertraglich im Sinne eines einfachen Wechsels zwischen Passaus Fürstbischof und Kurbayern geregelt war, stand Schotts Investitur als ordentlichem Pfarrer nichts im Wege. Mit seinem Amtsantritt übernahm er die Verpflichtung, für Bäumls Unterhalt zu sorgen und dessen Schuldenlast zu übernehmen. Die war mit rund 2000 Gulden nicht eben gering[80].

Bäumls Lebensabend verlief traurig. Kaum hatte er seine Resignation erklärt, erlitt er einen Schlaganfall, der ihn halbseitig lähmte und seine Sprechfähigkeit behinderte. Durch einen weiteren wurde er zum bettlägerigen Pflegefall. Eustachius Bäuml starb am 25. September 1709 gänzlich verarmt, nachdem ihm seine eigenen Verwandten bei Besuchen noch das letzte, was von Wert gewesen war, gestohlen hatten. Seine spärliche Hinterlassenschaft - eine Kutte, eine schlechte Hose und einige zerrissene Hemden - überließ man einem Bettler[81].

In den folgenden Jahrzehnten erlebte Birnbach eine Phase der Erholung. Und so entstand er dann im zweiten Anlauf 1734 doch noch - ein eigener Kapellenanbau für den Katakombenheiligen Chrysantus. Die Gestaltung des Altaraufbaus, der Ornamentik an Decke und Wand oblag um 1739/40 einem Stuckateur von hoher Qualität. Vieles spricht für den Kößlarner Johann Baptist Modler. Der wie ein Thronbaldachin wirkende Kapellenraum diente zugleich als Denkmal des Stifters und Hofmarksherrn Franz Xaver von Schmid, dessen Wappen nebst dem seiner Gemahlin stolz über dem Zugang prangt. Die würdige Verehrungsstätte lockte freilich nicht nur frommes Glaubensvolk: Im Februar 1766 gelang ein Einbruch in die Pfarrkirche, bei dem das dargebrachte Opfergeld des Heiligen geraubt wurde. Immerhin 30 bis 40 Gulden[82].

Gerade war die Chrysantuskapelle fertig ausgestattet, da herrschte wieder Kriegszustand. Diesmal der österreichische Erbfolgekrieg. Von 1742-45 hieß das auch für das Rottal, neuerlich mit der Gefahr von Brandschatzung und Plünderung durch österreichisch-ungarische Truppen konfrontiert zu sein[83]. Ob Birnbach aber selbst in dieser Zeit Gewalt erlebte oder unbehelligt blieb, lässt sich beim derzeitigen Forschungsstand nicht sagen. Anders sieht es aus bei einem ganz speziellen Krieg, den Birnbach über rund 100 Jahre führen musste. Bierkrieg[84]! Birnbachs Brauerei besaß das verbriefte Recht, ihr weißes Gerstenbier frei und überallhin zu verkaufen. Ein Umstand, der bei den umliegenden Brauereibetrieben und Marktorten nicht wirklich auf Begeisterung stieß. Den schwersten und langwierigsten Kontrahenten fand Birnbach im Markt Pfarrkirchen. Der Pfarrkirchener Marktrat sah die Existenz der eigenen Brauer und damit Steuereinnahmen gefährdet. Also wurde 1682 der Ausschank von Birnbacher Bier durch Marktwirte erstmals verboten. Die Birnbacher Hofmarksherrschaft klagte und erhielt 1691 die Vertriebsrechte ihrer Brauerei kurfürstlich bestätigt. Die Gegenseite war nicht nachhaltig beeindruckt. Es dauerte nicht allzu lange und der Vorgang wiederholte sich. Immer wieder kam es in Pfarrkirchen und Griesbach zu Ausschankverboten und zur Beschlagnahme von Birnbacher Bier, immer wieder klagte Birnbachs Hofmarksherrschaft und immer wieder fielen die Urteile zu ihren Gunsten aus. Und immer wieder wurden sie missachtet. Es kam zu einem dauerhaften Hin und Her, das erst 1797 ein endgültiges, für Birnbach positives Ende fand. Bleibt anzumerken, dass die Qualität des Birnbacher Biers selbst bei der Konkurrenz nie strittig war. So traf das Reichenberger Pfleggericht sogar die Feststellung, „dass obiges Bier von den Medicis (Ärzten) den Patienten hin und wieder verschrieben solchen auch nützlich erachtet worden".

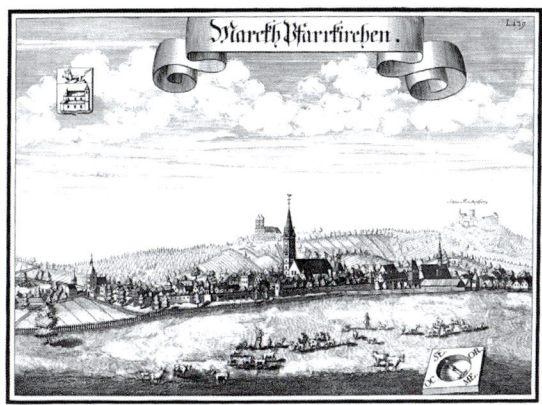

Michael Wening (1645-1718) bekam von Kurfürst Max Emanuel den Auftrag, alle Orte in den Rentämtern München, Burghausen, Landshut und Straubing auf Kupferstichen darzustellen. Insgesamt stach er etwa 1.000 Orte, Schlösser und Klöster in Kupfer.

Während der Bierkrieg noch heftig tobte, musste Birnbach sich von einem alten Wahrzeichen verabschieden: 1767 traten schwere Bauschäden am Kirchturm auf. Starke Rissbildungen und ein abgesprungener Maueranker stimmten wenig optimistisch. Man fürchtete den drohenden Einsturz. Von mehreren Maurermeistern aus Pfarrkirchen, Braunau, Weng und Passau wurden Gutachten zum Zustand eingeholt. Verschiedene Bemühungen, den an der Kirchensüdseite gestandenen Turm zu retten, erwiesen sich als wenig wirkungsvoll. 1774 war es dann so weit: eine einsetzende Schräglage machte die Abtragung des Turmes unvermeidlich. Der bis dahin älteste Baukörper der Pfarrkirche wurde bis auf den Stumpf geschleift. So standen Ort und Kirche turmlos da und es vergingen geschlagene 54 Jahre, bis ein Neubau möglich war. Das aus drei Glocken bestehende Geläut musste in dieser Zeit als Provisorium mit einem Holzgehäuse auf dem Kirchplatz vorliebnehmen[85].

Der Pfarrer, unter dem sich der bedeutende Verlust ereignet hat, hieß Philipp Anton Freiherr von Schmid[86]. Ein Mann mit eindrucksvoller Titelliste: Kapitelkämmerer, fürstbischöflich-passauischer geheimer Rat, kurfürstlicher, dann königlicher geistlicher Rat, päpstlicher Hausprälat und Träger des Großkreuzes des Hohen Ritterordens des heiligen Michael. Hans Putz zufolge war er der Vetter des eigentlichen Hofmarksherrn Franz Anton Bonaventura von Schmid, für den er nebenbei vor Ort die Birnbacher Besitzungen verwaltet hat. Wirtschaftlich waren seine Fähigkeiten allerdings beschränkt, was in einer äußerst mangelhaften Rechnungsführung seiner Pfarrgüter zum Ausdruck kam. 1802 war er mitsamt seiner Familie zahlungsunfähig. Die Schmidschen Besitzungen verfielen der Gant, dem amtlichen Konkursverfahren. Ein Verfahren, dessen endgültiger Abschluss sich bis 1832 hingezogen hat. Philipp Anton von Schmid selbst hat ihn nicht mehr erlebt. Er starb am 14. Oktober 1806 „an den Folgen eines Schleimschlagflusses". Mit seinem Tod nahm die große Zeit derer von Schmid als Birnbachs Hofmarksherren ein höchst bescheidenes Ende. Schmids Gläubiger verkauften den hinterlassenen Birnbacher Besitz am 21. Februar 1822 an die verwitwete bayerische Kurfürstin Maria Leopoldina. Von ihr ging er im Jahr darauf an den königlichen Advokaten Dr. Emanuel Maria von Nibler in München, der ihn bis 1828 zerteilt weiterveräußert hat[87].

Fromme Fräulein – neue Zeiten
(1828-1918)

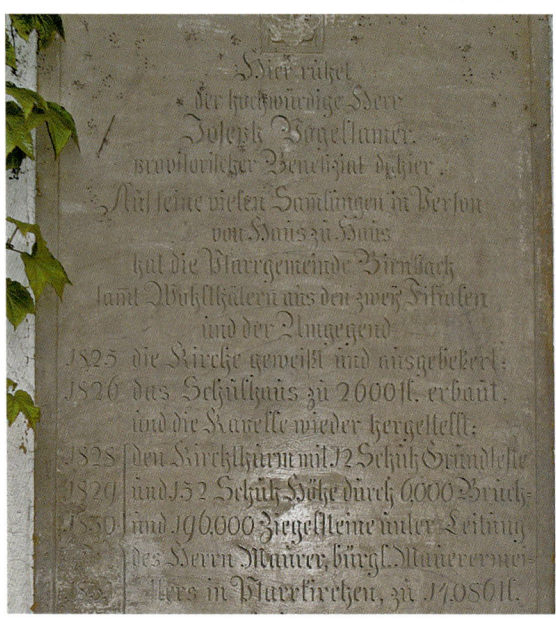

Das Jahr 1828 war ein gutes Jahr für Birnbach. Verantwortlich dafür war der „provisorische Benefiziant" der Frühmessstiftung, Joseph Voglsamer, dem am Haus Kirchplatz 3 eine Gedenktafel gewidmet ist. Der Geistliche hatte schon 1825 das Innere der Pfarrkirche, im anschließenden Jahr dann auch die am Kirchfriedhof gelegene Sebastianikapelle renovieren lassen. Jetzt packte er im dritten Schritt als Initiator die Wiederaufrichtung des Kirchturms an. Statt des alten Standorts an der Nordseite entschied man sich für eine neue Position am Chorhaupt. Auf diese Weise sollte insbesondere die Möglichkeit zu einer späteren Kirchenschiffserweiterung gewahrt bleiben. Der anfängliche Kostenvoranschlag belief sich auf rund 6.335 Gulden. Die Birnbacher Kirchenstiftung, der durch einen abzuschreibenden Kredit an Philipp Anton von Schmid 5400 Gulden Verlust entstanden waren, war zu einer solchen Leistung nicht imstande. Also zog Voglsamer persönlich im ganzen Pfarrgebiet zu Fuß von Haus zu Haus, weckte allerorts Begeisterung für das Projekt und bettelte zusammen, was nur irgend möglich war. Mit gewaltigem Erfolg! Am 21. September 1828 kam es zur feierlichen Grundsteinlegung. Von den schließlich 14.086 verbauten Gulden konnten rund 12.420 Gulden durch Spendenbeiträge gedeckt werden. Aber nicht nur das. Pfarrmitglieder übernahmen kostenlose Materiallieferungen, die Versorgung der Bauarbeiter und Handlangereinsätze. 1831 war der Turm vollendet und damit auch Birnbach wieder weithin sichtbar. Ein zeitlos beispielhaftes und gelungenes Gemeinschaftswerk[88]!

Der neue Turm an neuem Platz erscheint zugleich wie eine Reflexion der damals immer schneller sich verändernden Verhältnisse. Während er Gestalt annahm, war der Großteil der Hofmarkbesitzungen 1828 in die Hand eines Bürgerlichen, des Landauer Handelsmanns und Bürgermeisters Anton Gerhager, gelangt[89]. Infolgedessen wurde die mit der Hofmarksherrschaft verbundene niedere Gerichtsbarkeit - seit 1806 als Patrimonialgericht II. Klasse eingestuft - als vorerst ruhend erklärt und die bis dahin dem Hofmarksherrn obliegende Aufsicht über die Pfarrkirchenstiftung der Gemeinde anvertraut. Per Gesetz vom 4. Juni 1848 wurden die alten standes- und gutsherrlichen Gerichtsrechte in Bayern dann endgültig beseitigt[90].

Das 19. Jahrhundert brachte für Birnbach auch eine erhebliche Verbesserung der Schulverhältnisse. Einen ansässigen Schulmeister gab es schon 1558. Als Unterkunft diente ihm und seinen Nachfolgern das 1904 beseitigte „Portalstöckl", das „Am Berg" gelegene Torhaus zum Kirchfriedhof. 1644 erhielt es anstelle von zwei Kramerläden auch eine kleine angebaute Schulstube[91]. Nach der Einführung der allgemeinen Schulpflicht 1802 war eine derart beschränkte Raumsituation auf Dauer nicht mehr tragbar. Auch hier war es Benefiziant Voglsamer, der sich engagiert der Sache annahm und 1826 den Bau eines neuen „modernen" Schulhauses mit zwei großen Klassenräumen befördert hat - dem heutigen Anwesen Kirchplatz 3[92]. Drei Jahrzehnte später fand das Bildungswesen einen weiteren Wohltäter: Den Birnbacher Pfarrer Michael Maier. Abgesehen von seinen seelsorgerischen Qualitäten, betätigte sich Maier auf seinem Pfarrhof auch als erfolgreicher Vieh- und Pferdezüchter[93]. Bei seinem Tod 1858 hinterließ er 6.000 Gulden „zur Errichtung eines weiblichen Klosterinstituts für Unterricht und Erziehung der weiblichen Schuljugend von Birnbach"[94]. Das zunächst angelegte Kapital fand seine Ergänzung 1864 in der Zustiftung von weiteren 6.000 Gulden durch Maria Lirk. Sie bestimmte ihr Vermögen zur Errichtung eines Schulinstituts der Englischen Fräulein, verbunden mit der Auflage, sie selbst im Institut bis zu ihrem Lebensende zu versorgen[95].

Als Bauplatz entschied man sich für den Standort der altehrwürdigen, auf dem Kirchfriedhof gelegenen Sebastianikapelle. Leider! Der gotische, mit kleinem Frontturm versehene Kirchenbau diente Jahrhunderte lang als Kultraum der Birnbacher „Sebastiani- und Allerseelenbruderschaft" und zur Aufbahrung Verstorbener, sein Keller noch bis 1807 als Beinhaus. Die Kapelle musste weichen. Am 13. Oktober 1866 wurde an ihrer Stelle das neue Institutsgebäude, die heutige Grundschule, eingeweiht (Kirchplatz 2). „Ein schlossartiger, umfangreicher Bau", wie man ihn übertrieben schwärmerisch beschrieben hat. Ein angefügter Kapellenanbau entstand als Oratorium der Ordensfrauen und neue Kultstätte der Bruderschaft. Drei lehrende Schwestern und eine aus Osterhofen abgestellte Novizin besiedelten die neue Klosterschule. 1874/75 betreuten die Englischen Fräulein in Birnbach 203 Schülerinnen, gegliedert in zwei Werktags- und eine Feiertagsschule mit insgesamt 10 Klassen. Gelehrt wurden Religionslehre, biblische Geschichte, Lesen, Schönschreiben, Rechtschreiben, Sprachlehre, schriftliche Aufsätze, schriftliches Rechnen, mündliches Rechnen, Anschauungsunterricht und Handarbeit[96]. Das alte Schulhaus von 1826 wurde nach Einrichtung des Instituts zur reinen Knabenschule[97].

Von nachhaltiger Bedeutung für Birnbach war am 18. November 1871 der Ankauf von Schlossgut und Brauerei durch Graf Max von Arco auf Valey, dessen Familie sie auch gegenwärtig noch besitzen. Graf Max sanierte und modernisierte die zuvor vernachlässigte Brauerei und sorgte so dafür, dass sie noch lange der größte Gewerbebetrieb im Ort geblieben ist[98]. Auch sonst hielt die Moderne langsam ihren Einzug: Mit der Eröffnung der Bahnstrecke Neumarkt-Pocking 1877 und dem Bau des Streckenabschnitts Pocking-Passau ab 1879 erhielt auch Birnbach einen Bahnanschluss[99]. 1901 verfügte das seit 1861 bestehende Postamt über Birnbachs ersten Telefonanschluss[100] und vier Jahre später begann im Ort der Bau einer zentralen Wasserleitung[101].
Eine Stiftung von 3000 Mark durch die Eheleute Georg und Kreszenz Brunner aus München ermöglichte im Institut der Englischen Fräulein am 10. September 1906 ergänzend die Eröffnung eines Kindergartens oder einer „Kinderbewahranstalt", wie man damals sagte. Die Wohltäterin Kreszenz Brunner war eine gebürtige Birnbacherin. Zum „Anstaltszimmer" in der Klosterschule arrangierte man im angeschlossenen Garten ein „Sommerhaus", eine Haselnusslaube und Sandkasten als Spielbereich[102]. Ein anderes großes Projekt betrieb 1914 Birnbachs Pfarrer Max Söldenwagner. Die damals günstige Finanzlage der Pfarrpründestiftung gestattete ihm, oberhalb der Pfarrkirche einen völlig neuen Pfarrhof zu erbauen. Da die Pfarrstelle damals immer noch mit einer eigenen, wenngleich nur noch bescheidenen Landwirtschaft verbunden war, gehörten auch zum neuen Pfarrhaus die erforderlichen Nutzbauten. Mit dem neuen Pfarrhofbau verband sich andererseits ein jäher Einschnitt: Im gleichen Jahr begann der Erste Weltkrieg.

Den allgemeinen Fortschritt unterbrach im Jahr des Pfarrhofbaus dann jäh und einschneidend der erste Weltkrieg. Das Einrücken von Vätern stellte viele Birnbacher Familien in der Folge vor erhebliche Probleme. In dieser Situation erwiesen sich die Englischen Fräulein als besonders segensreich. Auswärtige Schülerinnen waren schon von Anfang an in ihrem Institut mit Suppen und Mehlspeisen versorgt worden. Mit Kriegsbeginn wurde die mit der Kinderbewahranstalt verbundene „Suppenanstalt" so erweitert, „dass auf Gemeindekosten Kinder vom kleinsten Alter bis zur Arbeitsfähigkeit im Kloster untertags beaufsichtigt und verköstigt werden, damit dann die Mütter zu landwirtschaftlichen Arbeiten angehalten werden können". Im letzten Kriegswinter 1917/1918 sind so täglich 109 Kinder und Jugendliche von den Ordensfrauen verpflegt worden[103]. Auch die Not des ersten Weltkriegs ging aber schließlich vorbei und für Birnbach brachen wieder völlig neue Zeiten an …

Durch die Jahrhunderte

Altschäfl 1991 - Claus Altschäfl, Birnbacher Kirchenrechnungen des 17. Jahrhunderts, BBH 1, 1991
Altschäfl 1992 - Claus Altschäfl, Zu den Todes- und Lebensumständen der Apollonia Orthner von Oberbirnbach, BBH 2, 1992
Altschäfl 1993 - Claus Altschäfl, Wallfahrten der Pfarrei Birnbach in der Barockzeit, BBH 3, 1993
Altschäfl 1994a - Claus Altschäfl, Passauer Hochstiftsbesitz um „Perinpah", BBH 4, 1994
Altschäfl 1994b - Claus Altschäfl, Birnbacher Bruderschaften und kirchliche Vereine, BBH 4,1994
Altschäfl 1995 - Claus Altschäfl, Grundbesitz des Passauer Domkapitels in der Großpfarrei Birnbach, BBH 5,1995
Altschäfl 1997 - Claus Altschäfl, Zu den Altären der Birnbacher Pfarrkirche, BBH 7, 1997
Altschäfl 2000 - Claus Altschäfl, Auswirkungen der Reformation im Birnbacher Raum, BBH 10, 2000.
Altschäfl 2000a - Claus Altschäfl, Orte und Landschaften des Grafen Casimir von Ortenburg, BBH 10, 2000, 158-174

Eckardt 1929 - Anton Eckardt, Die Kunstdenkmäler von Niederbayern 21. Bezirksamt Griesbach (1929)

Egginger 1998 - Josef Egginger, Von Aicha bis Winkl – Die Ortsnamen des Marktes Birnbach, BBH 8, 1998
Egginger 2000 - Josef Egginger, Ein fürsorglicher Pfarrherr und Hausvater, BBH 15, 2005

Hochleitner 2005 - Anna F. Hochleitner, Die Kirchen von Bad Birnbach (2005)

Hofbauer 1983 - Josef Hofbauer, Birnbach im Rottal (1983)

Hüttl 1971 - Ludwig Hüttl, Caspar von Schmid (1622-1693), ein kurbayerischer Staatsmann aus dem Zeitalter Ludwigs XIV. Miscellanea Bavarica Monacensia 29 (1971)

Koschny 1992 - Hans Dieter Koschny, Caspar von Schmid aus Birnbach, kurbayerischer Kanzler und Herr auf Birnbach, BBH 2, 1992, 29 – 39.

Kramer 2007 - Ferdinand Kramer, Schmid, Caspar Freiherr von, in: Deutsche Biographie 23 (2007) 137-138 (Onlinefassung): URL http://www.deutsche-biographie.de/pnd118795198.html

Lackner 1985 – Johannes Lackner, Caspar von Schmid. Ein Spiel um die Hofmark Birnbach im Türkenkrieg (1985)

Louis 1973 - Ilse Louis. Pfarrkirchen. Die Pfleggerichte Reichenberg und Julbach und die Herrschaft Ering-Frauenstein, Historischer Atlas von Bayern 31 (1973

Ortmeier 1985 - Martin Ortmeier, Zum Sachl. Teil 3 (1985)
Ortmeier/Baumgartner 1988 - Martin Ortmeier, Georg Baumgartner, Freilichtmuseum Finsterau (1988)

Pera 1981 - Walter Pera, Kirchenführer Birnbach (1981)

Pfarramt 1983 - Pfarramt Bad Birnbach (Hrsg.), 500 Jahre gotische Pfarrkirche Birnbach (1983)

Putz 1991 - Hans Putz, Seelsorgsvorstände und Benefizianten in der Pfarrei Birnbach im Rottal, BBH 1, 1991, 29-38
Putz 1991a - Hans Putz, Marcus Graneroli, ein edler Italiener als Pfarrer in Birnbach, BBH 1, 1991, 50-59.
Putz 1991b – Hans Putz, Wie das Telefon in Birnbach Einzug hielt, BBH 1, 1991, 80-99.
Putz 1992 - Hans Putz, Wie kommt man zu einem Gemeindewappen?, BBH 2, 1992, 40 - 62
Putz 1992a – Hans Putz, Das „ehaft Padt" zu Birnbach, BBH 2, 1992, 111- 116.
Putz 1993 - Hans Putz, Birnbachs Straßen erzählen, BBH 3, 1993
Putz 1994 - Hans Putz, Birnbachs Straßen erzählen, BBH 4, 1994
Putz 1994a - Hans Putz, „Der Pfeiffer-Jackl" und der Beginn des Volksaufstandes 1705 in unserer Heimat, BBH 4, 1994
Putz 1995 - Hans Putz, Birnbachs Straßen erzählen, BBH 5, 1995
Putz 1995a – Hans Putz, Das Birnbacher Weiße Gerstenbier oder „Der hundertjährige Krieg um das Brau- und Biervertriebsrecht der Hofmark", BBH 5, 1995,52-86
Putz1996 - Hans Putz, Birnbachs Straßen erzählen, BBH 6, 1996
Putz 1996a – Hans Putz, Das Filialinstitut der Englischen Fräulein zu Birnbach. 1. Teil: der Mühsame Weg zur eigenen Mädchenschule, BBH 6, 1996, 47-70
Putz 1997 - Hans Putz, Birnbachs Straßen erzählen, BBH 7, 1997
Putz 1999 - Hans Putz, die alten Birnbacher Pfarrhöfe, BBH 9, 1999
Putz 2000 - Hans Putz, Die Urpfarrei Birnbach mit der Nebenkirche St. Pangratius in Kirchberg, BBH 10, 2000
Putz 2000a – Hans Putz, Das Filialinstitut der Englischen Fräulein zu Birnbach. 2. Teil: Die Klosterchronik von 1866 – 1973, BBH 10, 2000, 50-91
Putz 2003 - Hans Putz, Die Birnbacher Kirchtürme, BBH 13, 2003
Putz 2008 - Hans Putz, Die Birnbacher und ihr Bach, BBH 18, 2008
Putz 2009a - Hans Putz, Bausorgen und Kriegslasten; Aufstände, Brandkatastrophen und Besatzerwillkür, BBH 19, 2009
Putz 2009b - Kurioses um Wiesen und Weiden der Altbirnbacher Gemain, BBH 19, 2009

Träger 1989 - Ilse Träger (Hrsg.), Magister Adrian Beiers Jehnische Chronika 1600-1672: Chronologus Jenensis (1989)

Durch die Jahrhunderte

1. Pera 1981, 2; Hofbauer 1983, 62f.; Pfarramt 1983, 5; Altschäfl 1994, 7f; Putz 2000, 142f.; Hochleitner 2005, 3; Putz 2008, 23.
2. Hofbauer 1983, 62f.; Hans Putz 2000, 142f.; Hochleitner 2005, 3; Putz 2008, 21ff..
3. Egginger 1998, 41; Putz 2008, 23.
4. Vgl.: Pera 1981, 2; Hofbauer 1983, 63f.; Pfarramt 1983, 5; Altschäfl, 1994a, 14f.; Putz 2000, 143; Hochleitner 2005, 3
5. Hofbauer 1983, 64ff.; Pfarramt 1983, 6; Altschäfl 1995, 7f., 10; Putz 2000, 143; Hochleitner 2005, 3.
6. Eckardt 1929, 91; Louis 1973, 255; Pera 1981, 2, 4; Pfarramt 1983, 6; Putz 1997, 171; Egginger 1998, 41
7. Vgl.: Pera 1981, 3; Pfarramt 1983, 6f.; Putz 2000, 144; Egginger 2005, 15 Anm. 11; Hochleitner 2005, 3f.; Putz 2009a, 11. Pera und der Autor der Pfarrfestschrift datieren die Übergabe an die „Grüftler" abweichend schon in das Jahr 1261.
8. Hofbauer 1983, 71; Altschäfl 1995, 20f. mit Karte 4 und Anm. 1; Putz 2000, 141; Putz 2009, 10.
9. Hofbauer 1983, 71f. mit Skizze; Pfarramt 1983, 7; Altschäfl 2000, 31 Anm. 6.
10. Putz 1991, 30; Altschäfl 1997, 15ff.; Egginger 2005, 6-17.
11. Egginger 2005, 9.
12. Hofbauer 1983, 246; Putz 2003, 245; Putz 2009, 88.
13. Putz 1995, 135; Putz 2003, 243 mit Bild 5. Putz zufolge wurde der bogenförmige Abschnittsgraben seit dem 19. Jahrhundert, endgültig aber erst 1968 aufgefüllt. Der Abriss des Torgebäudes, des sog. „Portalstöckels" erfolgte 1904.
14. Zum Schlossbau vgl.: Eckardt 1929, 91; Louis 1973, 255; Putz 1995a, 56 Abb. 6, 81 Abb. 27, 82 Abb. 28, 85 Abb. 30; Putz 1996, 180; Putz 1997, 171f.; Putz 1999, 39 Abb.4; Altschäfl 2000a, 165ff.; Putz 2008, 23f. mit Bild 3, 42 mit Bild 22.
15. Putz 1994, 112ff.; Putz 1997, 171f..
16. Altschäfl 2000, 24.
17. Vgl.: Louis 1973, 255; Putz 2000, 144; Altschäfl 2000, 23.
18. Altschäfl 2000, 11ff.
19. Altschäfl 2000, 29f..
20. Altschäfl 2000, 31 Anm. 6.
21. Putz 1993, 157.
22. Louis 1973, 109f.
23. Louis 1973, 120ff. mit Kartenanhang; Putz 1993, 157.
24. Putz 1993, 154f. Der Begriff Schranne leitet sich von „scranna" ab, der italienischen Bezeichnung für die Richterbank.
25. Putz 1993, 157f.
26. Altschäfl 1992, 97-110.
27. „Leerhäusl" oder „Sachl" nannte man ländliche Anwesen ohne nennenswerten Wirtschaftsgrund (0-5 Tagwerk). Bewohner waren meist einfache Tagelöhner, Viehhüter, Holzknechte oder Handwerker. Vgl.: Ortmeier 1985, 29f.; Ortmeier /Baumgartner 1988, 42f..
28. Zu den Starzhausen als Birnbachs Hofmarksherren: Louis 1973, 255f.; Putz 2009b, 146-168.
29. Träger 1989, 51 – Hans Adolph von Starzhausen wird vom Jenaer Magister Beier attestiert ein gottesfürchtiger, gelehrter und freundlicher Herr zu sein.
30. Altschäfl 1993, 37 Anm. 22; Putz 2003, 245.
31. Altschäfl 1993, 37 Anm. 22.
32. Vgl.: Hofbauer 1983, 246f.; Altschäfl 1991, 45ff.; Altschäfl 1993, 8, 11f., 20; Altschäfl 1994b, 43-48; Altschäfl 1997, 10.
33. Hofbauer 1983, 74ff., 86f; Putz 2000, 148.
34. Hofbauer 1983, 75f.; Altschäfl 1991, 42.
35. Hofbauer 1983, 246. Die Angabe ist allerdings mit Vorsicht zu genießen, da Hofbauer einen Nachweis schuldig bleibt. Möglicherweise ist die Angabe nur auf eine freie Interpretation der Flurbezeichnung „Gottesackerfeld" zurückzuführen.
36. Hofbauer 1983, 247; Putz 2003, 245f.
37. Louis 1973, 260. Zur Biographie Caspar von Schmids ausführlich: Hüttl 1971; Koschny 1992; Putz 1993, 170f.; Putz 1994a, 140; Kramer 2007.
38. Zum modernen Birnbacher Gemeindewappen: Hofbauer 1983, 13; Putz 1992.
39. Lackner 1985
40. Mit „beiden" Rechten sind das weltliche und das Kirchenrecht gemeint.
41. Am 17. November 1652 ehelichte Schmid in St. Peter zu München Maria Katharina Imslander, eine Schwägerin von Adlzreiter.
42. Die geheimen Allianzverträge Verträge mit Frankreich ließen Bayern nach Schmids Abrechnung von 1671-1680 die gewaltige Summe von 2130000 Gulden zufließen (Hüttl 1971, 301)
43. Caspar von Schmid hatte fünf Söhne und eine Tochter: Franz Caspar, Martin Joseph, Philipp Jakob, Ferdinand Ignatz, Johann Karl und Anna Franziska (Vgl. Hüttl 1971, 306f.)
44. Vgl.: Hofbauer 1983, 163; Koschny 1992, 29.

Durch die Jahrhunderte

[45] Der Begriff des Scharwerks bezeichnet Arbeitsdienste, die auf Anforderung zeitlich befristet von Hofmarksuntertanen für ihre Herrschaft abzuleisten waren.

[46] Hofbauer 1983, 163 (Tabelle); Putz 1994, 112.

[47] Putz 1995a, 53. Zum Bader: Putz 1992a; Putz 2008, 26ff.. Zu den Schmieden: Putz 1993, 147f.; Putz 2008, 23ff..

[48] Zum beschriebenen Vorgang ausführlich: Putz 1995a.

[49] Zu den Brauereigebäuden: Hofbauer 1983, 167; Putz 1993, 163f. mit Abb.; Putz 1995a, 55f. Abb.6, 82 Abb. 28, 85 mit Abb.

[50] Heute Aichner-Schmied-Str. 1 (Putz 1991a, 51; Putz 1997, 169f.).

[51] Hofbauer 1983, 159f. (mit korrekter Angabe 1675), 247 (hier falsch unter dem Jahr 1673 aufgeführt); Pfarramt 1983, 8 (mit falscher Angabe 1673); Putz 1991a, 51f.

[52] Hofbauer 1983, 159; Putz 1991a, 51; Putz 2003, 244.

[53] Hofbauer 1983, 159; Putz 1991a, 51. Das genaue Schadensausmaß lässt sich mangels Quellen nicht mehr taxieren. Aus den vorhandenen Angaben ist zu erschließen, dass nur wenige einzeln stehende Anwesen verschont blieben, die Häuserzeilen des Dorfkerns dagegen vollständig zerstört wurden (Hofbauer 1983, 160)

[54] Putz 1991a, 51.

[55] Vgl.: Hofbauer 1983, 85, 160; Putz 1991a, 51; Altschäfl 1994b, 49.

[56] Vgl.: Hofbauer 1983, 160; Putz 1991a, 51.

[57] Putz 1991a, 51; Putz 2009, 17, 19.

[58] Putz 1991a, 52; Putz 2003, 244; Putz 2009, 17, 38.

[59] Hofbauer 1983, 168.

[60] Hofbauer 1983, 160; Putz 1991a, 52.

[61] Zu Dremelig und Graneroli ausführlich: Putz 1991a.

[62] „Göller" = kragenartiger Schulterüberwurf.

[63] Die Auffindung scheiterte daran, dass durch die Passauer Stadtbrände von 1662 und 1680 die Registratur des Domkapitel in komplette Unordnung geraten war (Putz 2009, 16)

[64] Putz 2009, 30f.

[65] Putz 2009, 29, 82.

[66] Zum Streit um die Kirchenbänke im Einzelnen: Putz 2009, 32ff.

[67] Offizialat = bischöfliche Gerichtsbehörde

[68] Putz 2009, 37 mit Bild 10.

[69] Zum Folgenden ausführlich: Putz 2009, 20ff.

[70] Putz 2009, 21.

[71] Koschny 1992, 36.

[72] Putz 2009a, 38ff.

[73] Putz 1999, 41.

[74] Zu Franz Caspar von Schmid: Putz 1994a, 140f..

[75] Putz 2009a, 75ff.

[76] Hofbauer 1983, 248; Putz 2009a, 80.

[77] Zum Pfeiffer Jackl: Putz 1994a; Putz 2009a, 81, 84.

[78] Vgl.: Putz 1995a, 58; Putz 2009a, 82.

[79] Putz 2009a, 86ff.

[80] Putz 2009a, 89ff.

[81] Putz 2009a, 95, 98f.

[82] Hofbauer 1983, 82.

[83] Putz 1994a, 140f.; Putz 2003, 249.

[84] Hierzu ausführlich: Putz 1995a.

[85] Putz 2003, 246ff.

[86] Zu Philipp Anton von Schmid vgl.: Hofbauer 1983, 89ff.; Pfarramt 1983, 14; Putz 1991, 32; Putz 2003, 250.

[87] Louis 1973, 265; Hofbauer 1983, 249.

[88] Zum Kirchturmbau: Pfarramt 1983, 18f.; Putz 2003, 246ff.

[89] Louis 1973, 256.

[90] Louis 1973, 387; Hofbauer 1983, 249; Putz 1994, 114.

[91] Putz 1993, 152; Putz 1997, 172.

[92] Pfarramt 1983, 18; Putz 1993, 152; Putz 1996a, 48; Putz 1997, 172f.

[93] Putz 1996, 181.

[94] Putz 1996a, 50.

[95] Putz 1995, 158; Putz 1996a, 53.

[96] Putz 2000a, 51, 57, 61, 59.

[97] Vgl.: Hofbauer 1983, 249; Putz 1996a, 52.

[98] Putz 1993, 164; Putz 1994, 101.

[99] Vgl.: Hofbauer 1983, 250; Putz 1993, 158f.

[100] 1907 wurde dann ein eigenes Ortnetz eingerichtet (Putz 1991b, 80, 82).

[101] Hofbauer 1983, 251.

[102] Putz 2000a, 62f.

[103] Putz 2000a, 68.

Erfolgsgeschichte im ländlichen Raum

Viktor Gröll

Die jüngere Geschichte Bad Birnbachs steht wie kaum eine andere für die Entwicklung des ländlichen Raumes. Sie steht für Menschen, die ihre Visionen mit schier unglaublichem Weitblick und enormer Tatkraft umgesetzt haben. Und sie steht für ein nachhaltiges Konzept, das auch kommenden Generationen eine Existenzgrundlage bietet. Es ist nichts anderes als die schöne Geschichte vom ländlichen Bad.

Vielen Dank an Hans Putz für die Unterstützung!

BAD BIRNBACH
DAS LÄNDLICHE BAD

Erfolgsgeschichte im ländlichen Raum

Wie alles ins Rollen kam

Bad Birnbach und die Rottal Terme – das sind zwei Begriffe, die untrennbar sind. Das „ländliche Bad" ist heute aus der deutschen Bäderlandschaft nicht mehr wegzudenken, der Tourismus eine treibende Kraft der Wirtschaft im ganzen Rottal. 1976 öffnete die Rottal Terme erstmals ihre Pforten. Doch um die ganze Entwicklung aufzuzeigen, muss man die Zeit ein Stück weit zurückdrehen.

Die beiden Weltkriege haben von Birnbach einen hohen Blutzoll gefordert. Die Namen der Toten sind noch heute auf dem Kriegerdenkmal mitten in der Alten Hofmark nachzulesen, als Mahnung für alle folgenden Generationen. 44 Familien aus der Pfarrei Birnbach mussten in den Jahren 1914 bis 1918 den Verlust eines Angehörigen beklagen. Der Zweite Weltkrieg traf die Pfarrei noch wesentlich schlimmer, 130 Männer fielen, davon 23 Heimatvertriebene. Insgesamt 60 Soldaten aus der Pfarrei wurden in den beiden Kriegen als vermisst gemeldet.

In diesen Tagen dachte sicher niemand an Tourismus und Fremdenverkehr, der allerdings vor den Kriegsjahren die ersten „Sommerfrischler" nach Schwaibach brachte. Vielmehr mussten die einfachsten Dinge des normalen Lebens, vom Schulbetrieb bis hin zur öffentlichen Sicherheit und dem Wohnungsbau, unter schwierigsten Bedingungen neu geregelt werden. Doch zunächst ging es darum, genügend Wohnraum, Lebensmittel und Brennmaterial zu beschaffen, um die Menschen durch die harten Winter zu bringen. Und: „Es war eine angstbeladene Zeit", wie eine Geschichte von Hans-Dieter Koschny unter Mitarbeit von Hans Putz erläutert. (Bad Birnbacher Heimatheft Band 5 Seite 25 ff.) Denn zu fürchten hatte man in den letzten Kriegstagen nicht nur den herannahenden Feind, sondern vielmehr auch die Mitglieder der NSDAP, die nach Erzählungen von Zeitzeugen noch einmal groß auftrumpften. Aber auch Tiefflieger der Alliierten versetzten die arg gebeutelte Bevölkerung in Angst und Schrecken. Unter anderem gab es zwei Angriffe auf die Eisenbahn mit Toten und Verletzten. Die Erleichterung war demzufolge auch in der Rottaler Pfarrei Birnbach groß, als der Krieg zu Ende ging – zumal in den letzten Tagen, nach einem Bericht des Pfarramtes Birnbach vom 31. Juli 1943, exakt am 22. Februar 1943 am südlichen Ortsrand sogar noch 40 Bomben niedergingen. (Birnbach im Rottal Entstehung und Geschichte, Hans Putz) Die Einnahme durch die US-Army am 1. Mai 1945 erfolgte mit rund 150 Panzern und anderen Fahrzeugen, die aus Richtung Oberbirnbach kamen. (Bericht Pfarramt Birnbach 31. Juli 1945) Dieser Angriff ging nur dank des beherzten Eingreifens einiger Männer glimpflich aus. Sie entfernten die zuvor errichteten Panzersperren wieder, sodass die Amerikaner ungehindert und ohne Blutbad in den Ort einmarschieren konnten. Doch auch so waren Zerstörung und Verwirrung sehr groß. Neben den rund 1.200 Einheimischen zählte Birnbach Ende 1945 noch 170 Sudetendeutsche, 117 Schlesier, 80 Evakuierte aus Großstädten, 3 Volksdeutsche, 56 Jugoslawen, 25 Ungarn und 6 Rumänen, wie Hans Putz für einen heimatkundlichen Aufsatz recherchierte.

Die Bohrungen, die von 1935 bis 1939 in der Umgebung niedergebracht wurden, waren angesichts der akuten Not längst in Vergessenheit geraten. Die sogenannten „Innviertler Bohrungen" waren in den Vorkriegsjahren von der Bayerischen Mineralölindustrie in München veranlasst worden. Man erhoffte den Fund von Öl, doch zur großen Enttäuschung wurde an vielen Stellen „nur" heißes Wasser gefunden. Niemand kam seinerzeit auf den Gedanken, dass dies einmal zum großen Schatz für das gesamte Rottal werden könnte. Gebohrt wurde unter anderem in Füssing, damals noch ein kleiner

Erfolgsgeschichte im ländlichen Raum

Weiler neben der Ortschaft Safferstetten (heute ist Safferstetten ein Ortsteil von Bad Füssing), in Weihmörting, Taufkirchen, Mittich und auch in Birnbach. Im sogenannten „Schenkermeierfeld", vor dem Platz am Eingang zum heutigen Artrium, wurde 1939 ein Bohrturm errichtet. Der Erfolg blieb allerdings aus, Öl gab es nicht.

Nach dem Krieg gab es wiederum in Schwaibach die ersten touristischen Gehversuche, und zwar im Gasthof Schreibauer. Belegt ist das in sogenannten „Fremdenbüchern", die in den Bad Birnbacher Heimatheften ausführlich unter die Lupe genommen werden. Demnach kehrt Frau Toni Drexler, eine Münchner Hausfrau, für zwei Tage in Schwaibach ein. Am 12. Juni 1947 folgt ihr Ernst Drexler, Angestellter der Firma Drexler und Söhne. Aber auch Bezirksdirektor Franz Pikola aus Augsburg findet Erwähnung. Er wird sogar zum Stammgast und taucht bis 1955 immer wieder auf. Der bekannteste Gast in dieser Zeit war wohl Staatsschauspieler Otto Wernicke aus München. Auch er kehrt immer wieder ins Rottal zurück. 1955 enden dann die Einträge. In Begleitung des Schauspielers kommen aber immer wieder Männer vom Film, die unter der Rubrik „Berufsbezeichnung" den Eintrag „Filmgesellschaft München" angeben. Vom 17. Juli 1951 bis zum 2. August 1951 wohnte sogar eine Frau aus New York mit zwei Kindern im Schwaibacher Gasthof Schreibauer.

Nach dem Krieg erinnerte man sich in den 60er-Jahren an die Suche nach Öl und schickte nochmals einen Bohrtrupp. Auch dieses Mal war das Ergebnis nicht zufriedenstellend. Die Bohrlöcher wurden in beiden Fällen wieder verschlossen, (25 Jahre Rottal Terme 1976 - 2001) und so ging alles zunächst seinen gewohnten Gang.

Birnbach war seit jeher vom Handwerk und Handel geprägt, natürlich aber auch von der Landwirtschaft, vor allem in der Umgebung. Gerade dort setzte in den Nachkriegsjahren eine unglaubliche Welle der Technisierung ein. Arbeitsplätze in diesem Bereich fielen weg, neue entstanden im Rottal nur kaum. Viele Arbeiter zog es in die Ballungszentren, meist nach München. Das Chemiedreieck und später die Autoindustrie waren ebenso Magneten für die zuverlässigen Arbeitskräfte aus dem Rottal, die überall gerne gesehen waren. Doch die Heimat blutete aus. Qualifizierte Arbeitsplätze wurden immer mehr zur Mangelware. Daraus resultierend fand eine regelrechte Landflucht statt. Die Jugend zog es in die Städte. Dazu kam, dass die Kommunen im Rottal sehr klein strukturiert waren. Handlungsfähig waren sie allesamt kaum noch.

Eine Lösung musste her. Das sahen auch die politisch Verantwortlichen in höchsten Regierungsämtern. Und so machten sich viele Kommunen auf den Weg in die Gebietsreform. Manche Gemeinden, wie die im Gebiet des heutigen Marktes Bad Birnbach, taten dies freiwillig, viele andere nur unter Zwang. Hohe Wellen der Emotion schlug die Gebietsreform aber im gesamten Freistaat! Ganz besonders galt das für das Rottal, das ja zu den Regionen am Ende der wirtschaftlichen Rangliste Deutschlands zählte. Zu nahe war der „Eiserne Vorhang", zu weit weg waren

Erfolgsgeschichte im ländlichen Raum

Infrastruktur und Perspektiven. Im benachbarten Safferstetten (die Gemeinde Bad Füssing wurde erst 1971 aus den Gemeinden Safferstetten, Würding und Egglfing gebildet) gab es nach bescheidenen Anfängen in den Nachkriegsjahren eine beachtliche Entwicklung. 1953 wurde dort die Heilkraft des Wassers nachgewiesen. Schon 1955 zählte der Ort 230 Gästebetten, und zwei Jahre später trat der Bezirk Niederbayern dem Zweckverband Füssing bei. Es folgte die Erschließung des Kurgebietes. 1965 zählte man 1.530 Gästebetten und über 300.000 Übernachtungen. Angesichts dieser Zahlen und der eigenen Geschichte erinnerte man sich auch in Birnbach an das Wasser in den Tiefen des Urgesteins.

Hier war es die Junge Union, die auf einem Wahlprospekt 1972 „Das heiße Wasser" thematisierte. Das war durchaus charakteristisch – nicht der politischen Couleur wegen, sondern vielmehr deshalb, weil es die damals junge Generation war, die – wie schon bei der Gebietsreform – eine neue Entwicklung einforderte. Es mag ein geschichtlicher Glücksfall gewesen sein, als sich auf Birnbacher Seite Hans Putz anschickte, das Amt des Bürgermeisters einer neuen Großgemeinde zu übernehmen. Aufseiten des Landkreises war es Ludwig Mayer, der nach höheren Weihen strebte. Doch erst einmal mussten diese neuen Gebilde formiert werden. Es war klar: Birnbach würde in einem erweiterten Land-

Das heiße Wasser

Gemeinderat und Bürgermeister müssen schließlich noch einer anderen Sache auf den Grund gehen. In der Zeit vom 4. Jan. 1939 bis 4. Sept. 1939 wurde etwa an der Einmündung des Birnbaches in das Rottal eine Bohrung durch die damalige Bayerische Mineralöl-Industrie-AG München zum Zweck der Aufsuchung von Erdöl niedergebracht. Die damals überwachenden Geologen H. Nathan und B. Wellhöfer schreiben darüber in einer Schrift, die vom Bayr. Geologischen Landesamt herausgegeben wurde. H. Nathan, der auch damals die Füssinger Bohrung überwachte, schreibt dazu unter anderem wörtlich: „... In Birnbach wurde von 1399 m bis zur Endtiefe von 1408,9 m Kalkstein und Dolomit des oberen Malm angetroffen. $6^{5}/_{8}$-Zoll-Rohre waren bis 1391 mtr. eingebaut und zementiert. Bei einem Schöpfversuch ließ sich der Wasserspiegel nicht unter 229,5 mtr. absenken. Beim Einstellen des Schöpfens stieg das Wasser rasch an und kam zum freien Ausfluß. Die Temperatur des durch feine Glasbläschen trüben, nach dem Entgasen klaren Wassers war 19 Grad."

Er schreibt dann weiter: „In der chemischen Beschaffenheit des Wassers und der Begleitgase ist große Ähnlichkeit (mit Füssing) vorhanden, bis auf einen unerklärlichen Sulfatgehalt in Birnbach. Die geringe Wärme von 19 Grad beruht auf der Abkühlung in den Rohren, die bei der geringen Schüttung (4 ltr. pro Min.) ohne Pumpen nur langsam durchflossen werden."

Es wird sicher richtig sein, wenn man an dieses Birnbacher „Heiße Wasser" mit gekühlten Erwartungen (Nähe Füssing) herangeht. Trotzdem sind wir der Meinung, daß man solches Kapital, das man im Gemeindebereich hat, soweit irgend möglich einer der Allgemeinheit dienenden Nutzung zuführen sollte. Die Gründung eines Zweckverbandes unter Beteiligung des Landkreises und der Gemeinde scheint deshalb als erstrebenswert. Man sollte bei der zeitlichen Behandlung dieser Sache jedoch nicht aus dem Auge verlieren, daß man auch in Griesbach an eine Nutzung dieses Wassers herangehen will. Gerade die Zugehörigkeit Birnbachs zum Rottal-Landkreis eröffnet hier wirklich echte neue Möglichkeiten.

Erfolgsgeschichte im ländlichen Raum

kreis Passau neben der Stadt Griesbach (dort gab es auch Bestrebungen zu einer Badentwicklung) keine Chance auf eine touristische Entwicklung haben. Außerdem fühlten sich die Birnbacher seit jeher im Altlandkreis Griesbach nicht sonderlich wohl. Die Grenzen der ehemaligen Großpfarrei machte sich Hans Putz zunutze, und dazu noch den Schulsprengel. Der Bau der neuen Verbandsschule in Birnbach von 1968 – 1971 war ein wichtiger Schlüssel zum Erfolg, und so wurde am 1. Juli 1972 zunächst der Landkreis Rottal gebildet – mit den Gemeinden Birnbach und Bayerbach. Erst am 1. Mai 1973 erfolgte die bis heute gültige Namensgebung „Landkreis Rottal-Inn".

Zwischenzeitlich war auch die neue Großgemeinde Birnbach formiert. Hirschbach, Brombach, Untertattenbach, Asenham, Birnbach selbst und Teile von Kindlbach ergaben nach langen, zähen und für Birnbach bisweilen kostspieligen Verhandlungen das knapp 70 Quadratkilometer umfassende Gebiet, das nun auch von der Einwohnerzahl her deutlich über 5000 lag und eine entsprechende Leistungsfähigkeit versprach. Alleine an diesen Zahlen mag man ersehen, wie klein die Strukturen zuvor waren.

Die eigentliche Geburtsstunde der Rottal Terme geht ins Jahr 1972 zurück. Exakt am 22. März 1972 überreichte der CSU-Ortsverband in der Lenghamer Schneiderstube von Ferdinand Gerner, dem heutigen CSU-Ehrenvorsitzenden, einen Brief an den Kaufmann Ludwig Mayer in Eggenfelden, der sich mit den Wünschen der Birnbacher an den zukünftigen Landrat des Rottal-Landkreises befasste. Darin enthalten sind unter anderem folgende, deutlich zum Ausdruck gebrachte Forderungen: „Betreiben des Baues der Ortsumgehung Birnbach der B388 bei den zuständigen Stellen, Maßnahmen des Landkreises zur Prüfung der Realisierbarkeit einer Thermalwassernutzung in Birnbach und Förderung der Bestrebungen zur Aufstufung von Birnbach zum Unterzentrum." (25 Jahre Rottal Terme 1976 – 2001)

Längst hatten Hans Putz und Ludwig Mayer vereinbart, im Falle ihrer Wahl nach dem heißen Wasser zu bohren, insgesamt also ein drittes Mal. Schon 1973, ein Jahr nach der Wahl, setzten sie ihr Versprechen um. Es ist heute wohl nur noch schwer nachvollziehbar, welche Zitterpartie sich damals wirklich abspielte. Das finanzielle Risiko war enorm hoch. Die Bohrung kostete eine Million D-Mark, damals unglaublich viel Geld. Mittel, die weder der Landkreis, noch die Gemeinde Birnbach hatte. Um so mehr wurden die Nerven der Verantwortlichen strapaziert, als der Bohrkopf Meter um Meter in die Tiefen des Urgesteins vordrang – zunächst ohne Erfolg.

Erfolgsgeschichte im ländlichen Raum

Während der Einweihung des Pfarrkirchner Krankenhauses wurde endlich die Nachricht überbracht: „Wir sind fündig." Die Feierlichkeiten in der Kreisstadt waren schnell beendet, denn alle eilten aufgeregt zur Bohrstelle nach Birnbach. Schon bald entwickelte sich ein „Badetourismus" der besonderen Art.

Mit Kannen und Kübeln

Mit Kannen, Kübeln und anderen Gefäßen wurde das heilende Wasser aufgefangen und nach Hause transportiert. Und nicht nur die Jugend hatte ihren Spaß daran, in provisorisch aufgebauten Badewannen ein Vollbad im unverfälschten Thermalwasser zu nehmen. Die Freude über den Fund war riesig. Von unglaublichen Heilerfolgen bei Rheumaleiden war schon bald die Rede. Wasser hatte man nun also gefunden, heiß war es auch.

Aber hat es auch die erhoffte Heilkraft? Es hat, und dass dem so ist, wird seit dem Ergebnis der balneologischen Untersuchungen immer wieder aufs Neue bestätigt, zuletzt im Jahr 2009 durch das Labor Synlab in einer weiteren Heilquellenanalyse. Der Quelle wird als „fluoridhaltiger Natrium-Hydrogencarbonat-Chlorid-Therme" sogar hoher medizinischer Wert beigemessen. Bereits 1979 hatte dies der Balneologe Prof. Dr. Heinrich Drexel von der TU München in einem wegweisenden Gutachten festgestellt. Die notwendigen medizinischen Untersuchungen an den Patienten hatte von 1976 bis 1978 der unvergessene Birnbacher Arzt Dr. Erich Oberhauer durchgeführt. Er war auch der erste Kurarzt in Birnbach. Den Schatz aus der Tiefe schätzt man in Bad Birnbach bis heute sehr. Nicht umsonst hat man 1986 zum 10. Geburtstag der Rottal Terme einen eigenen „Thermentempel" mitten im Kurpark errichtet. Dort wurde ein kleiner Brunnen errichtet, der mit dem unverfälschten Thermalwasser der Chrysantiquelle gespeist wird. Drei steinerne Löwen bewachen die Quellfassung seither symbolisch.

Erfolgsgeschichte im ländlichen Raum

Doch zurück ins Jahr 1973. Dieses Jahr markiert nicht nur den Fund in 1618 Metern Tiefe, sondern auch die Gründung des Zweckverbandes Thermalbad Birnbach. Der neue Landkreis Rottal-Inn und die Großgemeinde Birnbach schlossen sich paritätisch in diesem Verband zusammen, dessen erster Vorsitzender Landrat Ludwig Mayer war. Sein Vize hieß folgerichtig Hans Putz. Bereits ein Jahr später wurde die Quelle durch den damaligen Staatssekretär Erich Kiesl (ein gebürtiger Pfarrkirchner) nach dem Schutzpatron der Hofmark Birnbach als „Chrysantiquelle" getauft. Jetzt konnte der Aufstieg des Ortes beginnen, den die Süddeutsche Zeitung ein paar Jahre später gar als „Wunderkind der deutschen Bäderlandschaft" bezeichnen sollte.

Die Väter der Badentwicklung

Hans Putz und Ludwig Mayer wurden als Väter der Badentwicklung in Birnbach bereits erwähnt. Spätestens an dieser Stelle müssen noch weitere Namen genannt werden. Hanns Weber gehört hier sicherlich dazu, denn der einstige Oberregierungsrat des Landratsamtes leitete die Geschäfte des Zweckverbandes Thermalbad Birnbach und galt über viele Jahre hinweg als unermüdlicher Motor des ganzen Projektes. Auch Jürgen O. Brauerhoch muss hier genannt werden. Er war der „Werbemann" der ersten Stunde. Die Wichtigsten waren jedoch die Bürger, denn nur mit ihrer Unterstützung konnte etwas bewegt werden. Folgerichtig gab es eine Reihe von Bürgerversammlungen, Informationsveranstaltungen und viele Einzelgespräche. Was der Politik damals gelang, ist ein Kunststück, das in Deutschland bis heute einzigartig geblieben ist. Zunächst war es die Gemeinde Birnbach, dann der Zweckverband Thermalbad Birnbach, der die Grundstücke im gewünschten Bebauungsplan Kurgebiet kaufte und damit das wichtigste Steuerungselement in den Händen hielt. Die Verantwortlichen entschieden sich schon sehr früh für eine Anbindung des Kurgebietes an den alten Ortskern. Dies sollte über den von Bürgermeister Hans Putz gewünschten „Neuen Marktplatz" als Bindeglied erfolgen. Grundlage war ein bis heute gültiges interdisziplinäres Gutachten. Städtebauliche Grundsätze wurden ebenso beleuchtet und durchdacht wie die Entwicklung der Verkehrssituation. Im Unterschied zu zahlreichen anderen Beispielen wollte man kein isoliertes „Ghetto" als Kurzentrum, sondern vielmehr eine Weiterentwicklung des historischen Ortes mit Augenmaß. Die städtebaulichen Leitlinien stellten Prof. Helmut Gebhard und Horst Biesterfeld vom Münchner Institut für ländliches Bauwesen an der Technischen Universität auf. Prof. Günther Grzimek, ein wichtiger Gestalter rund um die Olympischen Spiele 1972 in München und Weggefährte des genialen Gestalters Otl Aicher, sorgte für den Grünordnungsplan. Dr. Boventer war für den betriebswirtschaftlichen Teil verantwortlich und beleuchtete auch die Chancen von Hotellerie und Gastronomie. Es entstand eine eigene Handschrift, die Städte- und Landschaftsbau ineinander verschmelzen ließ. Von jedem Punkt aus sind es nur ein paar Schritte, und man ist wieder mitten im Grünen. Dieses Credo galt bei den Verantwortlichen von Anbeginn auch für die Rottal Terme, die übrigens ganz bewusst im Eigennamen eine italienische Schreibweise, also die „Terme" ohne das „h" nach dem „T" bekommen hat. Der beginnende Süden soll damit symbolisiert werden, aber auch die Verbundenheit mit der Natur. „Gesundheit und Erholung im ländlichen Bad" lautete die Kernaussage, auf die man sich sehr früh verständigte. Auch sie hat noch heute Gültigkeit – vielleicht sogar mehr denn je.

„Die Herausforderung, neue Impulse im ländlichen Raum Wirklichkeit werden zu lassen, führte zu der Entwicklungsidee ‚ländliches Bad', als bewusstes Alternativprogramm zu bestehenden Kurorten mit

Erfolgsgeschichte im ländlichen Raum

repräsentativen Badeanlagen und hoch gebauten Hotelpalästen. Im ländlichen Bad sollte sich eine entspannte Atmosphäre der Freiheit und der Freizeit aus den landschaftlichen und baulichen Eigenwerten von Ort und Region entwickeln. Das ländliche Bad konnte mit schonender Einfügung in den bestehenden Talraum und seine Randhöhen die Anziehungskraft einer naturnahen Kulturlandschaft erhöhen und die Heilkräfte von reiner Luft und heißem Thermalwasser, von Weiträumigkeit und Ruhe für die Kurgäste weiter steigern", schrieb Prof. Gebhard 2010 in seinem Artikel „Entwicklungsidee und Leitbild „ländliches Bad" in der Dokumentation „Weiterentwicklung Rottal Terme 2003 – 2010. (Weiterentwicklung Rottal Terme 2003 - 2010)

In der Tat, ein Schritt folgte nun dem anderen, die Pläne reiften heran und die ersten Grundstücke konnten verkauft werden. Als erstes Hotel im neuen Kurgebiet entstand der Quellenhof, der noch heute zu den wichtigsten Adressen in Bad Birnbach zählt. In der Hofmark war kurz vorher aus dem Gasthaus Alte Post das „Gräfliche Hotel Alte Post" geworden (1974). Die erste Pension war von der Familie Scholz im bestehenden Ortsbereich in Betrieb genommen worden. Die ersten Übernachtungsangebote waren diese Adressen allerdings nicht, denn schon lange vor der Bohrung beschäftigten sich einige Birnbacher mit den „Sommerfrischlern". Prominentestes Beispiel ist wohl das heutige Gästehaus Hasenberger in Aunham. Der Vater des derzeit amtierenden Bürgermeisters erkannte schon in den 60er-Jahren des vorigen Jahrhunderts, dass „Urlaub auf dem Bauernhof" zwar ein Wagnis, wohl aber auch ein vielversprechendes Unterfangen war. Von den frühen Bemühungen um den Tourismus zeugt noch heute der Josef-Hasenberger-Weg. Wenngleich sich auch Pioniere wie Josef Hasenberger sen. gewiss nicht ausmalen konnten, welchen fulminanten Verlauf die Dinge einmal nehmen würden, so ist es doch bemerkenswert, dass Josef Hasenberger sen. auch Gründungsvorstand im Fremdenverkehrsverein, dem heutigen Ring der Gastlichkeit, war. Und es verwundert nicht, dass auch bei der Gründung dieses Vereins die Junge Union 1971 als Initiator quasi Pate stand.

Alfred Dick, der erste Umweltminister des Freistaates Bayern wurde eingeschaltet. Die Kontakte zur Familie Bäumel als Investoren im Quellenhof dürften wohl auch auf ihn zurückzuführen sein. Dick pflegte auch beste Beziehungen mit der Lokalredaktion der Passauer Neuen Presse. Mit dem damaligen Lokalchef Viktor Gröll sen. drückte er gemeinsam die Schulbank. Auch den früheren Regierungspräsidenten Dr. Gottfried Schmid kannte Gröll aus gemeinsamen Kindheitstagen. Viktor Gröll sen. wurde zum steten Begleiter der Birnbacher Entwicklung. Dies passte bestens zu den Leitlinien von Verlagsgründer Dr. Hans Kapfinger, der die wirtschaftliche Entwicklung Ostbayerns ins Zentrum seiner Bemühungen gestellt hatte. Dr. Kapfinger brachte dies mit mehreren Besuchen in Birnbach zum Ausdruck. Dabei war er stets ein gerne gesehener Gast.

Das Bild zeigt Viktor Gröll sen. bei der Verleihung des Bundesverdienstkreuzes durch den damaligen Umweltminister Alfons Dick (links). Im Hintergrund das Portrait des zu dem Zeitpunkt bereits verstorbenen Verlagsgründers Dr. Hans Kapfinger.

Erfolgsgeschichte im ländlichen Raum

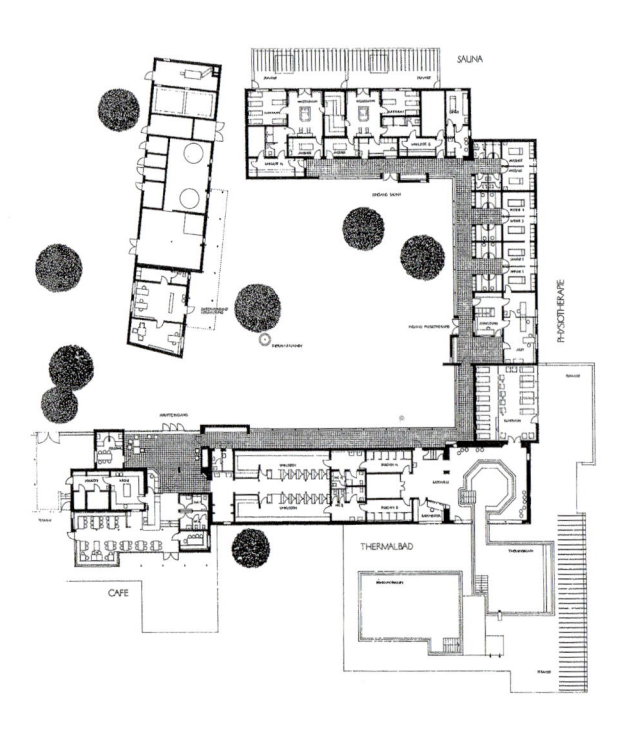

Im März 1974 erteilte der Zweckverband an Gebhard & arc den Planungsauftrag für das erste Kurmittelhaus.

Mitarbeiter der ersten Stunde: Hier ehrte „Bäderpräsident" Sebastian Schenk (links) Alois Gerleigner (rechts), Angela Wagner und Bertram Schöttl 1996.

Erste Schritte

Der damalige Staatsminister Anton Jaumann legte schon im Juli 1974 den Grundstein für den ersten Bauabschnitt der Rottal Terme, für das sogenannte „Hofbad". Er war es auch, der in der Folgezeit den Birnbacher Bemühungen hinsichtlich der Kurortentwicklung sehr wohlgesonnen blieb.

Formell wurde auch im selben Jahr die Aufstellung des Bebauungsplanes Kurgebiet beschlossen und an Gebhard & arc vergeben. Federführend war beim Bebauungsplan und beim Grünordnungsplan von Anbeginn der Zweckverband, wobei natürlich alle hoheitlichen Entscheidungen der Gemeinderat zu treffen hatte. Während Planungen und Bauarbeiten in Birnbach auf vollen Touren liefen, war die Politik bereits mit neuen, ganz eigenen Baustellen beschäftigt. Es war klar, dass der junge Landkreis und die aus sechs Altgemeinden zusammengestellte Großgemeinde mit derart großen Aufgaben alleine nicht zurechtkommen konnten. Dem Beispiel von Füssing folgend, wurden Verhandlungen mit dem Bezirk Niederbayern aufgenommen. 1975 gelang es schließlich, den Bezirk für den Einstieg in den Zweckverband Thermalbad zu gewinnen. Ein Stück Infrastruktur für das strukturschwache Rottal sollte geschaffen werden. Der damalige Bezirkstagspräsident Karl Freiherr von Moreau wurde aufgrund der neuen Mehrheitsverhältnisse Chef im Zweckverband. 60 Prozent (= 6 Stimmen im Zehnergremium) hielt fortan der Bezirk, der Landkreis Rottal-Inn ist seither mit 30 Prozent (= 3 Stimmen) und die Gemeinde Birnbach mit 10 Prozent (= 1 Stimme) beteiligt. Was zu diesem Zeitpunkt niemand ermessen konnte, ist die Rolle des „Bäderpräsidenten" Sebastian Schenk. Er sollte von 1978 an 20 Jahre lang als Vorsitzender des Zweckverbandes Thermalbad Birnbach eine exponierte Rolle in der Entwicklung des ländlichen Bades einnehmen.

Erfolgsgeschichte im ländlichen Raum

Im Stile eines Vierseithofes gebaut, war das Hofbad der Rottal Terme der Auftakt einer raschen, aber geplanten Entwicklung. Schon bald entwickelte sich um das neue Bad ein florierendes Kurgebiet, das direkt an den bestehenden Ort gebaut wurde.

Unterdessen wurde die erste richtige Werbeoffensive gestartet. Vor allem München und Regensburg nahm man ins Visier. Der erste Werbeetat belief sich damals auf stolze 104.000 D-Mark. Am 23. Juli 1976 war es dann so weit. Nach knapp zweijähriger Bauzeit öffnete die Rottal Terme im Beisein von Staatssekretär Franz Sackmann die Pforten. Gefeiert wurde mit der gesamten Bevölkerung. Tags darauf waren übrigens Karl Kirschner aus Hirschbach, Hermine Mania und Maria Sporrer (beide aus München) die ersten Gäste. Sie sollten nicht die Ausnahme bleiben, sondern ganz im Gegenteil wurde Birnbach bereits als „Geheimtipp" gehandelt. Berichte über die Kraft des Wassers machten schnell die Runde.

Während die ersten Badegäste also im wohlig warmen Thermalwasser des „Hofbades" badeten, ging es bei den Verantwortlichen in der Gemeinde und beim Zweckverband darum, die Planungen für das Kurgebiet weiter voranzutreiben. Für die Gemeinde brachten diese Gründungsjahre hohe Investitionen mit sich, um Straßen, Wege und Parkplätze zu erschließen. Auch die Anlage des Kurparks bedeutete einen hohen Kraftaufwand.

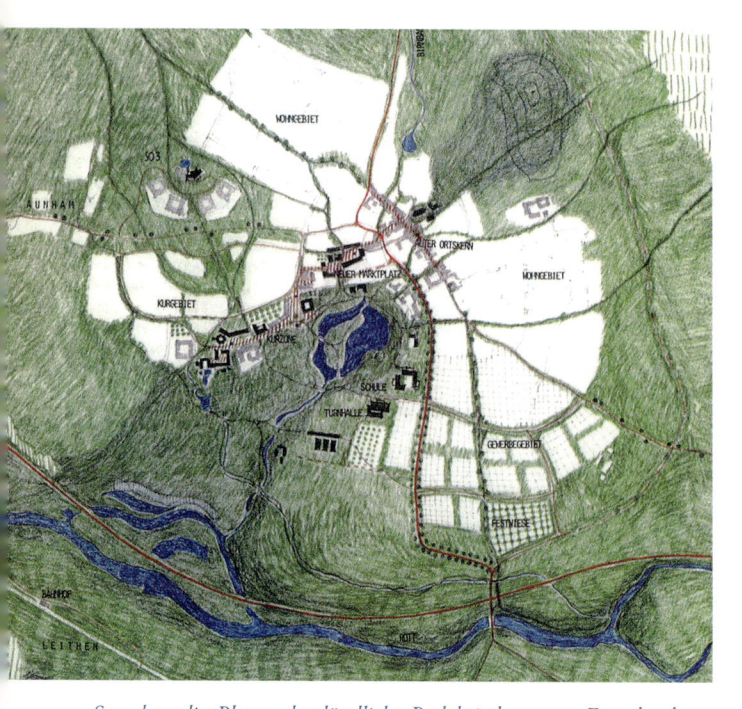

Erfolgsgeschichte im ländlichen Raum

Eine besondere Herausforderung stellte aber die Realisierung des Neuen Marktplatzes zwischen 1977 und 1981 dar. Neben dem dort errichteten Rathaus galt es, an die 30 gewerbliche Investoren zu finden.

Daneben wurde auch bis 1984 ein umfangreiches Freizeit- und Erholungsgelände ausgebaut und 1977 die Ortskernsanierung Birnbach eingeleitet. Die seit 1983 von der Gemeinde bei staatlichen Stellen vorgebrachten Wünsche zum Bau einer Umgehung der B388 gingen zwischen 1981 und 1984 in Erfüllung. Nicht zuletzt hatte auch die von der Gemeinde betreute Klimastation dies nahegelegt. Auf Antrag der Nachbargemeinde Bayerbach entstand am 1. Mai 1978 eine Verwaltungsgemeinschaft, die neben der Administration auch für Schulen, Kindergärten und das Verkehrsamt (heute Kurverwaltung) zuständig sein sollte.

So sahen die Planer das ländliche Bad bei der ersten Fortschreibung des Entwicklungskonzeptes. „Entwicklungsziel ist den grünen Talraum der nach Osten fließenden Rott und den von Norden her sich öffnenden Birnbachgrund als landschaftliche Mitte des Kurbades langfristig zu erhalten", wie es Prof. Dr. Ing. Helmut Gebhard im Aufsatz „Entwicklungsidee und Leitbild „Ländliches Bad" beschreibt.

Das ländliche Bad

Die Philosophie vom „ländlichen Bad" bürdete Investoren zwar eine Reihe von Einschränkungen – etwa hinsichtlich der Gebäudehöhe und der Nutzung – auf, doch dafür waren die Perspektiven hervorragend. Mit der Straubinger Familie Bäumel kamen die Gespräche über den Bau des bereits erwähnten Quellenhofes schnell voran. Viele weitere folgten, immer nach den städtebaulichen Grundsätzen des ländlichen Bades und häufig in Form des Rottaler Vierseithofes.

Die Rottal Terme und die Zahl der Betten wuchsen quasi im Gleichschritt. So war eine kontinuierliche, aber auch eine sehr rasche Entwicklung möglich. Bereits 1979 berichtete ZV-Geschäftsleiter Hanns Weber einer interessierten Journalistin, dass man mit dem Bau eines zweiten Thermalbades beschäftigt sei, da die Kapazitäten des Hofbades nicht mehr

Erfolgsgeschichte im ländlichen Raum

ausreichten. Noch im selben Jahr wurde das „Chrysantibad" der Rottal Terme eröffnet. Markantester Punkt dieser Anlage war die über einige Stufen erreichbare, tiefer liegende Gewölbebadehalle mit einem großen Mittel- und vier Eckbecken, die noch heute von allegorischen Nymphen aus Bronze des Bildhauers Josef Neustifter geziert werden.

Der Künstler hatte bereits für das Hofbad einen „Badenixenbrunnen" geschaffen. Später folgten weitere Brunnen am Neuen Marktplatz, beim Hotel Sternsteinhof und in der Hofmark.

1979 war aber auch in anderer Hinsicht ein bedeutendes Jahr für Birnbach. Die staatliche Anerkennung als Erholungsort und die Anerkennung der Rottal Terme als Heilquellen-Kurbetrieb waren zwei weitere wichtige Meilensteine.

Durch eine zweite Bohrung, die 1980 in über 1200 Meter Tiefe fündig wurde, erfüllte man eine wesentliche Voraussetzung für die Anerkennung als Heilbad, die nun angestrebt wurde. Das Wasser der „Konradsquelle" hat die gleiche Zusammensetzung wie das der „Chrysantiquelle". Mit gut 60 Grad erreicht auch die dem heiligen Bruder Konrad gewidmete Quelle eine enorme Temperatur. Die junge Therme zählte übrigens bereits eine halbe Million Besucher pro Jahr. Der Erfolg hielt an, und wieder wurde gebaut.

Erfolgsgeschichte im ländlichen Raum

1984 konnte die Wasserflächenerweiterung im Chrysantibad der Rottal Terme in Betrieb gehen.

Eine Halle für die immer wichtiger werdende Unterwassergymnastik wurde gebaut, dazu das heute noch symbolgebende Kaskadebecken, aus dessen Turm 37 Grad warmes Wasser auf die Schultern der Badegäste prasselt. Eine Kneippanlage gehört seitdem ebenso zum Angebot wie das Sommerbecken, das zum Schwimmen in den herrlichen Rottauen einlädt.

1984 war auch in anderer Hinsicht von größter Bedeutung. Die Ortsumgehung wurde fertiggestellt, und im Rathaus bahnte sich ein Amtswechsel an. Nach 12 Jahren im Bürgermeisteramt kandidierte Hans Putz nicht mehr für eine weitere Periode. Als Vater der eingeleiteten Entwicklung wurde er postwendend zum Ehrenbürger ernannt.

Sein Nachfolger hieß Erwin Brummer, ein Mann aus Winten bei Brombach, aus dem Außenbereich. Der Sohn des früheren Brombacher Bürgermeisters und langjährigen Gemeinderates wollte zwar in jungen Jahren alles andere werden als ein Gemeindeoberhaupt, aber die Geschichte wollte es anders.

Was unter Hans Putz begann, wurde unter Erwin Brummer kontinuierlich fortgesetzt. Der neue Rathauschef setzte die unter seinem Vorgänger begonnene Sanierung der „Alten Hofmark" nahtlos fort. Heute gilt die Hofmark als „Birnbachs gute Stube" und als Modellprojekt für Ortskernsanierungen.

Längst vergessen sind die Zeiten, als sich einige Tausend Kraftfahrzeuge, darunter sehr viele Lastwägen, durch den Ort schlängelten.

Auch die Einbahnregelung, die bei ihrer Einführung für rege Diskussionen und mancherorts für helle Aufregung sorgte, ist längst akzeptiert. Noch im Jahr 1984 wurde Birnbach vom damaligen In-

Erfolgsgeschichte im ländlichen Raum

Als täglich noch mehrere Tausend Kraftfahrzeuge die „Alte Hofmark" durchkreuzten (links), hatten die Planer schon eine Vision, wie „Birnbachs gute Stube" wieder zu voller Geltung kommen könnte (rechts).

nenminister Karl Hillermeier das begehrte Prädikat „Markt" verliehen. Marktrechte hatte der Ort schon lange. 1677 hatte der churbaierische Kanzler Caspar von Schmid für seine geschlossene Hofmark Birnbach bei Kurfürst Ferdinand Maria das Recht zur Abhaltung von Vieh- und Warenmärkten erhalten. Jetzt durfte man endlich den Titel „Markt" im Namen führen. Zu Ehren des Caspar von Schmid wurde anlässlich der Markterhebung 1984 erstmals ein historisches Festspiel abgehalten, das übrigens 2009 zur 25-Jahrfeier eine gefeierte Wiederholung erfuhr. 1987 wurde endgültig der Durchbruch geschafft, denn der junge, aufstrebende Kurort wurde zum „Bad" geadelt und stieg damit in die höchste Klasse deutscher Kur- und Badeorte auf.

Trotz aller Erfolge blieb man auch weiterhin nicht untätig, im Gegenteil. Birnbach wuchs nach wie vor rasch. Das Konzept vom ländlichen Bad ging mehr und mehr auf. 1986, ein Jahr vor der Badanerkennung, begann eine neue Etappe in der Geschichte der Rottal Terme. Das Therapiebad ging in Bau. Mit den Planungen wurden die arc-Architekten Manfred Brennecke, Horst Biesterfeld und Thomas Richter betraut. Alle drei sind Schüler von Prof. Dr. Ing. Helmut Gebhard und traten auch seine Nachfolge als Städteplaner in Birnbach an. 1988 waren

Die Hofmark nach ihrer Sanierung – Architekt Erich Brennecke hielt den Eindruck in einem Gemälde fest. Das Bild aus dem Nachlass von Erich Brennecke schenkte sein Sohn, Städteplaner Manfred Brennecke, dem Markt Bad Birnbach.

Der Moment des großen Triumphes ist gekommen, das ländliche Bad wird geadelt. Innenminister Karl Hillermeier (2.v.l.) und Bürgermeister Erwin Brummer (links) sowie der damalige Bezirkstagspräsident Sebastian Schenk (rechts) und zahlreiche Ehrengäste bei der Verleihung des Bad-Titels.

Erfolgsgeschichte im ländlichen Raum

sie federführend tätig, als das Entwicklungskonzept aus dem Jahr 1973 erstmals fortgeschrieben wurde, das die Meilensteine für die weitere Entwicklung definierte.

Mit rund 39 Millionen D-Mark war das Therapiebad das bis dato gewaltigste Projekt, das die Rottal Terme anging. Trotz der speziellen Ausrichtung auf Therapie sollte das neue Bad keine bittere Pille sein, was ZV-Geschäftsleiter Hanns Weber zur Leitschnur machte. Deshalb wurde eine leichte, filigrane Architektur gewählt, für die man mit dem Bayerischen Holzbaupreis ausgezeichnet wurde.

Viel natürliches Licht bringt das Thermalwasser besonders gut zur Geltung. Schwanenhälse, Bodensprudler, Massagedüsen und vieles mehr sorgen für Wohlbefinden. Am 2. Januar 1990 ging das Therapiebad endlich in Betrieb. Es sollte kurze Zeit später sogar Schauplatz von großen Fernsehereignissen werden, so etwa beim BR-Bürgerforum, zu dem die damalige Bundesgesundheitsministerin Gerda Hasselfeld sogar im Bademantel kam. Das Publikum entspannte sich während der Fragen im warmen Thermalwasser. In Bad Birnbach geht eben manches anders – sogar das Fernsehen!

Neben dem therapeutischen Angebot im Wasser zog auch die komplette Physiotherapie in die neuen Räume des Therapiebades ein. Bestens ausgestattete Krankengymnastik- und Massageräume, eine Natur-Fango-Abteilung und ein großer Gymnastiksaal rundeten das Angebot ab. Hof- und Chrysantibad verschmolzen gleichzeitig zum „Erholungsbad". Rund ein Jahr später zog die vom Landkreis Rottal-Inn initiierte und getragene Berufsfachschule für Physiotherapie in die Räume gleich neben dem Therapiebad ein. Theorie und Praxis gehören seitdem in Bad Birnbach zusammen.

Trendsetter Vitarium

1993 war die Zeit der ersten Sanierungen gekommen. Es begann der bis dato umfangreichste Eingriff bei laufendem Thermalbadebetrieb, als im Erholungsbad die Bauarbeiter anrückten. Auch die Gestaltung wurde verändert. Die Badehalle des Chrysantibades zum Beispiel bekam ein neues Gewand, wurde heller und farbiger. Doch mit Sanierung alleine wollte man sich nicht abfinden. Die Planungen eines „Saunalandes" wurden immer konkreter. Lothar Bloch, damaliger Werkleiter der Rottal Terme, wollte mehr als „nur" ein Saunaland. Der neue Stern am Bäderhimmel war geboren, wobei sich der zunächst von Lothar Bloch vorgesehene Name „Deifidarium" in Anspielung auf die heißen Schwitzangebote nicht durchsetzen konnte. Der von Verbandsrat Hans Putz favorisierte Name „Vitarium" fand schließlich eine Mehrheit. Unabhängig von der Namensgebung wurde das Angebot des ursprünglich angedachten Saunalandes stark erweitert.

Erfolgsgeschichte im ländlichen Raum

Das orientalische Rasulbad zog ebenso in die Rottal Terme ein wie der alpenländische Kraxnofen. Wenngleich beide Anlagen mittlerweile wieder verschwunden sind, so waren sie doch Ausdruck einer neuen Erfolgswelle, die mit dem Vitarium ausgelöst wurde. Vielmehr noch: Das Vitarium hat bundesdeutsche Bädergeschichte geschrieben. Erst danach machte der Begriff „Wellness" die Runde. In Bad Birnbach gab es dieses Angebot schon lange. „Hitze, Dampf und Düfte, Thermal, Schlamm und Kälte", textete Jürgen Brauerhoch als Überschrift.

Schwitzen, Peeling und FKK-Thermalbaden wurden zum Renner und machten Bad Birnbach immun gegen Rückgänge, wie sie andernorts aufgrund der immer stärker um sich greifenden Kosteneinsparungen im Gesundheitswesen an der Tagesordnung waren. Die Schönheits- und Pflegebäder liefen so gut, dass auch das – nach wie vor textile – Erholungsbad 1997 mit einem „Aroma-Sonnendeck" ausgestattet wurde. Zwei Jahre später brach das Vitarium einen weiteren Rekord. Mit der „Exclusivsauna" (Vorläuferin der heutigen Kristallsauna) wurde es erstmals

Erfolgsgeschichte im ländlichen Raum

möglich, hundert Menschen gleichzeitig in einer Sauna komfortabel Platz zu bieten. Eine monatelange Entwicklung ging voraus. Drei Saunaöfen und ein eigens ausgeklügeltes Be- und Entlüftungssystem waren notwendig, um die gewünschten Temperaturen überhaupt herstellen zu können und den Luftaustausch zu gewährleisten. Einfach nur ein Fenster öffnen – das reichte bei den neuen Schwitzraumdimensionen bei Weitem nicht mehr aus.

In einer Zeit, in der Gesundheitsreformen das deutsche Kurwesen weiterhin arg beutelten, eilte das ländliche Bad neuerlich zu Höhenflügen. Grund dafür war das „Konzept 98". Das Leitmotiv, das Bürgermeister Erwin Brummer und Thermenchef Lothar Bloch ausgaben, lautete: „Nicht jammern, sondern handeln." Daraus entstand mit der Hotel-Card ein bislang einmaliges Service-Angebot für Pauschalen. Die Rottal Terme wurde quasi zum All-inclusive-Bestandteil der Beherbergungsbetriebe im ländlichen Bad. Darüber hinaus war zur Jahrtausendwende die Zeit für weitere Großinvestitionen gekommen. Die Physiotherapie wurde generalüberholt, die HAUTcouture entstand als neues Angebot im Bereich der Hautpflege und als wichtigste Maßnahme wurde das Therapiebad um großzügige Außenanlagen erweitert. Bisher gab es dort nur ein Becken im Freien, doch das änderte sich rasch. Nach den Plänen von Martin Berger und Stephan Niemczyk wurden ein 40-Grad-Becken, das 35 Grad warme Entspannungstherapiebecken und die 25 Meter lange Schwimmbahn (28 Grad) gebaut.

Dazu gesellte sich eine Kneippanlage, wie man sie bisher nur aus Ischia kannte. 17 und 40 Grad warmes bzw. kaltes Wasser weist sie auf, und das nicht nur zum Durchschreiten, sondern auch zum Eintauchen.

Der angrenzende alte Bauernobstgarten konnte vom Zweckverband Thermalbad Birnbach erworben werden. Er wurde zur Liegewiese umfunktioniert, von seiner Ursprünglichkeit aber hat er nichts verloren.

Es waren spannende Monate, die im ländlichen Bad jetzt angebrochen waren, denn auch die Marktgemeinde war nicht untätig. Der jahrelang vorhandene Wunsch nach einem Kurhaus wurde endlich Wirklichkeit. Voraus gingen zähe Grundstücksverhandlungen und Planungen, die sogar einen Standort in der Ortsmitte vorsahen. Plötzlich war der sogenannte Petzenstadel in den Fokus gerückt, doch Erwin Brummer konnte sich letztlich durchsetzen und den Bau des Artriums auf dem ursprünglich vorgesehenen Platz verwirklichen. Ganz in Rot gehalten, signalisiert das Artrium schon von Weitem den öffentlichen Charakter.

Erfolgsgeschichte im ländlichen Raum

Dem Motto „Offen für alle, offen für alles" folgend, geben sich seit Fertigstellung des Hauses Künstler der verschiedensten Sparten und Stilrichtungen dort die Klinke in die Hand. Das Artrium ist zudem auch Anlaufstelle für die Gäste. Es beherbergt neben drei unterschiedlich großen Sälen das Lesecafe Sophia und die Bibliothek Mamertus. Die Einweihungsfeier für die Erweiterung des Therapiebades und des Artriums wurde übrigens gemeinsam gefeiert – als Ausdruck der gemeinsamen Anstrengungen von Markt und Zweckverband. Legendär ist dabei der Auftritt der Asenhamer Schäffler. Sie mussten fast bis zur völligen Erschöpfung tanzen, ein ums andere Mal wiederholten sie die Figuren, ob Laubentanz, das große und kleine Gartenhaus, den Kreuztanz, Königs- und Kaiserkrone sowie den Schlangentanz. Die Frage eines Gastes der Einweihungsfeier, wie lange der Tanz noch andauern würde, beantwortete der frühere Landrat Ludwig Mayer kurz, knapp und folgerichtig: „Bis dass der Huber kommt." Damit war der damalige Staatsminister Erwin Huber gemeint. Als Festredner vorgesehen, hatte er sich um über eine Stunde verspätet. Die wackeren Asenhamer Tänzer mussten es ausbaden.

Die ersten Jahre des neuen Jahrtausends waren für Bad Birnbach von großen Erfolgen geprägt. Artrium und Therapiebaderweiterung kamen hervorragend an, die Übernachtungszahlen in der Verwaltungsgemeinschaft Bad Birnbach (einschließlich der Gemeinde Bayerbach) kletterten auf mehr als 950.000 und die Auslastung der Betriebe übertraf die Marke von 60 Prozent. Traumwerte, die man auch auf die erfolgreiche Umsetzung des „Konzeptes 98" zurückführte. Die Entwicklung wurde nach den dramatischen Ereignissen am 11. September 2001 in den Vereinigten Staaten noch weiter gestärkt, als der Auslandstourismus einen Niedergang erfuhr. Insbesondere für Erwin Brummer war damals aber klar: „Ausruhen dürfen wir uns nicht." Auch wenn es aufgrund vorgenannter Zahlen sehr schwer war, diesen Weg zu vermitteln, ließ der Bürgermeister nicht locker. Bereits 2002 wurden im Zweckverband Erweiterungspläne für das damalige Erholungsbad und das Vitarium diskutiert. Von 800.000 D-Mark war zunächst die Rede, um bestehende Engpässe aufgrund des hohen Besucheransturms zu bewältigen. Zu Recht kamen Einwände vonseiten der Ortsplanung, wie sich später herausstellen sollte. Prof. Gebhard, der Schöpfer des Ur-Bebauungsplanes und der Keimzelle der Rottal Terme, wurde eingeschaltet. 2002 war noch in einer anderen Hinsicht bemerkenswert. Nach 29-jähriger

Erfolgsgeschichte im ländlichen Raum

Zugehörigkeit zur Verbandsversammlung wurde Kreisrat Hans Putz als letzter der „Gründungsväter" des Zweckverbandes Thermalbad Birnbach festlich verabschiedet.

Gerüstet für die Zukunft

Dank der Mitwirkung des Bezirks Niederbayern konnte bereits 2003 eine Baumassenstudie bei Regierungsbaumeister Bernhard Landbrecht, einem weiteren Schüler des Professors, in Auftrag gegeben werden. Diese Studie gab Aufschluss, wie die Rottal Terme überhaupt erweitert werden konnte, ohne andere Ziele zu gefährden. Sie zeigte klare Wege auf. Schließlich wurde auch eine Kostenschätzung ermittelt: 17 Millionen Euro standen am Ende unter dem Strich. In einer Zeit, in der Investitionen der öffentlichen Hand fast auf ein Minimum reduziert wurden, war nun harte politische Arbeit angesagt. Der Bezirk unter der Regie von Bezirkstagspräsident Manfred Hölzlein war es, der die nötige Rückendeckung gab. So konnte der Startschuss fallen. Entscheidend dafür waren aber auch die Fördermittel, die zur Verfügung gestellt wurden. Insgesamt 4 Millionen Euro konnte die Rottal Terme abrufen, jeweils zur Hälfte vom Freistaat Bayern und der Europäischen Union. Der Name von Abteilungsdirektor Günther Keilwerth muss an dieser Stelle genannt werden. Er war neben Brummer und Hölzlein der Dritte im Bunde, um diese Investition Realität werden zu lassen.

Dramatische Monate folgten im ländlichen Bad. Erwin Brummer musste sich einer schweren Lungenoperation unterziehen. Die Menschen trauten ihren Augen nicht, als Brummer nur wenige Tage nach der OP erstmals wieder die Treppe im Rathaus hinaufstieg. Manch einer war mit einer Grippe länger krankgeschrieben. Eine Reha lehnte Brummer ab. Er hatte sein eigenes Rehaprogramm längst festgelegt, nämlich das Ziel, in Bad Birnbach endlich einen Golfplatz zu verwirklichen. Grundstücksverhandlungen folgten, und schon bald war klar: Der Traum sollte Wirklichkeit werden, es war die Geburtsstunde des Bella Vista Golfparks, der heute Bad Birnbach quasi in Fortsetzung des Kurparks wie eine grüne Lunge umgibt.

Zwischenzeitlich stand ein Generationswechsel an. Mit Josef und Helga Moser verabschiedeten sich sozusagen zwei „Gründungsmitglieder" von der öffentlichen Bühne, die von Beginn an die Entwicklung des ländlichen Bades begleitet hatten. Sie waren die Betreiber des „Kurcafes" in der Rottal Terme. Dort war auch die Residenz des „Kurspatzes", wie die Birnbacher Gästezeitschrift heißt. Als Redaktionsleiter machte Josef Moser noch einige

Erfolgsgeschichte im ländlichen Raum

Jahre weiter, zwischenzeitlich ist er aber auch hier in den Ruhestand gegangen. Legendär wurden seine Kurspatz-Gedichte, in denen er aktuelle Birnbacher Themen beleuchtete – aus der Sicht eines Spatzes, der natürlich von oben immer einen Blick fürs Ganze hatte.

Mit Lothar Bloch ging 2003 ein langjähriger Thermenleiter von Bord. Er wurde im Juni 2004 durch Josef Beil ersetzt. Die Planungen an der „Verbesserungsmaßnahme Erholungsbad/Vitarium", so der offizielle Name der Maßnahme, gingen ungeachtet aller Personalien nach der Baumassenstudie unvermindert weiter. Ab 2005 wurde wieder gebaut – erst im Vitarium, das um die Kristallsauna, die Salzsteingrotte und den Soletempel ebenso erweitert wurde wie um das Prießnitzbad und die Themenruheräume Salettl, Kaminzimmer, Silentium und Meditation.

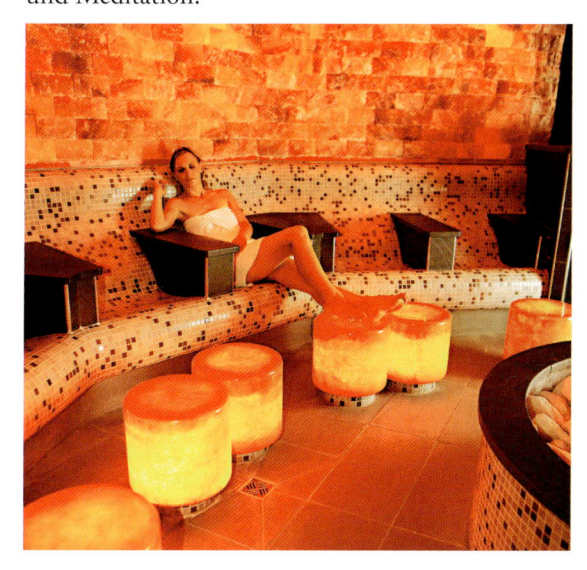

Der zweite Bauabschnitt brachte Ende 2006 den 105 Meter langen, in ganz Europa nach wie vor einzigartigen Thermenbach hervor. Er wurde dank einer grandiosen Ingenieursleistung direkt an das bestehende Becken in der ehemaligen Gymnastikhalle des Erholungsbades angebaut. Als „Lazy River", so heißt das aus Florida stammende Konzept, fließt der Thermenbach seither durch die Obstwiese am Kurpark entlang.

Ein Internet-Café wurde eingerichtet, und im April 2007 eröffnete das preisgekrönte Thermenbistro „Albrechts" seine Pforten. Der dritte Bauabschnitt war der umfangreichste. Eine neue Eingangshalle, rund 1000 Schränke und 50 Umkleiden und ein Transpondersystem sollten die Grundlage für eine neue Organisation liefern. Auch dieser Umbau musste bei laufendem Betrieb erfolgen. Dies bedeutete Schwerstarbeit für die Mitarbeiter der Therme und ein Stück Geduld von den Besuchern. Doch sie sollten bald belohnt werden für die Mühen. Der 700 Quadratmeter große Ruhegarten im Obergeschoss wurde am 3. Oktober 2009 seiner Bestimmung übergeben. Ursprünglich als „Herz-Kreislauf- und Rückenzentrum" geplant, musste man nach dem Stopp dieses Projektes noch während der Baumaßnahme umplanen. Jetzt beherbergt der Ruhegarten 99 Liegen. Er besitzt ein Ruhedeck im Süden mit Blick auf die ebenfalls erweiterten Freiflächen im Garten der Sinne. In der nördlichen Hälfte des Ruhegartens sorgt das Labyrinth aus lebenden Hecken dafür, dass in dem riesigen Raum trotzdem kleine, nicht direkt einsehbare Zonen entstehen. Die Pflanzen, von „Kaffee Arabica" über die baumartige Schefflera hin zum Orangenjasmin, werden rund 1,80 Meter hoch und von künstlichem Pflanzlicht versorgt. Mit dem markanten roten Ziegelboden wurde quasi der Außenbereich im Inneren des Gebäudes fortgesetzt.

Neben weiteren Einrichtungen wurde im dritten Bauabschnitt auch der Ruheraum Süd saniert. Er besticht mit seiner erhabenen Aussicht auf die Freianlagen damals wie heute. Die Gewölbebadehalle wurde um die „Grotte der Sinne" erweitert. Das alte Dampfbad an dieser Stelle hatte ausgedient. Es wurde durch eine bislang einzigartige Kombination aus Kneipp-Tretbecken, Fußreflexzonenparcours und Dampfbad ersetzt. Gebaut wurde auch im vierten und letzten Bauabschnitt bei laufendem Betrieb. Zwar war dieser Abschnitt vom Umfang her wesentlich geringer, dafür befand er sich aber genau zwischen dem Saunabereich und dem Erholungsbad. Im textilen Bereich wurden die Regensauna, die Textilsauna, das Gradierwerk und die neuen Anwendungsräume errichtet. Eine Besonderheit ist die Salzwasserlagune. Das 80 Zentimeter tiefe Becken wird mit 12 Prozent Salz versetzt. Dadurch kann man auf dem Wasser liegen wie im Toten Meer – und das mitten in Niederbayern.

Auch im textilfreien Bereich wurde noch eifrig gebaut. Hier kam die Physiotherm-Infrarotanwendung ebenso dazu wie das Bistro am Thermensee. Bernhard Landbrecht gelang es, eine Magistrale von Ost nach West durch das Gebäude zu ziehen. An ihr finden sich die einzelnen Attraktionen nun wie an der Perlenschnur aufgefädelt. Seit Juli 2010 haben sich die Bauarbeiter wieder zurückgezogen, die längste Baumaßnahme in der Geschichte der Rottal Terme wurde mit einer Einweihungsfeier im September 2010 offiziell beendet.

Erfolgsgeschichte im ländlichen Raum

Insgesamt stehen seither auf mehr als 30.000 Quadratmetern Betriebsfläche weit mehr als 2.600 Quadratmeter Heilwasserfläche in 31 verschiedenen Becken mit Temperaturen von 26 bis 40 Grad Celsius zur Verfügung. Organisatorisch wurden Erholungsbad und Vitarium nun in das Vitarium verschmolzen, das jetzt über eine Thermenwelt (ehemals Erholungsbad und nach wie vor textilfreier Bereich) und eine Sauna-Erlebniswelt (ursprüngliches Vitarium) verfügt. Nach Süden werden die Freianlagen nur durch zwei Wasserflächen (eine bestand schon, eine weitere wurde neu geschaffen, diese wird durch abgebadetes Thermalwasser gespeist) vom umgebenden Kurpark getrennt. Der Blick über den Kurpark hinweg in die nahen Rottauen hinein ist nach wie vor unverbaut. Auch das ist, wie so vieles, den weitsichtigen Plänen der Gründerväter des ländlichen Bades zu verdanken.

Ehe die Baumaßnahme fertiggestellt wurde, gab es noch eine wichtige Personalie: Nach 24 Jahren Amtszeit wurde Bürgermeister Erwin Brummer von Josef Hasenberger als Chef im Rathaus beerbt. Schon kurze Zeit später verlieh Hasenberger seinem Vorgänger die Ehrenbürgerwürde und nannte dort auch ein paar statistische Zahlen, die das Wirken von Erwin Brummer natürlich nur andeuten können, denn die eigentliche Politik hat er draußen bei den Vereinen gemacht: 334 Marktgemeinderatssitzungen leitete Brummer, 252 Mal tagte der Bauausschuss, 89 Mal der Finanzausschuss, es gab 61 Sitzungen der Verwaltungsgemeinschaft, 46 Werbeausschuss-, 37 Werkausschuss-, 13 Gutachterausschuss-Sitzungen und 10 Mal tagte der Sicherheitsbeirat. Hinzu kamen je 80 Versammlungen des Zweckverbandes Thermalbad Birnbach und des Wasser-Zweckverbandes, 900 Gratulationen, rund 1.500 Grußworte sowie rund 50 Schirmherrschaften. 50 Marktgemeinderäte waren in Brummers vier Amtsperioden tätig.

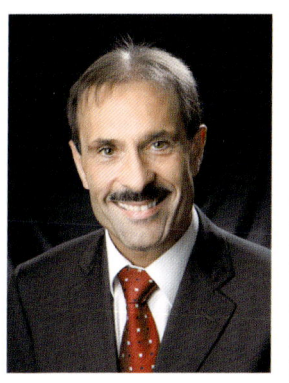

Wie seine Vorgänger setzt auch Hasenberger auf das ländliche Bad. Eine noch unter Brummer beauftragte Untersuchung durch die Nürnberger Markenentwickler hatte schließlich ergeben, dass „ländlich" in der Tat der Markenkern und damit das Aushängeschild Bad Birnbachs ist. Damit es auch künftig keine Fehlentwicklungen gibt, wurde nach 1988 eine weitere Fortschreibung des Entwicklungskonzeptes von 1973 in Auftrag gegeben. Damit will Josef Hasenberger natürlich sicherstellen, dass die mittlerweile rund 2.500 Arbeitsplätze, die am Tourismus in Bad Birnbach hängen, erhalten bleiben. Waren früher die Auspendler bei Weitem in der Überzahl, und mussten diese lange Wege in die Ballungsräume auf sich nehmen, so ist das ländliche Bad zwischenzeitlich ein Ort, der von deutlich mehr Einpendlern angefahren wird. Tagein, tagaus. Das ist der Beweis, dass eine Entwicklung im ländlichen Raum möglich ist. Es ist aber gleichzeitig der Auftrag, auch künftig ebenso behutsam wie zielstrebig mit dieser Entwicklung umzugehen.

Von Kirchen & Schlössern

Matthias Koopmann

Zu den markantesten Relikten der Vergangenheit zählen im offenen Raum vor allem historische Gebäude. Im bäuerlichen Umfeld bestimmten für Jahrhunderte Kirchen und Adelssitze das Erscheinungsbild der Siedlungen. Als erste und zumeist mit hohen Ziegeldächern eingedeckte Steinbauten setzten sie weit sichtbar Herrschaftszeichen in der Landschaft.

Im Folgenden sollen daher neben dem alten Ortskern von Bad Birnbach auch die Sakralbauten und einst vorhandenen Schlösser des Gemeindegebiets kurz portraitiert werden.

Die Pfarrkirche St. Maria Himmelfahrt aus ungewohntem Blickwinkel: die Aufnahme wurde im Apothekergarten der Hofmark-Apotheke gemacht.

Birnbach

Der alte Ortskern von Birnbach hat seine historische Siedlungsstruktur bis heute weitgehend bewahrt. Immer noch verklammern ihn als einstmalige Herrschaftsdominanten Kirche, Schlosskomplex und alter Pfarrhof.

Die Pfarrkirche St. Maria Himmelfahrt ist eine imposante spätgotische Hallenkirche mit schwach eingezogenem, lang gestrecktem Chor. Eine aufgemalte, 1949 in Fragmenten nachgewiesene Jahreszahl überlieferte als Datum der Vollendung 1483. Den mittelalterlichen, an der Südseite platzierten Kirchturm hat man 1774 wegen drohender Einsturzgefahr bis auf Teile seines Unterbaus beseitigt. Wie ein spätromanischer Bogenfries am verbauten Restmauerwerk bezeugt, gehörte er dem 13. Jh. an. Der heutige Kirchturm am Chorscheitel entstand 1828-31. Er zeichnet sich durch einfache Lisenen- und Simsgliederung, dreieckige Blendgiebel und eine flach geschwungene Haube aus. Verbunden mit dem klassizistischen Turmneubau ersetzte man 1834 das alte steile Kirchendach durch eine angepasste flache Walmdachkonstruktion.

Der nördlichen Langhauswand sind ein Treppenturm und das Halbrund der Chrysanthuskapelle, der Südfront die spätgotische Marienkapelle, ein Oratorium und die Sakristei von 1770 angefügt. Die Netzrippen der Gewölbe zeigen eine gequaderte Ockerfassung mit verschiedenfarbig abgesetzten Kreuzungen, gesäumt von büschelweise aufgemaltem Rankenwerk. Die Pfeilervorlagen der Wände kontrastieren dazu in roter Marmorierung. Abweichend gestaltete Rippenprofile, Wanddienste und äußere Strebepfeiler lassen Zweifel aufkommen, ob Chor und Langhaus tatsächlich in einer einheitlichen Bauphase entstanden sind.

Die barocke Ausstattung des Kirchenraums ist 1882-1892 weitgehend entfernt und durch eine neugotische ersetzt worden. Der

Von Kirchen & Schlössern

anspruchsvolle Hochaltar zeigt in Relief Marias Krönung zur Himmelskönigin, als Plastiken flankiert von Johann Nepomuk und Franz Xaver. Neugotische Elemente stellen u. a. auch die reliefgezierte Kanzel, das Chorbogenkruzifix, ein gemalter Kreuzweg, der Taufstein und die zweigeschossige Empore dar. Als Relikt eines barocken Seitenaltars verblieb ein Bildnis der heiligen Familie, gemalt um 1680/90. Eine spätgotische schöne Madonna an der nördlichen Chorbogenwand entstammt der Nebenkirche St. Vitus.

Die pavillonartig wirkende Rokoko-Schöpfung der Chrysantuskapelle hat den Neugestaltungswillen des 19. Jh.s mit relativ geringen Änderungen überstanden: Am Auszug des marmorierten Stuckaltars ist ein Bildnis des heiligen Chrysantus eingefügt, der Unterbau und der Glasschrein mit den Gebeinen des Katakombenheiligen verhalten überformt worden. Anstelle der Altartafel präsentiert sich seit 1949 eine Plastik des Kapuzinerheiligen Konrad von Parzham. Die um 1740 geschaffene Stuckdekoration des Raumes mit Rankenrocaillen, Bandelwerk und Gittermotiven deutet wie auch die Gestaltung des Altaraufbaus auf Johann Baptist Modler als verantwortlichem Künstler hin. Ansonsten kann die Kirche noch mit etlichen sehenswerten Grabsteinen und Epitaphen aus der Zeitspanne des 16. bis 19. Jh.s aufwarten.

Der älteste erhaltene Profanbau Birnbachs ist das Schloss. Ursprünglich von einem Wassergraben eingefasst, datiert der dreigeschossige Blockbau im Kern noch in das 15./16. Jh.s. Als einfaches Weiherhaus repräsentiert er einen einst gängigen, heute nur selten noch erhaltenen Sitztypus des niederen Adels. Historische Ansichten zeigen das Schloss bis um 1700 noch mit angesetztem Treppenturm und steilem Walmdach. Als Steinbau und mit rotem Ziegeldach versehen, hob sich das Herrenhaus ursprünglich von den Holzbauten des Ortes deutlich ab. Seit dem 17. Jh. wurde es von seinen adligen Besitzern nicht mehr dauerhaft bewohnt, infolgedessen auch nicht mehr erweitert. Der heutige Zustand mit Krüppelwalmdach, und geohrter Putzrahmung der Fenster beruht auf vereinfachenden Umgestaltungen des 18. Jh.s. Neben dem Schloss findet sich das große Sudhaus der Brauerei, das Fassadenänderungen erfahren hat, in seinen Baukonturen jedoch noch mit dem ersten, 1673 aufgeführten Brauhausbau identisch ist. Das vis-a-vis stehende Bräumeisterhaus präsentiert sich als ansehnlicher Blockbohlenbau des 18./19. Jh.s. Bei einem weiteren, nahebei in der Bräugasse erhaltenen Bohlenbau handelt es sich um das einstige Kaplan- oder Kellerhaus, dessen Aufbau noch Substanz des späten 17. Jh.s wahrt. Auf den einstigen Komplex des alten Pfarrhofs stößt man an Hofmark und Marktstraße. Mit dem Pfarrhof verband sich bis ins 19. Jh. das so genannte „Pfarrwidum", eine große Grundherrschaft mit rund 320 zehntpflichtigen Bauern nebst ansehnlicher eigener Landwirtschaft von 41 ha Fläche.

Dementsprechend waren umfangreiche Wirtschaftsbauten notwendig. Erhalten blieben als Ziegelbauten des 19. Jh.s der ehemalige Stadel und der Rossstall an der Ecke Marktstraße/Hofmark. Das Pfarrhaus selbst präsentiert sich als stattlicher Bau von 1692. Sein gegenwärtiges Erscheinungsbild bestimmen allerdings Veränderungen des 19. Jh.s. Gleich nebenan steht das 1815 neu errichtete Kaplanhaus. Nach den großen Ortsbränden des 17. und 18. Jh.s zeichnen auch den Ortskern um den alten Marktplatz heute vorzugsweise Ziegelbauten aus dem späten 18. und 19. Jh. aus, wobei ein abwechslungsreiches Bild aus traufständigen und giebelständigen Häusern mit weitem Dachvorstand charakteristisch ist.

Über die Bedeutung des Schlosses wird im Beitrag „Durch die Jahrhunderte" eingegangen.

Von Kirchen & Schlössern

Neudeck

Historische Ansichten zeigen Schloss Neudeck als imposante Anlage auf beherrschendem Hügelsporn. Zwei parallel stehende, hoch aufragende Wohnbauten, der große Traidkasten der Vorburg und eine Ringmauer mit zinnenbewehrten Halbrundtürmen bestimmten den Gesamteindruck. Ab dem 12. Jh. erscheinen als Aufsitzer die Edlen, später dann die Schenken von Neudeck. 1408 ging Neudeck durch Kauf an die Herren von Törring. Seitz von Törring gelang es als Marschall Herzog Heinrichs von Bayern-Landshut, den Neudecker Besitz deutlich zu mehren. Dennoch verkauften die Törring 1464 Neudeck an den böhmischen Ritter Jan von Holup.

Die Holup betrieben eine intensive Erwerbungspolitik und waren schließlich auch Herren des heute österreichischen Mattighofen. Durch seine Ehe mit Erbtochter Anna von Holup fielen die umfangreichen Besitzungen 1515 an Reichsgraf Christoph von Ortenburg. So stiegen die zwischenzeitlich arg geschwächten Ortenburger in Niederbayern wieder zu einem der reichsten und einflussreichsten adligen Geschlechter auf. Christophs Sohn Joachim proklamierte 1563 die Reformation in seiner Reichsgrafschaft, was schwerste und lang andauernde Konflikte mit Bayerns Herzögen verursacht hat. Im Zuge der Auseinandersetzungen ist Neudeck als bayerisches Lehen mehrfach gewaltsam eingenommen und besetzt worden. Von 1602-1662 diente das Schloss dann einer vorübergehend wieder katholisch gewordenen Linie der Ortenburger als dauerhafte Residenz. Hoch verschuldet, tauschte Graf Joseph Carl von Ortenburg schließlich 1805 den gesamten Familienbesitz gegen die neu geschaffene Grafschaft Tambach in Franken. Damit fiel auch Neudeck an den bayerischen Kurfürsten, der an einem weiteren Erhalt des Schlosses kein Interesse fand. Es ist an umliegende Bauern verkauft, von diesen als Steinbruch genutzt und vollständig beseitigt worden. Nicht weit entfernt vom einstigen Schlossberg findet sich oberhalb von Birnbachs Bahnhof der Burgstall Alteck. Ein mittelalterliches Wall- und Grabenwerk, das wohl als Vorgänger oder Vorwerk mit Neudeck in Beziehung stand.

Aquarell Schloss Neudeck, gemalt von Reichsgraf Friedrich Casimir von Ortenburg um 1620

Von Kirchen & Schlössern

Asenham

Der Ortsname leitet sich wie Birnbach aus einem Eigennamen ab. Der Ortsgründer hieß demnach Aso. Edle von Asenham erscheinen seit dem 12. Jh. Kurz vor ihrem Aussterben wird Asenham 1506 als geschlossene Hofmark mit adeligem Sitz geführt. 1597-1628 war sie inkorporierter Bestandteil der Hofmark Baumgarten. Zu dieser Zeit wird festgestellt: „Asenhaim hat khein Schloss aber herrn haus." Ein Hinweis, der für einen bescheidenen herrschaftlichen Holzbau spricht. 1689 ist vermerkt, dass Hofmarksherr Jakob von Mayrau, kurfürstlicher Mautner zu Braunau, die niedere Gerichtsbarkeit besaß. Letzte Inhaber der Hofmark Asenham waren die Reichsfreiherren von Croneck. Der Adelssitz ist nicht erhalten.

Die St. Ägidius und dem Viehpatron St. Leonhard geweihte Pfarrkirche war bis 1898 eine Birnbach zugeordnete Filiale. 1769 wird der damalige Hochaltar als „schlecht und alt" bezeichnet, war ein Gutteil des Liturgiegeräts geraubt worden. Das vorhandene Kirchenschiff samt Turm entstand in neugotischen Formen erst 1878-1885. Dies gilt, Hans Putz zufolge, wohl auch für den Chor, wenngleich man ihn verschiedentlich als spätgotischen Restbestand betrachtet hat. Der neugotische Hochaltar wurde nach alter Vorlage rekonstruiert.

Im Wald zwischen Sturzholz und Oberhitzling, südlich von Asenham, finden sich rund 60 große Trichtergruben. Als Bodendenkmal künden sie von einstigem, vermutlich mittelalterlichem Abbau oberflächennaher Eisenerzvorkommen.

Von einigen der Funde aus der Hallstattzeit gibt es Zeichnungen. Die Funde selbst gelangten in Sammlungen in München und Landshut.

Aunham

Der einst dicht an der Rott gelegene Weiler Aunham zählte im 12. Jh. zum Güterbesitz des Passauer Domkapitels. Die außen schlichte, Johannes dem Täufer geweihte Dorfkirche ist eine Birnbacher Nebenkirche. 1988 entdeckte Fundamente einer romanischen Apside oder Rundkirche bezeugen einen Vorgängerbau des 12./13. Jh.s. Das bestehende Kirchenschiff stammt wohl aus dem 14., das spätgotische Netzrippengewölbe und der Chor aus dem letzten Viertel des 15. Jh.s. Der schlanke Westturm wurde im 19. Jh. neugotisch aufgestockt. Seine beiden Glocken aus dem 14. und 15. Jh. zählen zu den ältesten, die im Rottal noch erhalten sind. Im Inneren findet sich ein freigelegtes Wandbildfragment der Zeit um 1400. Dargestellt sind der heilige Jakobus als Pilger, dazu die bischöflichen Märtyrer Adalbert von Prag und Erasmus von Formio. Die Gewölberippen zeigen eine Quader imitierende Ockerfassung, an Zwickeln und Ansätzen begleitet von gemalten Ranken. Die 1655 gefertigten Seitenaltäre links und rechts vom Chorbogen stehen mit kannelierten Säulen und Knorpelwerkdekor noch in der Tradition der späten Renaissance. Ihre Altartafeln präsentieren den heiligen Sebastian und die heilige Barbara, Rundbilder darüber Gottvater und Maria mit dem Christuskind. Der im Aufbau ähnliche Hochaltar rahmt ein Bildnis des Kirchpatrons im Augenblick seiner Enthauptung, der krönende Auszug eine 1707 datierte Taufe Christi. Flankierend sind Figuren Johannes' des Täufers, des Evangelisten Johannes und von zwei Engeln beigesellt. Erstere laut Inschrift ebenfalls von 1707. Die barocken Seitenwangen der Kirchenbänke sind Versatzstücke aus Birnbachs Pfarrkirche, das Chorbogenkreuz und das frontverkleidende Antependium des Volksaltars Arbeiten des 19. Jh.s. Letzteres ebenfalls aus Birnbach. Nördlich Aunham, im „bewaldeten „Aunhamer Spitz", liegt mit 114 gezählten Grabhügeln eines der größten Hügelgräberfelder Niederbayerns. Die großteils seit dem 19. Jh. geplünderten Hügel ergaben Funde der Bronze- und älteren Eisenzeit (1800-1200 bzw. 800-400 v. Chr.).

Hölzlberg

Der Weg zur abseits gelegenen Kirche auf dem Hölzlberg zählt zu den reizvollsten Wanderungen, die man im Umfeld Birnbachs unternehmen kann. Die dem Ritterpatron St. Georg geweihte Kirche entstand aus der Kapelle der verschwundenen, im 12./13. Jh. bezeugten Burg Plankenberg.

1282 übertrug Graf Albert von Hals die Betreuung der Burgkapelle dem Benediktinerkloster Asbach. Fünf Jahre später wurde die jetzige Kirche geweiht, was gleichzeitig wohl mit einer Aufgabe der Burg verbunden war.

Der gotische Saalbau besteht aus einem flach gedeckten Langhaus und dem in gleicher Breite anschließenden Chor mit Rippenwölbung. Der Westturm präsentiert sich mit abgesetztem Glockengeschoss und barocker Pilastergliederung. Seine markante Zwiebelhaube ist eine Rekonstruktion von 1962. Das barocke Original war um 1890 wegen Bauschäden beseitigt und zunächst durch eine steile, gotisierende Dachspitze ersetzt worden. Der reizvolle Altar mit gewundenen, umrankten Säulen entstand um 1690. Statt einem Altarbild zieren ihn Skulpturen des Kirchenpatrons, der heiligen Katharina und der heiligen Barbara. Im Chorraum freigelegte Wandbilder datieren um 1470. Dargestellt sind Episoden aus dem Leben Maria Magdalenas und eine Kreuzigungsgruppe.

Zur lange auch von Wallfahrern besuchten Kirche gehörten ursprünglich ein Friedhof und ein zur Jahrhundertwende abgetragenes Beinhaus. Mit der Aufhebung des Klosters Asbach 1803 stand auch der Fortbestand der Kirche auf dem Hölzlberg in Frage. 1812 ist sie von bäuerlichen Anliegern ersteigert und auf diese Weise vor der drohenden Beseitigung bewahrt worden. Heute dient sie als Nebenkirche der Pfarrei Asenham.

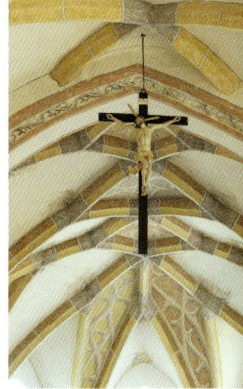

Von Kirchen & Schlössern

Brombach

Brombach erscheint im 12. Jh. als Sitz der Edlen von Prachpecken. Bis 1820 hatte es den Rang einer geschlossenen Hofmark. Als wechselnde Hofmarksherren finden sich adlige Geschlechter wie die Siegershofer, Püring und Goder, aber auch Bürgerliche wie Stadtrichter Martin Peckh und die Molzer aus Passau. Wening zeigt das Schloss um 1700 als spätgotischen Giebelbau mit zinnenbewehrter Zwingermauer und barock hinzugefügtem Saaltrakt in Inn-Salzach-Bauweise. 1832 angeblich noch gut erhalten, hatte man es vier Jahre darauf in weiten Teilen schon demoliert, den Rest in wirtschaftliche Nutzbauten verwandelt. Anstelle der abgeräumten Schlossbauten entstand in der 2. Hälfte des 19. Jh.s ein groß dimensionierter Gutshof mit einem Hauptgebäude in den Stilformen des späten Klassizismus.

Vom Schloss blieb im einstigen Vorburgareal allein seine Kapelle. Es handelt sich um einen schlichten gotischen Saalbau des 14. Jh.s mit eingezogenem Rechteckchor, barockem Dachreiter und angebauter Sakristei von 1721. Patron ist der Pilgerheilige Jakobus. Ursprünglich von Birnbach aus betreut, ist die Kapelle heute Nebenkirche der Pfarrei Hirschbach. Die original bewahrte Eingangstür zeigt reiche gotische Beschläge. Im Inneren stehen das flach gedeckte Langhaus und der niedrige, mit Kreuzrippen gewölbte Chor in deutlichem Kontrast. Der marmorierte, in späten Renaissanceformen gehaltene Holzaltar ist eine sehenswerte Arbeit aus der ersten Hälfte des 17. Jh.s. Bekrönt und gerahmt vom Kapellenpatron Jakobus, sowie Plastiken der heiligen Bischöfe Wolfgang und Nikolaus, präsentiert die Altartafel eine ansprechende Verkündigung Mariens. Das Gemälde unbekannter Herkunft wurde 1923 eingefügt. Stilistisch in die Zeit um 1770/80 weisend, ist es jüngst als mutmaßliche Nachschöpfung des 20. Jh.s diskutiert worden. Das Langhaus zieren lebensgroße Barockfiguren von Josef und Maria. Außen an der Südwand prangt der gelockte Terrakottakopf einer sekundär verbauten, spätgotischen Konsole - wohl ein Ausstattungsrelikt der abgegangenen Schlossbauten.

Von Kirchen & Schlössern

Huckenham

Die Ortskirche St. Margareta ist aus einer Eigenkapelle der im 12. und 13. Jh. genannten Edlen von Huckenham hervorgegangen. Der zugehörige Burgsitz war im 16. Jh. schon verschwunden. Die bestehende Kirche ist ein einfacher Saalbau mit dreiseitigem Chorschluss und an der Südfront angesetztem Turm. Ein Großteil der Südwand stammt mit zwei kleinen Rundbogenfenstern noch aus der Romanik. Zwischen der Mitte des 15. Jh.s und einer 1468 bezeugten Neuweihe kam es zum Bau des Turms und zur Erweiterung des Kirchenschiffs. Der alte Turmhelm ging 1806 durch einen Sturm verloren. Das auf gekappten Giebeln ruhende Zeltdach erhielt die derzeitige Form erst 1957. An der Tür zur Turmsakristei findet sich eingeritzt die Jahreszahl 1451. Die Kirchentür zeigt außen spätgotische Bandbeschläge, innen noch einen wuchtigen hölzernen Riegelkorb.

Den schlichten Innenraum prägt ein durchlaufendes, ocker gefasstes Netzrippengewölbe. Dem südlichen Chorfenster ist in Kopie ein gemaltes Glasbild der heiligen Katharina eingefügt. Das um 1360 geschaffene Original wurde 1908 verkauft und gelangte in das Oberhausmuseum Passau. Der frühbarocke Hochaltar von 1670/80 birgt drei spätgotische, Ende des 15. Jh.s entstandene Schnitzfiguren: Maria mit dem Kinde, die heilige Barbara und die Kirchpatronin Margareta. Sein krönender Auszug präsentiert als Bildtafel den Kindermord zu Bethlehem.

Der mit Akanthuswerk gezierte Seitenaltar von 1724 präsentiert auf der Altartafel den Brückenheiligen Johannes Nepomuk, obenauf den heiligen Geist. Erhalten blieben auch die einfache barocke Kanzel und drei weitere Schnitzfiguren: eine spätgotische Plastik des heiligen Bischofs Wolfgang und barocke Darstellungen der heiligen Agatha und der heiligen Lucia. Die im 19. Jh. vom Abriss bedrohte Kirche war ursprünglich eine Birnbacher Nebenkirche. 1897 ist sie der Pfarrei Bayerbach inkorporiert worden.

Von Kirchen & Schlössern

Kirchberg

Ab dem 15. Jh. treten adelige Familien als Grundherren in Kirchberg auf. Mitte des 16. Jh.s. existierte ein kleines, nicht erhaltenes Herrenhaus. Letzte Sitzinhaber waren die Grafen von Closen zu Gern und die Grafen von Leyden zu Schönburg. Noch 1964 bestand das Dorf aus gerade nur zehn Anwesen.

Die St. Pankratius geweihte Kirche war ursprünglich eine Birnbacher Nebenkirche, ist dann 1899 zunächst zur Expositur, ein Jahr darauf zur Pfarrei erhoben worden. Ihr Westturm datiert bis zum Glockengeschoss noch in das 13. Jh., was auch für den Ort ein höheres Alter anzeigt. Das spätgotische Kirchenschiff mit leicht eingezogenem Chor und einheitlichem Rautengewölbe entstand im späten 15. Jh., eine nördlich angebaute Vorhalle folgte 1630. Die Nordwand des Chorraums schmückt ein 1667 gemaltes Fresko mit den Pestpatronen Rochus und Sebastian nebst Darstellung der frommen Stifterin. Der neugotische Hochaltar zeigt als Bildnis das Martyrium des heiligen Pankratius. Von der spätgotischen Ausstattung verblieb ein Chorbogenkruzifix.

Hirschbach

Erwähnt seit dem 12. Jh. war auch Hirschbach anfangs Ansitz eines eigenen Ortsadels. Die ab 1500 vorgenommene Einstufung als offene Hofmark blieb umstritten. Grundherren waren ab 1469 die Hollup zu Neudeck, als deren Erben dann bis 1802 die Reichsgrafen von Ortenburg. Die Pfarrkirche war ursprünglich eine Birnbacher Filiale, von 1859-1897 dann Expositur. Das Patrozinium des heiligen Martin von Tours, dem Nationalheiligen des Frankenreichs, weist für die Kirche auf ein hohes Alter hin. Vom mittelalterlichen Kirchenbau blieb nur der Chor samt nördlich angebautem Turm. Der bemerkenswerte Turm erhebt sich über einem Nagelfluhsockel in blankem Ziegelmauerwerk. Sein quadratischer, mit gestelztem Bogen- und Zickzackfries gezierter Unterbau gehört noch der Romanik an. Der Oktogonaufsatz mit abgestuften Strebepfeilern stammt dagegen aus dem 15. Jh. Gleiches gilt für den netzrippengewölbten Chor. Eine gemalte Aufschrift nennt 1457 als Vollendungsjahr. Freigelegte Reste der ursprünglichen reichen Ausmalung zeigen u. a. Evangelistensymbole, Engel mit Spruchbändern und die Mantelteilung des heiligen Martin. Das neugotische Kirchenschiff entstand als weitgehender Neubau 1881. Der bestehende Hochaltar präsentiert sich als moderne Collage aus Resten eines spätbarocken Vorgängers. An sehenswerten Einzelstücken finden sich noch mehrere gotische Schnitzfiguren, eine barocke Madonna und eine spätbarocke Darstellung der 14 Nothelfer.

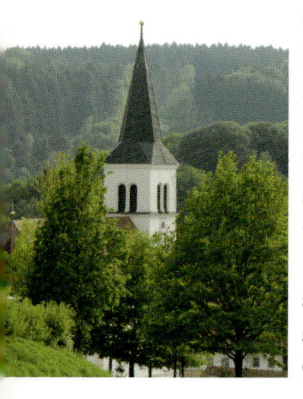

Luderbach

Im 12. Jh. existierte ein ansässiger Adel, der sich nach Luderbach benannte. Die Familie und ihr Ansitz gingen jedoch früh unter. Zu den Grundherren im Ort zählten später u. a. das Domkapitel und die Leproserie St. Ägidius zu Passau. Die bestehende Ortskapelle St. Maria zählt zu den Nebenkirchen der Pfarrei Birnbach. Errichtet wurde sie als Privatkapelle erst 1878. Der neugotische, unverputzte Ziegelbau mit Giebeltürmchen präsentiert sich als idealisierte Rezeption benachbarter mittelalterlicher Landkirchen wie Lengham und Aunham. Der gewölbte Innenraum bewahrt mit neugotischem Kreuzweg und Schnitzaltar noch die Originalausstattung der Erbauungszeit.

Lengham

Bereits 1120 ist mit Pabo de Lenginham vor Ort ein adliges Geschlecht bezeugt. 1329 besaßen die niederbayerischen Herzöge den bei der Lenghamer Kirche gelegenen Hof und übertrugen ihn dem Kloster St. Salvator. Die dem heiligen Ulrich, dem Schutzpatron vor Hochwassern und Überflutungen geweihte Kirche dürfte als Eigenkirche zunächst zum adeligen Sitz und späteren Herzogshof gehört haben. Heute zählt sie zu den Nebenkirchen der Pfarrei Birnbach.

An das mit schlankem Fronttürmchen und flacher Holzdecke versehene Langhaus fügt sich in gleicher Breite der mit rot gefassten Kreuzrippen gewölbte Chor. Letzterer gehört dem 14. Jh., Ersteres im Kern noch der Romanik an. Der unter Schleppdach angefügte Sakristeianbau entstammt dem 15./16. Jh. An der Nordwand des Kirchenschiffs finden sich eine spätbarocke Plastik des Pestpatrons Sebastian und eine einfache barocke Kanzel. Vis-a-vis präsentiert sich als private Dauerleihgabe ein großformatiges Barockgemälde Jesus und den Engel am Ölberg. Der kleine qualitätvolle Altar mit Knorpelornament und weinlaubumrankten Säulen ist beispielhaft für einen noch von der späten Renaissance geprägten Frühbarock Mitte des 17. Jh.s. Er bildete das Rahmenwerk für zwei spätgotische Holzfiguren der Zeit um 1480. Während der bischöfliche Kirchenpatron Ulrich in der Mittelnische noch erhalten ist, präsentiert sich der heilige Georg als Kopie von 1989. Das Original wurde gestohlen.

Schwaibach

Bereits im 12. Jh. treten Edle von Schwaibach auf. Im Verlauf des 16. Jh.s gelangte die Siedlung als Hofmark an die Grafen von Ortenburg, als Inhabern der Schlossherrschaft Neudeck. Obwohl die Ortenburger Grafen sich der Reformation zuwandten, blieb Schwaibach als bayerisches Lehen Teil des Birnbacher Pfarrverbands. Die ursprünglich offenbar nur dem heiligen Petrus geweihte Ortskirche erhielt in späterer Ergänzung das Doppelpatrozinium St. Peter und Paul. Der bestehende einschiffige Saalbau mit eingezogenem Rechteckchor ist ein weitgehender Neubau des 14. Jh.s, gründet allerdings auf Fundament- und Sockelmauern eines älteren Vorgängers. Damals entstand auch der vorher nicht vorhandene Südturm mit Satteldach, dessen Treppengiebel neugotisch verändert sind. Das Langhaus wird von einer Flachdecke, der Chorraum von einem 1666 eingezogenen Kreuzgratgewölbe überspannt. Mitte des 17. Jh.s gehörte die Kirche noch zu den ärmsten der Umgebung, was sich 1751 durch ein angebliches Wunder schlagartig verändert hat: rätselhafte Schwingungen des Chorbogenkruzifix zogen rasch zahlreiche Pilger an. Ihre Opfergelder erlaubten in der Folge eine neue, höchst qualitätvolle Altarausstattung. Der um 1760 stuckierte Hochaltar gilt als Werk des Johann Baptist Modler. Die flächig angelegte Rokoko-Schöpfung mit bizarr geschwungenen Konturen präsentiert in koloriertem Stuckrelief Petrus Empfang der Himmelsschlüssel. Über den Seitendurchgängen und obenauf bringen Engel Bischofs-, Kardinals- und Papstinsignien zur Anschauung. Die triumphal inszenierte Verherrlichung der päpstlichen Autorität ist als eindringliche propagandistische Aussage gegenüber der lutherischen Ortenburger Herrschaft auf Neudeck zu sehen. Der nach 1769 hinzugekommene Seitenaltar lässt Maria als personifizierte Allegorie der Himmelspforte aus einem Baldachinportal hervortreten. Zur Seite stehen ihre Eltern Anna und Joachim. Im Auszug thronen Gottvater und der Heilige Geist. Weitere Inventarstücke bilden barocke Schnitzfiguren der Heiligen Joseph, Sebastian und Petrus Regaladus, ein im Nazarenerstil gemalter Kreuzweg von 1862 und der gotische „Schwaibacher Herrgott". Zwei Prozessionsstangen mit Kerzen tragenden Engeln erinnern an die früheren Wallfahrtszüge.

Von Kirchen & Schlössern

Sankt Veit

St. Vitus ist nicht nur die einzige Kirche im heutigen Gemeindegebiet, die einer Siedlung ihren Namen gab. Sie bietet auch die älteste erhaltene Bausubstanz. Die Saalkirche mit romanischer, halbkuppelgewölbter Apsis stammt im Kern noch aus dem 12./13. Jh. Die aufgemalte Jahreszahl 1513 gibt die Vollendung eines spätgotischen Umbaus an: Das Langhaus erhielt ein niedriges Netzrippengewölbe über kräftigen Schildbögen und einen kleinen Sakristeianbau. Später folgte noch die Vorhalle, 1847 dann das kleine Giebeltürmchen. Das mittelalterliche Blatt der Eingangstür zeigt reiches schmiedeeisernes Beschlagwerk.

Von den drei marmorierten Rokoko-Altären entstand der Hochaltar um 1730/40. Reich mit Laub-, Band- und Gitterwerk geziert, rahmt er das Martyrium des heiligen Vitus im siedenden Ölkessel, dazu als Aufsatzbild den heiligen Nikolaus. Die mit gewundenen Säulen versehenen, sonst einfacher gehaltenen Seitenaltäre wurden nach 1750 aufgestellt. Sie präsentieren einen auf Holz gemalten Christus im Kerker und die Kopie einer „schönen Madonna", deren spätgotisches Original sich in der Pfarrkirche bewundern lässt. Die geschweiften Altarauszüge besetzen ein Christus- und ein Marienmonogramm mit Wolken- und Strahlenkranz. Zur weiteren Ausstattung gehören ein spätgotisches Kruzifix und eine geschweifte Rokoko-Kanzel von 1779 mit gemalten Darstellungen des guten Hirten und der vier Evangelisten.

Vom heiligen Vitus, als kindlichem Märtyrer und einem der 14 Nothelfer, erhoffte man vom heiligen Vitus die Seelenfürsorge für ungetauft verstorbene Kinder, die in mittelalterlichen Tagen an der Birnbacher Nebenkirche beigesetzt wurden. Ab dem 17. Jh. war sie zeitweilig auch ein beliebtes Wallfahrtsziel.

Die einfachen Bauten der Landbevölkerung werden gesondert in Martin Ortmeiers Beitrag „Rottal - Bauernland" auf den folgenden Seiten vorgestellt.

Rottal - Bauernland

Die alten Bauernhäuser rund um Birnbach

Von den alten Bauernhäusern, die in Blockbauweise aus den Fichten und Tannen gebaut wurden, welche die Bauern aus dem eigenen Holz, dem eigenen Wirtschaftswald, holten, haben sich rund um Birnbach ein paar erhalten. Das Wohnhaus des stattlichen Einödhofs Hainthal in der Gemeindeflur von Bad Birnbach ist eines der bekanntesten Häuser dieses Bautyps im ganzen Rottal. Von dieser Art war auch das Elternhaus Maria Mayers. Und so ist es nicht verwunderlich, dass die hofseitige Fassade des Wohnhauses stets zum repräsentativen Hintergrund gewählt wurde, wenn ein Wander-Photograph auf der Suche nach Aufträgen des Wegs kam.

Als dieses Lichtbild des Venushofs in Parzham entstand, war das Geburtshaus des heiligen Konrad noch von Bauersleuten bewohnt. Heute ist es eine Gedenkstätte für diesen beliebten bayerischen Heiligen.

Es gibt im Rottal durchaus völlig verschiedene alte Häuser, auch völlig verschiedene traditionelle Bauernhäuser. Aber nur ein Haus hat seinen Namen nach dieser Region erhalten, wird mit ihr identifiziert: das Rottaler Bauernhaus. Nur wenige Hausformen grenzen sich in ihrer Art und in ihrem lokalen Vorkommen ganz klar von benachbarten Haustypen und -varianten ab. Das Rottaler Haus gehört zu dieser kleinen Zahl. Sein Vorkommen beschränkt sich tatsächlich auf das Rottal und die daran angrenzenden Landstriche. Und nur bei wenigen Hausformen lässt sich so klar und deutlich eine „klassische" Ausbildung feststellen, wie dies beim Rottaler Haus der Fall ist.

Wer zu Fuß oder mit dem Rad wandernd unterwegs ist rund um Birnbach, der kann noch einige dieser Häuser entdecken. Selten aber stehen sie weithin oder von der Dorfstraße aus sichtbar da, gewöhnlich sind sie eingebunden in einen Hofverband. Denn seine Entwicklung und seinen hausgeschichtlichen Höhepunkt teilt das Rottaler Bauernhaus mit einer anderen „klassischen Form" des ländlichen Bauens, dem südostbayerischen oder, vereinfacht ausgedrückt, dem niederbayerischen Vierseithof. Beide besaßen mindestens zwischen 1750 und 1850 einen ähnlich hohen Statuswert für die Bauern der Region. Dieser Statuswert und seine ausgeprägte Funktionalität führten dazu, dass das Rottaler Haus und der regelmäßige Vierseithof in großer Zahl die Erneuerungen des fortgeschrittenen neunzehnten Jahrhunderts und sogar einiger Jahrzehnte des zwanzigsten Jahrhunderts überdauert haben.

Früher bestanden diese Vierseithöfe aus Wagenremise, Stadel, gewölbtem Stall und eben dem hölzernen Wohnhaus, heute sind die erhaltenen richtigen Rottaler Bauernhäuser von ein paar alten, meist un- oder umgenutzten älteren Bauten und großen Maschinenhallen, Laufstallungen, Güllegruben und Fahrsilos umgeben. In der alten Art ist nur der Kochhof erhalten, der im Freilichtmuseum Massing die Zeiten überdauert, seine Zeit ist im Jahr 1930 stehen geblieben.

Nebenbei sei erinnert, dass auch das Bruder-Konrad-Haus in Parzham, einer kleinen Ortschaft östlich von Bad Birnbach, ein Bauernhaus vom Rottaler Typ ist. Denn der beliebte Heilige ist als Bauernsohn in einem niederbayerischen Vierseithof zur Welt gekommen. Sein Geburtshaus wurde erhalten und zur Pilgerstätte ausgebaut.

Rottal - Bauernland

Unverwechselbar – das Rottaler Bauernhaus

Der ausgetüftelte Grund- und Aufriss des Rottaler Bauernhauses erschließt sich nur dem geschulten Blick, aber für den Liebhaber schöner Details und alter Handwerkskunst gibt es an jedem dieser Holzbauten reichlich zu entdecken. Die Blockwände sind an den Ecken mittels schwalbenschwanzförmig gehauener Abblattungen verbunden, Zwischenwände sind durch rechtwinklige Schrote in die Außenwände eingefügt. Als Klingschrot sind die abgeblatteten Stirnseiten dieser Zwischenwandbalken an den Außenwänden sichtbar. Das weit vorkragende Dach lässt das Rottaler Bauernhaus etwas weniger hoch erscheinen, als es in Wirklichkeit ist. Es besitzt ein voll ausgeführtes und gänzlich mit Wohnräumen ausgestattetes Obergeschoss. Die Zwischenböden ruhen auf Deckenbalken, die an den Umfassungswänden überkämmt oder – ähnlich den Zwischenwänden – eingeblattet sind. Diese Deckenbalken sind also nicht irgendwie eingefügt, sondern sind unverzichtbarer Teil des gesamten Blockgefüges. Ebenso ist der Schrot, also die offene Laube vor der Wand des Obergeschosses, angefügt: Er ruht auf Konsolen, die nichts anderes als Verlängerungen einzelner Wandbalken und der Deckenbalken sind.

Das Rottaler Bauernhaus wendet als Schau- und Sonnenfassade eine Giebelseite zum Hof. Der Eingang liegt immer an der Giebelseite, die Tür begleitet ein Fenster, das häufig etwas kleiner ist als die Stuben- und Kammerfenster. Zwei Wohnräume flankieren den breiten Hausflur, der in der Region Fletz genannt wird: eine Stube, die mit drei Fenstern zum Hof blickt, und eine kleinere Kammer, die an der Giebelseite zwei Fenster besitzt, das sogenannte Stibl. Vor dem Obergeschoss verläuft über die ganze Breite des Hauses ein Schrot. Schrotsäulen, welche die Brüstung dieses Balkons aussteifen, sind an den kräftigen Vorköpfen der Fußpfetten des Daches und an den Konsolen des Oberbodenschrots befestigt. Trotz seiner schmuckvollen Ausführung hatte dieser Schrot eine wesentliche Wirtschaftsfunktion als Trockenraum. Das Obergeschoss hat dieselbe Fensteranordnung wie das Erdgeschoss, die Tür zum Schrot ist genau in Achse über der Eingangstür des Erdgeschosses angelegt. Vor dem Giebeldreieck

Das Wohnhaus des Anwesens „beim Kinner", Untertattenbach Nr. 78, besitzt über dem Hausschrot, der die ganze Breite der Fassade einnimmt, auch den typischen Oberbodenschrot. Drei Türen sind in genauer Achse übereinander angeordnet.

Rottal - Bauernland

ist ein schmaler Oberbodenschrot angebracht, die Tür zum Oberboden liegt ebenfalls in Achse mit den beiden anderen Türen.

Hier wird augenfällig, dass diese Türenachse leicht aus der Mitte des Hauses gerückt ist, wohl zu dem Zweck, dass die Last der Firstpfette auf den Blockbau der Längszwischenwände und nicht auf den Sturz der Türen abgeleitet wird. An solchen Details wird besonders deutlich, dass wir beim Rottaler Bauernhaus einen Höhepunkt einer bautechnischen Entwicklung vor uns haben.

Das oben erwähnte Haus in Hainthal ist ein besonders schönes und sorgfältig gepflegtes Rottaler Bauernhaus. Die neugotische Auszier der Türen, der Schrote, Baluster und Säulen ist augenfällig. Sogar in den Fenstern des Giebels hängen Vorhänge.

Auf einem alten Photo des Hofer-Hofs in Bleichenbach ist eine modische Holzverschalung des alten Blockbaus zu sehen, der breite Schrot ist verkleinert zu einem Balkon, wie er vor 1900 in den Märkten und Städten an den Bürgerhäusern beliebt geworden war. An der Fenster- und Türenanordnung ist aber das Rottaler Bauernhaus noch klar zu erkennen.

Der Einödhof Hainthal (in einer Photographie von 1986) besitzt eines der wenigen gut erhaltenen Bauernhäuser vom Rottaler Typ. Nur das Wohnhaus des Kochhofs in Massing und das Bruder-Konrad-Haus in Parzham können sich mit ihm messen.

Das ursprünglich hölzerne Erdgeschoss des Brummer-Hofs in Schwertling wurde einmal durch Blankziegelmauerwerk ersetzt. Gemauert sind auch die flankierenden Torbögen. Die Photographie von 1916 zeigt den Bauer Karl Altmann mit seiner Tochter Maria.

Rottal - Bauernland

Diese Karte wurde dem Soldaten Franz Altmann 1915 von „Familie Rieger" ins Feld gesandt. Es zeigt den Weiler Schwertling mit seinen Bauernhöfen, der hölzernen Kapelle und – in einem Einzelbild – dem Gasthaus Rieger.
Links im Mittelgrund ist der Hof abgelichtet, auf dem der junge Mann, der noch einige Jahre im Krieg sein sollte, zu Hause war. Mit den Worten „auf ein baldiges Wiedersehen" endet der „Gruß aus Schwertling".

Der Hofer-Hof in Bleichenbach (hier um 1900) hat trotz Umbau des Schrots und modischer Holzverschalung die kleinen Fenster des neunzehnten Jahrhunderts beibehalten. Bei vielen ähnlichen Häusern, die aus Fichten- und Tannenholz aufgezimmert waren, wurden die Fenster nachträglich größer geschnitten.

Mancher Bauer, der sein Holzhaus abgerissen hat, weil es unbedingt ein gemauertes Haus sein sollte, bereut es längst. Im Sommer hält das dichte Holzgefüge die Räume kühl, im Winter ist es „bacherlwarm" in der Stube. Ein „bundesdeutsches Einheitshaus" oder ein Toscana-Haus nach Mallorca-Art hat jeder Zweite im Dorf, ein unverwechselbares niederbayerisches Bauernhaus aus Fichten- oder Tannenholzbalken haben nur noch ganz wenige. Und die sind stolz darauf.

Einöden, Dörfer und Weiler und Häuser im Holz

Aus Holz waren nicht nur die großen Wohnhäuser der Vierseithöfe, sondern auch die Wohnstallhäuser der Kleinbauern. Es wäre aber ein Trugschluss, die Ortsnamen Holzhäuser, die es mehrmals im Rottal gibt, von diesen Häusern aus Holz abzuleiten. Es sind vielmehr Häuser im Holz, Kleinbauernanwesen, für die erst in jüngerer Zeit Flächen in den Wirtschaftswäldern gerodet wurden. Bei Brunndobl nennt eine lithographierte Karte von 1863 *Holzhäuseln*, eine in einer Insel des Brunndobelholzes angelegte Streusiedlung. Holzhäuser sind nicht weit davon auch bei Kirchberg im Tattenbacher Holz angeführt, heute heißt dieser Ortsteil *Holzmannhäuser*. Südlich der Rott, bei Asenham, ist noch einmal eine Streusiedlung namens *Holzhäuser* eingetragen. Eine ganz große Kolonie dieser Art ist gleich östlich des breiten Waldriegels Lugenz auf Griesbacher Gemeindeflur zu Beginn des neunzehnten Jahrhunderts eingerichtet worden, *Neue Welt* heißt sie in den alten Karten, und so nennt sie bis heute der Volksmund. Buchet ist der offizielle Ortsname.

Anders verhält es sich mit den Öden und Einöden, die es allenthalben in der Flur des Marktes Birnbach gibt. Diese Anwesen sind sämtlich seit vielen Jahrhunderten eingerichtet. Nördlich von Brombach finden wir *Köpfertsöd*, *Trautenöd* und *Schmidsöd*, noch ein Stück weiter sind *Wurmsöd*, *Hartmannsöd*, *Hamanöd* und *Hagenöd* genannt, ein Weiler heißt ganz einfach *Ed*. Die zugehörigen Hofstellen sind inmitten eigener Flur angelegt – und das hat die Rottaler Bauern auch geprägt: Der Weg zur Gemeinde und zur Kirche war weit, der nächste Nachbar bestenfalls noch in Sichtweite. Die berechtigten Anliegen eines engen Nachbarn schon im Voraus bei jedem Handeln mitzubedenken, wie dies in anderen Landstrichen in engen Dorfstellen notwendig ist, das brauchten die Rottaler Bauern gewöhnlich nicht zu lernen. Und manche haben es auch bis heute nicht gelernt.

Wir haben von den Holzhäusern geredet, die einmal das ganze niederbayerische Bauernland geprägt hatten. Schon seit mehr als 150 Jahren verdrängen Ziegelbauten die traditionellen Gebäude aus heimischem Holz. Um 1985 wurde in Untertattenbach ein altes Rottaler Bauernhaus abgebrochen, das wegen der engen Hofsituation schon lange von einem benachbarten Ziegelbau bedrängt war. Den mächtigen Huber-Hof, der in Neudau direkt an der Straße liegt, zeigt schon eine Lichtbildpostkarte von 1909 mit Blankziegelbauten. Sogar den Stadel hat der Huber-Bauer mauern lassen, nur das Wohnhaus hat er hölzern belassen, denn ein richtiger Bauer hatte halt in dieser Gegend ein traditionelles Rottaler Bauernhaus.

Das hölzerne Bauernhaus Untertattenbach Nr. 77, das uns eine Photographie von 1985 zeigt, ist längst abgerissen. Zuvor hatte es bereits ein in Ziegeln errichtetes Nebengebäude arg bedrängt.

Rottal - Bauernland

Beim Schuster in Asenham sehen wir das Haus eines Handwerkers und Kleinlandwirts. Meister, Geselle und Lehrbub stehen mit Schürze, dem regionaltypischen Fürfetzen, vor dem Anwesen.
Das hölzerne Haus hat der Eigentümer gegen Ende des neunzehnten Jahrhunderts mit einem Verschlag geschützt. Die aufgedoppelte Haustüre ziert ein Sonnenmotiv. Der Balkon, Rest eines Schrots, der einmal die ganze Hausbreite eingenommen hatte, hat zur selben Zeit Brüstungsbretter bekommen, in die historistischer Dekor gesägt ist.

Das Anwesen in Sturzholz hat ein sogenanntes Mittertennhaus. Alles, was zu einem landwirtschaftlichen Anwesen gehört, ist unter einem Dach: zur Sonnenseite das Wohnhaus, am anderen Ende des Gebäudes der Stall, dazwischen erschließt ein großes Tor die Tenne des Stadels. Der Blockbau ist an der hier gezeigten Westseite gegen Wind und Regen mit Schindeln verschlagen. Auch der kräftige Hausbaum gab dem Haus Schutz und Schatten.
Der Stall, hier hinter einem Seitenfach des Stadels verborgen, öffnet sich hangabwärts zu einer Gred und einer Miststatt. Die Tenne ist quer durch das ganze Haus gesteckt, so dass man mit einem Fuhrwerk an der einen Seite hinein und an der anderen wieder hinaus fahren kann.

Das Häusl in Schatzbach war einmal weniger breit gewesen, ein sogenanntes Seitenflurhaus. Dass der Anbau, über dem das Dach sich weit herabzieht, nachträglich geschaffen wurde, ist an einem Detail des Blockbaus zu erkennen. Rechts vom schmalen Fletzfenster ist die Eckverbindung des Blockbaus schwalbenschwanzförmig ausgeführt, diese aufwändigere Zimmermannsarbeit war nur an einer freistehenden Ecke notwendig.

Der Huber-Hof in Neudau zeigt das Nebeneinander verschiedener Bauphasen. Während das Wohnhaus noch in Blockbau erhalten ist, sind Stadel, Stall und Remisen bereits aus Ziegeln errichtet. Einige Hunderttausend handgeschlagene Ziegel sind hier verbaut.

Rottal - Bauernland

Der Blick für die Spuren

Ein hässliches Dorf. Das ist der erste Gedanke, wenn man von der Bundesstraße 388 her in die Ortschaft Hirschbach einfährt. Die Straßenbauer haben das ihre getan, dass man möglichst schnell durch und auf der anderen Seite des Dorfes wieder heraus kommt. Ein gemütlicher alter Kramerladen an dieser Stelle wäre schon was Schönes. Aber immerhin hat Hirschbach noch ein gepflegtes Lebensmittelgeschäft mitten im Dorf.

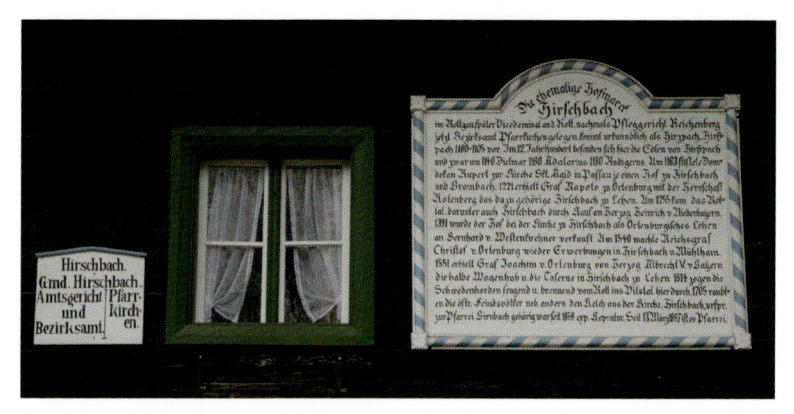

Sorgfalt und Schönheit – und Information über die Geschichte des Dorfs Hirschbach finden sich an einem alten Blockbau.

Mit „A. Demlehner" ist der Bronzehirsch in der Dorfmitte Hirschbachs bezeichnet. Im Jahr 2000 hat sich die Dorfgemeinschaft das Kunstwerk selbst geschenkt.

Aber wenn man sich dann doch einmal ein wenig genauer umsieht, weil man zu Fuß oder mit dem Fahrrad unterwegs ist, dann bemerkt man hie und da ein interessantes und mit Glück auch ein liebenswertes Detail.

„Hirschbach. Gmd. Hirschbach. Amtsgericht und Bezirksamt. Pfarrkirchen" steht auf dem sorgfältig restaurierten Schild, das am Blockbau des Bruckhuber-Hofs montiert ist. Auf einer größeren Tafel daneben ist in Frakturschrift, die zu lesen sich viele inzwischen schwer tun, ein Abriss über die wechselvolle Herrschaftsgeschichte der Hofmark Hirschbach dargelegt.

Von der bäuerlichen Wirtschaftsgeschichte, die uns eigentlich viel mehr zu sagen hat als das politische Hin und Her, zeugen zwei Traktoren, die, gleich am Ortseingang, in einer Maschinenhalle abgestellt sind. *Testa Rossa aus Bayern,* hat Johann Bachmeier, den wir oben schon einmal als Zeugen herangezogen haben, diese beliebten Traktoren in Anspielung auf die teuren Sportwagen von Ferrari einmal genannt. Es sind zwei „Schlüter Super 1250 V". Ausgerüstet sind sie mit 6-Zylinder-4-Takt-Reihen-Direkteinspritz-Dieselmotoren mit 110 PS. Von 1968 bis 1981 wurden 877 Stück dieser Art gebaut. Angetrieben werden beide Achsen, und die Getriebe sind natürlich von ZF, der Zahnrad- und Achsenfabrik in Passau. Kennzeichen der Schlüter-Traktoren sind das helle Rot der Lackierung und die lange hohe Schnauze. Die Radfelgen sind in hellem Ocker lackiert.

Zwei prächtige „Zugtiere" hat der Bruckhuber-Bauer von Hirschbach in seiner Remise stehen: Es sind unverwüstliche Schlüter-Traktoren.

Rottal - Bauernland

Die Rottaler Bauern schätzten Kraft und Robustheit dieser Traktoren, die komfortable Kabine, die langfristige Ersatzteilversorgung und die imponierende äußere Erscheinung. Als 1993 die Produktion bei Anton Schlüter in Freising eingestellt wurde, endete eine Ära bayerischer Traktoren, die 1937 mit 14 und 25 PS starken Zugmaschinen begonnen hatte. Im Rottal waren sie Symbol einer ertragreichen Landwirtschaft, die es sich leisten kann, neben dem Notwendigen auch der Repräsentation Raum zu geben. *Mir ham oiwei zwoa Roos mea im Stoi!*, hat einmal ein alter Bauer aus Oberbirnbach auf dem Karpfhamer Volksfest gesagt, das müsste jetzt heißen: Wir haben gern 50 PS mehr unter der Haube unserer Traktoren.

Zwei Anwesen an der Dorfstraße haben schöne Gemälde aufzuweisen. Das eine ist ein gerahmtes Marienbild, 1975 von einem K. Rabl gemalt, das andere eine feine Lüftlmalerei an einem ansonsten recht ungefälligen Haus, mit dem Namen Bichlmeier und der Jahreszahl 1984 ist es bezeichnet. Differenziertheit der Malerei und Einfühlung in das Eigentümliche des Rottaler Bauernlandes heben dieses Wandgemälde deutlich von der sonst gängigen Klischeemalerei ab. Natürlich wird auch hier ein Idyll gezeichnet, wir sehen Wald und Feld und Wiese, das Getreide wird von Hand geschnitten, Kornmandeln sind aufgestellt, und eine junge Mutter hat sich neben einem Handwagl, in das ein Kind gebettet ist, zur Ruhe vor einem Kapellenstöckl ins Gras gesetzt. Aber von Süßlichem und auch allem plump Heroischen, das sonst gepflegt wird, hat der Künstler Abstand genommen.

Das alles *steht nicht im Baedeker*; natürlich finden diese bescheidenen Fundstücke in einem richtigen Reiseführer keinen Platz. Man muss halt selbst den Blick ein wenig heben, sich offen und gütig und selbstbewusst auf die Welt einlassen, in der man sich als Gast bewegt, wenn man die kleinen Schönheiten des Alltags entdecken und sich daran freuen will.

Etwas abseits von der Durchgangsstraße wäre noch ein Feuerwehrhaus zu finden, das in seiner Baugestalt und seiner Fassadenmalerei sehenswert wäre. Leider sind die ursprünglichen Tore schon billig ersetzt, und überhaupt ist das Haus in schlechtem Zustand.

„Sonne und Erde, Leben und Kraft, Arbeit und Brot" hat der Maler unter sein Gemälde geschrieben.

Ein heiliger Florian am Hirschbacher Feuerwehrhaus. Der Segen des Heiligen wird schon wirken, aber die Menschen müssen auch etwas dazutun, dass man leben mag in diesem Dorf.

Rottal - Bauernland

Am Dorfplatz steht auf einem Sockel ein Hirsch aus Bronze, schließlich heißt das Dorf Hirschbach.

Vom Bach sieht man allerdings nichts, er ist verrohrt. Denn daraus hatte es arg gestunken, als noch jeder Anlieger seine Abwässer eingeleitet hatte. Längst sind alle Kanäle der Kläranlage zugeführt, der Bach könnte Leben, Frische und Natur ins Dorf zurückbringen. Aber man müsste ein paar PKW-Stellplätze opfern – und wer will das schon.

Wie man sich das Dorf Hirschbach mit diesen liebenswerten Details verzaubern kann, so kann es einem im ganzen Birnbacher Landstrich gelingen, Schönes und Bemerkenswertes zu finden. Ein Kapellenstöckl wie auf dem erwähnten Gemälde steht bei Bleichenbach an einer Straßenkreuzung, wo außerdem eine alte Fahrt abzweigt, die an einem stattlichen Solitärbaum vorbeiführt. Ein Bild der Altöttinger Muttergottes ist in einer gemauerten Nische geschützt aufbewahrt, man findet es nur ganz selten ohne Blumenschmuck vor.

Auch dem heiligen Paulus, der seit ein paar Jahren in einem gemauerten Bildstock an der Rottbrücke bei Gries steht – man kommt daran vorbei, wenn man vom Markt zum Bahnhof Birnbach fährt – werden gern Blumen geschenkt. Warum dieser Paulus, den der Eggenfeldener Bildhauer Josef Maria Neustifter geschaffen hat, so bachantisch-heiter dargestellt ist? Man mag darüber nachdenken. Das Erweckungserlebnis dieses großen Heiligen der katholischen

Ein Kapellenstöckl bei Bleichenbach ist der Altöttinger Muttergottes gewidmet, ein anderes bei Gries dem heiligen Paulus. Beide sind die meiste Zeit mit Blumen geschmückt.

Rottal - Bauernland

Kirche ist am Fuß der Bronzefigur in einem kleinen Relief dargestellt.

In jedem Dorf gibt es Schönes zu entdecken, wenn man sich ein wenig Zeit nimmt. Sogar Brombach, das tagtäglich vom Verkehr der Bundesstraße 388 malträtiert wird, hat da und dort Bemerkenswertes zu bieten. Den Graf-Arco-Hof, in dessen straßenseitigem Biergarten zu sitzen in früherer Zeit ein Vergnügen war, weil man fremde und wohlbekannte Leute, Kutschen und Fuhrwerke und dann und wann einen Kraftwagen vorbeiziehen sah – dieses Wirtshaus schmückt ein gut erhaltener Balkon mit fein ausgesägten Brüstungsbrettern. In den Seitengassen Brombachs findet sich das eine oder andere alte Holzhaus.

Kapelle und Hochspannungsmasten in Weinberg

Wandgemälde in Weinberg

Bei Landerham ragt ein eigenartiger Fels inmitten einer Wiese auf, das Naturdenkmal wird wegen seines Aussehens Krokodilfelsen genannt.

Maibaum und Niederbayern-Fahne: Die weißblauen Rauten im Wappenschild erinnern, dass die Farben Bayerns von den Niederbayerischen Grafen von Bogen herrühren. Die „Schwaiberl" am Maibaum beweisen, dass dieser hier händisch aufgestellt wurde.

Bei der Arbeit draußen zwischendurch einen Schluck Wasser aus dem Gartenwasserhahn zu zapfen, ist ein Labsal. Jeder kennt in der Familie sein Haferl, da muss es nicht jedes Mal gleich abgewaschen werden.

Altes Bauernland braucht eine Martinskirche

Martin zählt in Bayern zu den beliebtesten Heiligen. Der 11. November ist sein Jahrtag, ein Datum, das auch glaubensfernen Menschen nicht fremd ist, weil es die Kinder lieben, an diesem Tag in Gruppen oder in Gesellschaft der Eltern mit einer selbstgebastelten Laterne durchs Dorf oder die Siedlung zu ziehen. Im Umgriff Bad Birnbachs hat die Pfarrkirche Hirschbachs das Patrozinium des heiligen Martin. Das deutet auf eine frühe Gründung hin und damit auf einen frühen Siedlungsausbau.

Dass Martin Soldat war, gefiel den Herrschern des Mittelalters. Zudem stammte Martin aus bäuerlichen Verhältnissen, das imponierte den Bauern; seine Familie hatte in Ungarn ein Gut. Als Soldat, Reiter, Reisender und Bischof konnte er vielen Berufsständen zum Vorbild dienen. Seine Bereitschaft zu teilen beeindruckte vor allem die, die darauf angewiesen waren, dass ihnen andere von ihrem Wohlstand abgaben. Wie schwer es einmal gewesen ist für Besitzlose, sich allein die Kleider auf dem Leib zu beschaffen, von zureichender Ernährung einmal abgesehen, das zeigen uns die Aufzeichnungen in den Nachlassinventaren, die jedes bessere Stück Stoff und jedes leidlich erhaltene Kleidungsstück aufführten, das ein Verstorbener hinterlassen hat.

Warum eigentlich hielt noch vor kaum mehr als einem Jahrhundert jeder Rottaler Bauer selber etliche Schafe? Eintopf mit Schaffleisch wurde im Winter aufgetischt, wenn die Männer von der Arbeit im Holz verfroren und abgearbeitet heimkamen, ansonsten war allenfalls das Fleisch der Lämmer geschätzt. Vor allem ging es um die Wolle. Mädchen und alte Frauen haben die besseren Teile des Vlieses versponnen. In den Wintermonaten haben sie Strümpfe, Mützen, Joppen und Handschuhe daraus gestrickt, das meiste aber kam in die Filzstampfen, die von den minderen Mühlen in den Seitentälern der Rott betrieben wurden. Da und dort war ein Kleinbauer darauf spezialisiert, den Filzbrei zu walken, auszustreichen und zu Tüchern zu scheren. Daraus hat man Hauben, Umhänge und Jacken genäht.

Ein Bauer oder Dienstbote im Rottal würde deshalb die Geschichte des heiligen Martin, welcher der Legende zufolge seinen Reitermantel mit einem Bettler geteilt hat, ein wenig anders erzählen, insbesondere einer, der sich aufs Filzen versteht.

Martins Mantel war aus Filz, würde er sagen, *vergiss Goretex! Ich sag dir, sein Mantel war aus Filz.* Und er würde erzählen: *Mit dem einsetzenden Regen hatte sich die Wolle vollgesogen, der Mantel lastete wie ein Maltersack auf den Schultern des heiligen Martin. Aber nun traufte der Regen ab, die gequollenen Fasern hatten dicht gemacht. Martin zog die Filzhaube tiefer ins Gesicht, damit der Wind die schweren Tropfen nicht in den Kragen jagen konnte. Nur die Stiefel in den Steigbügeln spitzten unter dem Saum des grauen Tuches hervor. Sogar die Kruppe seines Pferdes bekam noch etwas Schutz vor der Nässe ab.*

Als Martin vor Monaten seine Heimat verlassen hatte, war der Filz rot eingefärbt gewesen. Jetzt hatte sich nur noch in den Säumen und Nähten etwas Farbe gehalten. Nach den Tagen in der prallen Sonne, in Wind und Regen war das Grau der zusammengefilzten schwarzen und weißen Wollvliese zurückgekehrt.

In der Nacht vom 26. auf 27. Februar 1990 hat der Sturm „Vivian" den Kirchturm von Hirschbach zu Fall gebracht.

Rottal - Bauernland

Der Mantel war weit genug, dass Martin sich zum Schlafen auf die eine Hälfte legen, die andere Hälfte als Decke über sich schlagen konnte. Morgens, wenn der Tau sich auf den unter einer Staude oder an einem Feldsaum Ruhenden gesetzt hatte, war der Flaum des Filztuchs wie mit Perlen besetzt. Sein Bruder, der drei Jahre von Feldlager zu Feldlager gezogen war, bevor er den ungarischen Gutshof des Vaters übernahm, hatte ihm den Mantel zum Abschied geschenkt. Und Martin wusste, dass er die Jahreswolle von drei Schafen hatte aufwenden müssen und noch eine Draufgabe für die Arbeit. Er erinnerte sich an die Feuer unter den Wasserkesseln, den Dampf und den Lärm der Filzstampfe, wohin schon sein Vater einen Teil der Wolle zum Walken gegeben hatte. Er erinnerte sich an das Ächzen der Winde, wenn der mürbe Filzteig zu glattem Tuch gepresst wurde.

Später war Martin Bischof in Tours, von Volk und Veteranen verehrt, von den kriegverliebten Herrschern und Statthaltern aber misstrauisch beäugt. In jüngeren Jahren hatten den abgefallenen Soldaten Agenten verfolgt, so dass er sich in einem verschissenen Gänsestall hatte verstecken müssen. Wären damals nicht so viele Bürger für Martin auf den Straßen gewesen, hätten sie den Stall wohl über seinem Kopf angezündet. Jedenfalls war Martin schon Bischof, als ein invalider Veteran im Wirtshaus erzählte, dass dieser hochwürdige Mann, den er eben bei der Messe in der Kathedrale gesehen hatte, ganz sicher jener junge Soldat gewesen war, der ihm vor Jahren, als es ihm ganz dreckig ging, ein gutes Stück seines Mantels geschenkt hatte. Er war auf einem Karren, vom Wundfieber geschüttelt, vom Feld geschafft worden. Martin hat den abgetrennten halben Teil seines Mantels zusammengeschlagen und dem Verwundeten unter den Leib geschoben, um die Stöße des über die Steine holpernden Wagens zu dämpfen. Einen Zipfel hat er über die schwärende Wunde gelegt, damit die Fliegen abgehalten würden. Und vielleicht hatte der junge Mann aus Ungarn den Kopf geschüttelt über den Söldner aus Rom, dessen fein gewobener Mantel nach wenigen Wochen im Feld schon in Fetzen von der Lederkoppel hing.

Als Martin im Jahr 397 sterbenskrank von einer Missionsfahrt zurück nach Tours strebte, hätte er sich auf dem rüttelnden Wagen seinen Filzmantel unter die wunden Knochen gewünscht. Wenn ihn die Erschöpfung in kurzen Schlaf entließ, träumte ihm von den Kindertagen, dem Spielen und Versinken in den Wollvliesen, die von zweihundert Schafen in großen Körben im Laubenflur des Gutshauses zusammengetragen waren.

Aber so genau wissen wir das nicht, denn mit dem Erzählen und Wiedererzählen war zu viel Zeit vergangen, bevor sich einer, der den alten Martin noch gekannt hatte, die Mühe machte, die Geschichte niederzuschreiben.

Vor der Kirche in Hirschbach steht die Bronzefigur des heiligen Martin, ausgestattet mit Stab und Bischofsornat. Der erfahrene Bildhauer Wolf Hirtreiter hat ihn als Bischof mit seinem Attribut, der Gans, dargestellt, zur Erinnerung an das Ereignis im Gänsestall. Da fügt es sich gut, dass im späten Herbst die Gänse gerade fett und schlachtreif sind, wenn dieser Heilige am 11. November Namenstag feiert.

Rottal - Bauernland

Spuren der Zeit, des Vergehens und Erneuerns – und des Erinnerns

Es gibt viel Schönes und Besonderes zu entdecken rund um Birnbach. Aber auch der Markt selbst ist es wert, mit Lust an den kleinen Dingen und voll Freude an den stillen Spuren der Zeit durchstreift zu werden. Ganz nahe am Zentrum finden aufmerksame Augen in einer blanken Ziegelmauer in einem der Steine den Abdruck einer Katzenpfote. War da in einem unbeachteten Augenblick in einer Ziegelei eine Katze in den ungebrannten, eben aus der Presse gekommenen Ziegel gestiegen? Nein, vermutlich hat ein Ziegelmacher aus einer Laune heraus eine an seinem Schlagtisch vorbeistreunende Katze schnell gepackt und ihre Pfote in den frisch geschlagenen Ziegel gedrückt. Das handwerkliche Ziegelschlagen mit dem hölzernen Schlagrahmen war harte Arbeit im Akkord, da kam eine solche Ablenkung gerade recht.

Es sind Ziegel erhalten, die den Abdruck von Kinderhänden tragen. Feierabendziegel nennt man solche besonderen Mauersteine, manche tragen auch Jahreszahlen oder die Initialen von Namen, beliebt war auch, einen Hausschlüssel einzudrücken. Häufig findet man Akkordmarken. Das sind Stempelabdrücke oder in verschiedener Zahl eingedrückte Fingerkuppen. Damit wurde bei der Herstellung eine regelmäßige Menge fertiger Ziegel markiert. In der alten Mauer nahe der alten Hofmark sind auch von solchen Ziegeln welche verbaut.

Tausende *Ziegelpatscher* sind einmal aus dem Friaul nach Niederbayern gekommen, um in Ziegeleien und bei großen Bauern Ziegel zu schlagen und zu brennen. Im Frühsommer kamen sie in ganzen Trupps über die Alpen, im Herbst zogen sie wieder in ihre Heimat, wo währenddessen Frauen, Kinder und Alte die kleinen Landwirtschaften betrieben. Wilhelmine Sigl weiß aus Erzählungen, dass auch auf dem Arter-Hof in Lengham einmal Italiener waren, eine Lehmgrube war ein Stück hinter dem Hof aufgemacht. Dort wurde auch der Feldbrand eingerichtet, denn regelrechte Brennöfen haben nur die Bauern aufführen lassen, die Ziegel über den eigenen Baubedarf hinaus für den Verkauf erzeugen ließen. Josef Martin Bauer, der berühmte Romancier aus dem oberen Rottal, hat in seinem Roman „Der Abhang" einen solchen Bauern-Unternehmer beschrieben.

Nur noch die vielen Ziegel zeugen von dieser Tradition, die 1915 abbrach, als Italien in den Krieg gegen Österreich und Deutschland eintrat. Aber es wird sich gewiss auch so mancher Nachkomme eines friulanischen Burschen in der Birnbacher Bevölkerung finden.

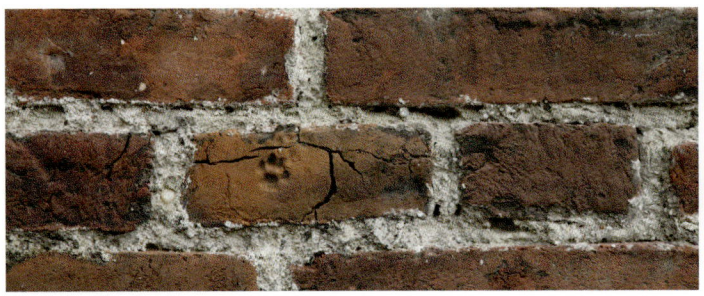

Handgeschlagene Ziegel mit Akkordmarken und dem Abdruck einer Katzenpfote an einem alten Gebäude in einer Gasse beim Gasthaus Alte Post in Birnbach

Rottal - Bauernland

Nördlich von Hirschbach steht neben der Straße am Waldrand eine neu errichtete Kapelle, davor eröffnet sich dem Wanderer nach Süden und Westen ein freier Blick auf das Rottal. Dort steht auch ein Marterl, ein großes hölzernes Kreuz aus gesägten Balken, mit einem geschnitzten Christus daran, dessen Farbfassung erst jüngst wieder sehr sorgfältig und mit Geschmack hergestellt worden ist. Am Fuß des Gekreuzigten ist eine Tafel angebracht, die ein Gemälde in naivem Stil trägt, das einen alten und einen jungen Mann zeigt, die sich die Hand reichen. Eine Inschrift erläutert das Bild in etwas unbeholfener Art: „Von Vater Wensauer hier nahm der Sohn Abschied von seinem Vater i. Jahre 1862", angefügt ist der Ausspruch „Ganz recht wird's nie".

Weil der wenig Schreiberfahrene gern Zuflucht zu vorgefügten Sätzen nimmt, hat der Verfasser der Inschrift am Kopf der Tafel ein Andachtsgedicht zitiert: „Wenn die Winde stürmen auf deiner Lebensbahn, wenn die Wogen türmen über deinen Kahn, schiffe ruhig weiter, wenn der Mast auch bricht, Gott ist dein Begleiter. Er verläßt dich nicht." Man würde bei den Bauern des Rottals eher ländliche Metaphern erwarten, aber das Maritime erschien dem Stifter des Kreuzes wohl eindringlicher. Was wird den Sohn veranlasst haben wegzugehen? Stures Festhalten des Vaters an der Betriebsführung des Hofs, Gewalt im Elternhaus, Einberufung zum Militärdienst, Hoffnung auf Erfolg in der Stadt oder in Amerika?

Durch's Jahr

Martin Ortmeier

Das bäuerliche Jahr ist bis heute von der Abfolge der Jahreszeiten geprägt. Früher aber begann der Arbeitstag mit dem Tageslicht und er endete mit ihm. Wer jetzt in tiefer Nacht die Scheinwerfer der Maishäcksler und der Traktoren über die Felder ziehen sieht, dem wird deutlich, dass die Lebens- und Arbeitsweisen der Stadt und der Industrie längst auch das Land erreicht haben.

Tausendmal musste sich die alte Bäuerin bücken, um Bündel für Bündel der geschnittenen Getreidegarben aufzufassen, mit einem flink gedrehten Strick aus Stroh zu bündeln und wieder abzulegen.

Regen, Schnee und Frost verschaffen den landwirtschaftlich tätigen Menschen, die einen großen Teil ihrer Arbeitszeit draußen in der Natur verbringen, Ruhezeiten. In den Monaten der Ernte aber wollte und will der Tag kein Ende nehmen. Beim Heuen und beim Einbringen der Getreideernte, beim Kartoffelklauben und beim Rübenziehen war jede verfügbare Hand am Hof gefordert zuzulangen, heute darf zu dieser Zeit nur ja keine Maschine kaputtgehen. Aussaat, Aufwuchs, Ernte und Einbringen – so gestaltet sich unverändert wiederkehrend das Wirtschaftsjahr der Bauern. Dank und Erholung prägen Herbst und Winter.

Gefeiert wurde im traditionellen Bauernjahr vor allem im späten Herbst, wenn Feld, Stall und Garten sicheren Ertrag gebracht hatten. Ganz ging das noch nicht verloren. Du wirst doch nicht mitten im Jahr heiraten, wird immer noch gesagt, wenn einer zu anderer Zeit heiratet als im Herbst.

Das Kirchenjahr geht einher mit dem Werden und Vergehen im Jahreslauf der Arbeit und mit dem Lebenslauf der Menschen. Im katholischen Altbayern hat der Heiligenreigen von Stephanus und Walburga, über Petrus, Paulus und Johannes, bis Michael und Martin Anteil an Alltag und Festtag. Und das ganze Jahr über begleiten die gütige Muttergottes und der leidende Jesus Christus Freude und Leid der Menschen.

Die Fahnenjungfern Mini Blüml und Fannerl Baumgartner zeigen stolz die mit ihren Namen und dem Datum 7.7.57 bestickten Patenbänder.

Glaube und kirchlicher Brauch erfüllten früher einmal jeden Moment des Daseins, bestimmten alles Handeln mit. Gebetet wurde viel und geflucht wurde reichlich. Beides hat sich verloren, die Menschen im Rottal sind darüber nicht schlechter geworden, besser wahrscheinlich auch nicht.
Was ist alter Brauch, was neuer? Was ist echt und was wird „aufgesetzt"? Darüber sollen sich andere streiten. Wir wollen hier einiger schöner alter Bräuche gedenken, an die man sich in Bad Birnbach gern erinnert, und wir wollen das eine oder andere aufzeigen, was bis heute gepflegt wird. Vollständig können wir sicher nicht sein im Rahmen dieses Buches.

Durch's Jahr

Winter
Christkindlpassen und Rauhnachtsprüche

Ein Weihnachtsgeschenk, das sie nie vergessen hat – „I hab's no wia heid vor Augen" – war der Puppenwagen. Maria Mayer war damals fünfeinhalb Jahre alt, ihre Eltern Franz und Anna Altmann hatten einen großen Bauernhof in Schwertling, der neben der Familie sechs Dienstboten Nahrung, Kleidung und Wohnung gab. Man schrieb das Jahr 1928, auch der Großvater lebte noch am Hof. Vor allem er war es, der die Bräuche im Jahreslauf pflegte. An Weihnachten, so erinnert sich Maria Mayer, setzte er sich stets mit dem Evangelium, also einer im Haus verwahrten Ausgabe des Neuen Testaments, in die Stube, in welcher der geschmückte Christbaum bereits aufgestellt war. *Christkindlpassen* war seine Aufgabe, aber jedes Jahr gab er von Neuem an, er habe das Christkindl, das die Geschenke brachte, leider wieder nicht gesehen, weil er über der Lektüre des Weihnachtsevangeliums eingeschlafen sei.

Die Folgen des Kriegs und die Lasten der Reparationszahlungen waren allenthalben noch zu spüren, als Maria Mayer Kind war. Viele Menschen waren arm, auch auf dem Land, auch im vom Klima und den landwirtschaftlichen Böden begünstigten Rottal. Während Maria und ihre Schwester, die eine gute halbe Stunde Wegs zur Schule hatten, zwischen Vormittags- und Nachmittagsunterricht ein warmes Mittagessen im Wirtshaus „Alte Post" bekamen, und die Birnbacher Schulkinder zum Essen nach Hause gingen, blieben die Kinder abgelegen wohnender Handwerker, Taglöhner und Kleinbauern im Schulhaus und verzehrten eine mitgebrachte trockene Rohrnudel, eine gedämpfte Kartoffel oder nur ein Stück Brot und tranken das Wasser, das im Flur der Schule aus einem Trinkbrunnen floss.

Solchen Kindern war es ein Fest, wenn sie an Neujahr, zu Nikolaus oder bei anderen Heische-Gelegenheiten – die Volkskundler nennen das so – an der Türe wohlhabender Bürger und Bauern einen Apfel, einige Nüsse oder ein in Fett herausgebackenes Küchlein bekamen. An diesen Umgängen beteiligten sich natürlich alle Kinder, auch die der Bauern, denen es an Nahrung nicht mangelte. Denn an mancher Tür waren auch Süßigkeiten zu ergattern, die ansonsten nur zu besonderen Gelegenheiten gekauft wurden. Im dörflichen Kramerladen wurden sie in offenen Gläsern feilgeboten. Die Öffnung dieser Gläser wies aber auf die Rückseite der hohen Theke, wo der Kramer oder die Kramerin stand und nach Wunsch aus diesem oder jenem Glas mit einer kleinen Aluminiumschaufel Minzenkugeln, Lakritze oder andere Bonbons, *Guazln*, in eine kleine natronbraune Spitztüte füllte.

Maria Mayer erinnert sich gut an das Verserl, das sie beim Neujahransagen, mit anderen Kindern von Haus zu Haus gehend, aufsagte:

I wünsch dir a guat's neu's Jahr,
Christkindl mit krauslade Haar,
vui G'sundheit und a lang's Leben
und an Himme daneben.

Von den Großeltern, auch vom Vater, vor allem aber vom Tauf- und Firmpaten, dem *Ged* oder der *Gedin*, erhielt man in solchen Fällen eine Münze zum Geschenk. „'s Neujahr abg'winnen" heißt es, wenn es dem Kind gelingt, mit den ersten Worten die Wünsche für ein gutes neues Jahr anzubringen.

Durch's Jahr

Rauhnachtbrauch

Die Heiligdreikönignacht ist eine der Rauhnächte, die von den Kindern genutzt wurde für Bettelumzüge im Dorf. Ihre Verse, aufgesagt vor der Haustüre, wurden von den Bewohnern gewöhnlich schon erwartet. Den in Lengham wie in anderen Dörfern rund um Birnbach gebräuchlichen Vers erinnert Wilhelmine Sigl wortgetreu:
Heid is d'Rauhnacht, / Wer hat's aufbracht? /
A oida Bettlma is iwa d'Stiagn owa gfoin, / hat se zwoa Boandl abrocha.
Kiachl heraus, oder i stich eich a Loch ins Haus! /
Wer ma was gibt, der gibt ma's glei, / Auf eiana Gred is 's Singa so hei.

Zwei oder drei der Wörter müssen wohl erklärt werden: *Boandl* kann man noch erschließen, es sind im Speziellen die Beine, im Allgemeinen alle Knochen. Die *Gred* war ein mit Eichenschwellen oder Ziegelpflaster befestigter schmaler Streifen vor dem Bauernhaus, der es erlaubte, mit sauberen Füßen und Schuhen vom Wohnhaus zu den Stallungen zu gelangen. Ansonsten war nämlich die Hoffläche eines Bauernanwesens unbefestigt, allenfalls die Miststatt in der Mitte des Hofs war mit Holzbohlen belegt oder betoniert. Dieser Saum vor Haustür und Stubenfenstern ist eine Stufe erhöht. Die Pfarrer und Amtsleute hatten diese Einrichtung propagiert, um die Hygiene im Land zu fördern, und sie bedienten sich halt gern des Lateinischen, sprachen von *gradu*, der Stufe. Als *Gred* hat sich dieses Wort eingebürgert. Ein ganz eigenes, altbairisches Wort aber ist *hei*, es meint eisig, glatt, rutschig. Der Vers endet also mit der Bemerkung, die Gaben seien schnell auszureichen, denn es sei eisig auf der Stufe vor der Haustüre.

Der Rauhnachtbräuche gibt es viele, auch grobe, mit hässlichen Masken und viel Lärm, manchenorts sind sie erst in jüngster Zeit als Attraktion für den Fremdenverkehr eingeführt worden.

Zwölf Rauhnächte gibt es, vom Thomastag, dem 21. Dezember, bis Heiligdreikönig am 6. Januar: reichlich Gelegenheit, sich einen Apfel oder etwas Schmalzbackenes zu erbetteln. Zur Jahreswende waren die Keller gewöhnlich noch gut gefüllt, auf den Stellagen lagen dicht aufgereiht die lagerfähigen Äpfel und Walnüsse von den Hausbäumen. Da gab jede Hausfrau, die nicht Mangel verwalten musste oder regelrecht geizig war, gern jedem Kind wenigstens einen ausgesuchten Apfel.

Der junge Kinner-Bauer von Untertattenbach mit seiner Familie, auf Heimaturlaub vom Kriegsdienst. Wer hat am Hof die Arbeit getan, als er nicht da war?

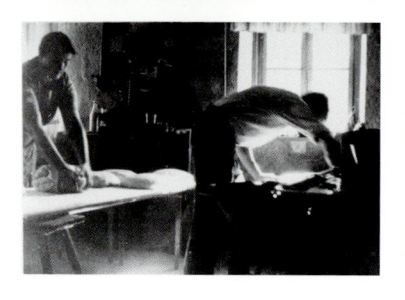

1931 und 1934 sind die beiden Kodak-Box-Fotos mit Bleistift beschriftet, die von der wöchentlichen Arbeit des Brotbackens am Bauernhof erzählen.

Durch's Jahr

Franz Altmann, Marias Vater, aber auch schon ihr Großvater, hatten den Obstbäumen rund um den Hof viel Aufmerksamkeit geschenkt. Apfel- und Birnenmost, auch Essig, wurden am Hof in großen Mengen von eigenem Obst hergestellt. Vom Tafelobst wurden Früchte ohne Druckstellen für den Winter eingelagert. Welcher Baum welche Sorten trug, welches Obst sich besonders für kurzes oder längeres Einlagern, welches sich für den Most eignete, war *Hausvaterwissen*. Danziger Kantapfel, Biesterfelder Reinette, etliche Bäume mit dem beliebten Brettacher, außerdem Jakob Lebel und der Klarapfel waren auf dem Brummer-Hof in Schwertling vertreten. Der Beutelsbacher Rambur war einige Zeit besonders beliebt in der Region, nachdem er um 1900 in dem niederbayerischen Dorf, das nicht allzu weit von Birnbach entfernt liegt, in einem Baumgarten entdeckt worden war.

Bei den Tafelbirnen, von denen neben etlichen Mostbirnbäumen, die entlang den Feldwegen standen, nur ein oder zwei Bäume gepflegt wurden, waren die Alexander Lukas und – weil ihre Feuerbrandfestigkeit allgemein bekannt war – die Gute Luise beliebt. Das *Pelzen* der Bäume, zu dem sich der eine oder andere Nachbar einfand, war Aufgabe des Bauern oder des Altbauern, so er rüstig war.

Die Rossweide des Schreibauerhofs in Schwaibach war um 1930 mit Obstbäumen bestanden.

Wilhelmine Sigl hat ein Kindheitsphoto vom Weihnachtsabend in ihrem Album. Wie ihre etwas ältere Zeitgenossin Maria Altmann aus Schwertling ein paar Jahre zuvor, hat die Bauerntochter Wilhelmine aus Lengham den innigen Wunsch nach einem Puppenwagen erfüllt bekommen. Einen Plüschbär und einen Stoffhund hat sie neben dem Wagen aufgestellt. Wir wissen nicht, ob diese ebenfalls Weihnachtsgeschenke waren oder ob sie nur an der Freude des Kindes über den Puppenwagen teilhaben sollten.

Alte Christbaumkugeln aus der Sammlung des Freilichtmuseums Massing. Die Kugeln, die in der original erhaltenen Pappschachtel aufbewahrt werden, sind hauchdünn aus Glas geblasen. Innen sind die Kugeln verspiegelt, außen farbig mit Spritzdekor versehen.

Durch's Jahr

In die Schule gehen müssen – oder dürfen? Für Brombach war es ein Festtag, als im Jahr 1910 die neue Schule fertiggestellt war. Wir sehen den Ortspfarrer mit seinen Ministranten, zudem drei Mädchen in ihren Kommunionkleidern und einen Knaben mit dem Vortragekreuz. Eine Gruppe Uniformierter hat ein Banner mit der Aufschrift Brombach mitgeführt. Am Fuß der Treppe meinen wir Amtspersonen zu erkennen. Zuvorderst sind die Schüler und Schülerinnen mit Fähnchen in einer Reihe aufgestellt.

Viele Frauen haben Kopftücher übergezogen, manche Hauben. Die Männer tragen Hüte, nur einer hebt sich durch seinen Zylinder hervor. Aus einem Fenster der Lehrerwohnung blicken zwei Frauen.

Aber was veranlasste vier Männer und zwei Frauen, sich als Gruppe von der Menge abzusetzen?

Unterrichtsbuch für den Deutschunterricht an Volksschulen aus der Sammlung des Freilichtmuseums Massing: „Frohes Schaffen mit der Rechtschreibfibel", Bayerischer Schulbuch-Verlag, München 1949

Durch's Jahr

Brauch und Aberglaube

Bräuche erwachsen aus der alltäglichen Erfahrung der Menschen und aus deren Glauben an eine allgegenwärtige Gefährdung durch höhere Mächte: Krankheit und Unfall, Missernten und Naturkatastrophen, Streit und Raub und Mord. Im Laufe der Jahrhunderte entwickelten sich Schutz- und Segensrituale, die heidnischen Aberglauben mit christlicher Frömmigkeit verbinden. Nicht nur Leib und Seele der Menschen, sondern auch Haus, Hof und Vieh sollen sicher durchs Jahr geführt werden.

An die zahlreichen, meist kirchlichen Festtage knüpfte man segenspendende Handlungen für das Vieh, die auch heute noch Anwendung finden. So wird z.B. am Tag des Heiligen Blasius (3. Februar) nicht nur den Gläubigen Schutz und Segen zuteil, sondern man vertraut auch die Hoftiere der Fürbitte des Heiligen an und besprengt sie mit geweihtem Wasser. Zu Beginn der Fastenzeit am Aschermittwoch streut man dem Vieh geweihte Asche ins Futter, um Krankheit und Seuchen abzuwenden.

Vor allem den Osterbräuchen gesteht man schützende Wirkung zu. So hängt man Zweige der geweihten Palmbuschen (Palmsonntag) in den Stall, um Krankheiten und Unwetter abzuwehren. Gerne gibt man dem Vieh auch eine Handvoll Palmkätzchen ins Futter, um sie gegen Hexen und Druden zu schützen. Am Ostersonntag teilt man die geweihten Speisen mit den Nutztieren: Jedem Ross, jeder Kuh, den Ochsen, den Schafen und Schweinen wird ein kleines Stück geweihten Brotes und eine Prise des ebenso gesegneten Salzes gereicht. Dem Hofhund seinen Anteil zu geben, überließ der Bauer meist den Kindern.

Ähnlich verhält es sich mit der Kräuterweihe. Auch an Mariä Himmelfahrt (15. August), wenn in handliche Büschel gebundene Kräuter geweiht werden, lässt man das Vieh an der Heilwirkung der Weihe teilhaben und mischt deshalb zum Schutz vor Krankheiten im Stall einige Kräuter unter das Viehfutter.

Den Abschluss im Jahreskreis bilden die Rauhnächte, von denen schon die Rede war. In diesen Nächten werden Wohnräume und auch Ställe mit Weihrauch geräuchert, um Mensch und Tier vor Geistern und bösen Mächten zu bewahren.

Brauchtum am Hof, in der großen bäuerlichen Familie, zu der auch die Dienstboten zählten, verknüpfte den Alltag mit seinen Freuden und Leiden, Erfolgen und Gefährdungen mit den Traditionen des christlichen Glaubens, aber auch mit mystischen Vorstellungen, die über lange Zeit von Generation zu Generation vermittelt worden waren. Auf dem Brummer-Hof in Schwertling war Karl Altmann, der Großvater unserer Gewährsperson Maria Mayer, der Letzte, der die zahlreichen Bräuche auf dem Hof gewissenhaft pflegte. Die Segensrituale stifteten auch Gemeinschaft, das war wichtig, wo viele Menschen verschiedenen Alters unter einem Dach zusammenleben mussten.

Heute ist das Sternsingen vielerorts Ministranten und Ministrantinnen vorbehalten. Ihre Kostüme und ihre Wünschesprüche finden Gefallen an jeder Haustüre.

Fasching: Umzüge und Bälle

Zu Zeiten, als Feste und Feiern nicht Event-Agenturen gegen beträchtlichen Eintrittspreis anboten, und als der Höhepunkt des Faschings nicht vor dem Fernseher bei „Mainz, wie es singt und lacht" konsumiert wurde, haben sich die Dorfgemeinschaften Faschingsumzüge und Bälle selbst organisiert. Die Bälle im Ross-Stall des Arterhofs in Lengham sind für treue Badegäste über Jahre hinweg ein fester Programmpunkt im Jahreslauf. Jedes Jahr wird ein anderes Motto ausgegeben – und Wilhelmine Sigl ist seit Jahrzehnten immer mittendrin im Kreis ihrer Gäste.

Unvergessen ist der *Birnbacher Bräunl*, mit Jockey-Käppi und Startnummer am Oberarm stellt ein gewisser Sixt einen Teilnehmer an einem der Pferderennen dar, wie sie in Birnbach am montäglichen Nachmarkt zum Herbstmarkt einige Male ausgerichtet worden waren. Schnell kommt die Rede auf diese Maske, die Symbolfigur des Bad Birnbacher Faschingsvereins, wenn sich der vor vielen Jahren in Bad Birnbach zugezogene Josef Kagerer und der alteingesessene Franz Unertl über die wochenlang vorbereiteten Umzüge unterhalten.

Zigeunerwagen beim Umzug 1968

Von den Themenwagen, die für den Umzug hergerichtet wurden, ist vor allem einer in Erinnerung: „Do hot's an Friseur gem in Birnbach, an Boda." Der Name des Baders soll, obwohl jeder von den Älteren ihn weiß, nicht genannt werden. Ein Wort gibt das andere, die Geschichte ist ja schon so oft erzählt worden, Kagerer und Unertl liefern sich gegenseitig die Stichworte: „Der Frisär hat des Ding ghabt, oiso de Eigenheit, wenn ma mitm Haarschneiden fertig war, dann hat die Frisös schreien müssen: *Chef, Kasse bitte!*, und dann is a kemma und hot kassiert. Die Frisösen ham selber net kassieren derfa, nix. Jetzt hams eam natürlich ausg'schpuit, hams an Wong bracht, a paar Birnbecker, die scho oiwei maschkara ganga san. Hams an Frisärsalong draufgstellt auf den Wong, mit oam, dens rasiert hom, eigsoafert mit a Sahne und richtig hergricht, und mit am Hoizmesser hams'n rasiert, und dann hams wieder gschrian: *Chef, Kasse bitte!* Und aso hams an Sepp ausgschpuit." Die beiden Männer, die von den phantasievollen früheren Faschingsumzügen reden, zollen aber auch der Gegenwart Respekt: „Und wenn i unsern Faschingszug jetzt anschau, mia haman fast immer no gmacht. Freilich hat sich's a bissl gwandelt. Bei unserm Faschingszug muasst immer no Insiderwissen hom, dassd woast, um was' geht. Also der Birnbecker Fasching is a richtig uriger Dorffasching."

Masken für die Bälle waren und sind vom Wesen des Feiernden geprägt: Der eine mag sich so verkleiden, dass ihn keiner erkennt, mancher Mann geht gern als Weib, Frauen verkleiden sich als Pirat oder Cowboy, Pärchen gehen als Räuber und Räuberbraut, Hänsel und Gretel, Scheich und Haremsdame. Und wer möchte nicht wenigstens einmal im Jahr, beim Fasching, schöner sein als gewöhnlich, wenigstens zu Beginn des Festes. Und dass die Frauen auf dem Ball gern mehr

Durch's Jahr

Die Gerleigner Musi posiert 1933 im Kastenmeier Saal. In der Mitte steht der Musikmeister, hinten flankieren der Kastenmeier-Wirt und sein Schankkellner die Reihe.

„Ein Zigeuner ist mein Herz." In den 50er-Jahren sehen wir links Wilhelmine Blüml ganz vertraut mit ihrem späteren Mann Josef Sigl. Rechts Maria Mayer als fescher Mann, eingefasst von zwei adretten Damen, den Schwestern Trudl und Anna Wasner.

Bein unter dem Rocksaum zeigen und weniger Tuch über dem Busen tragen, das galt in braveren Zeiten ganz besonders – und wer will zweifeln, dass die Zeiten, von denen hier erzählt wird, die 50er- und die 60er-Jahre des zwanzigsten Jahrhunderts, braver waren.

Aufgespielt zu den Bällen hat über Jahrzehnte hinweg immer wieder die Gerleigner Musi. Aktuell ist Claus Gerleigner mit eigenen Formationen und mit der Blaskapelle Bad Birnbach, die Willi Hafner 1978 gegründet hat, aktiv.

Bei strahlendem Wetter feierte die Hirschbacher Dorfgemeinschaft die Faschingshochzeit 2011.

Rezepte

Gasthof Rottaler Stuben

Hoftstraße 1
84364 Bad Birnbach
Tel: 08563/96060
Fax: 08563/960619
www.rottaler-stuben.de

Der Erlebnisgasthof Rottaler Stuben liegt mitten im Herzen von Bad Birnbach. Wer hier Gast ist, kann einiges entdecken. Die Räumlichkeiten sind mit Witz und Kunst liebevoll eingerichtet und strahlen eine gemütliche und ungezwungene Atmosphäre aus. Traditionelle, bayerische Küche, wie sie es schon zu Großmutters Zeiten gab. Immer frische saisonale Produkte aus der Region. Der integrierte Schmankerlmarkt verführt Sie mit hausgemachten Spezialitäten, ofenfrischem Brot und kulinarischen Schlemmereien. Für die Nachtschwärmer ist die „Stockwerk-Bar" der ideale Treff für Jung und Alt. Liebevoll eingerichtete Appartements erwarten hier die Gäste, die sich in Bad Birnbach einmal so richtig entspannen und verwöhnen lassen wollen. Eine der besten Adressen für den Urlaub.

Herzhafte Kohlgerichte

Im Herbst hat man sich in den Rottaler Stuben, Bad Birnbach ganz dem „Kraut", wie der Kohl bei uns genannt wird, verschrieben. Das Kraut ist ein ideales Wintergemüse, denn es enthält kaum Kalorien, dafür reichlich Vitamine und Mineralstoffe. Der Vitamin C-Gehalt ist teilweise so hoch, dass sich mit einer Portion bereits der ganze Tagesbedarf decken lässt. Im Laufe der Jahre entwickelte sich Kraut- oder Weißkohl zu einem echten Volksnahrungsmittel, aber auch zu einem bedeutenden Volksheilmittel. Ob Krautwickerl, Rottaler Kraut-Schupfnudeln, Rauchfleischtopf mit Kraut, Schwarzgeräuchertes auf Kraut usw. - hier läuft einem das Wasser im Munde zusammen.

Für alle, die ihrer Gesundheit noch ein Extra gönnen wollen, ist der naturbelassene Krautsaft eine tolle Abrundung. Ein Hoch auf dieses Geschenk der Natur und guten Appetit wünscht Ihr Küchenteam der Rottaler Stuben.

Krautwickerl

1 Kopf Spitzkraut
300 g gemischtes Hackfleisch
2 Zwiebeln
1 Tasse Paniermehl oder eine Semmel vom Vortag
1 Ei, Salz, Pfeffer
1 TL Muskat
1 EL Paprikapulver
½ L Fleischbrühe

Alte und welke Blätter vom Kohl entfernen. Restliche Blätter einzeln abziehen und waschen. Strunkansätze aus den Blättern keilförmig herausschneiden (erleichtert später das Wickeln). Bei sehr frischem und knackigem Kohl ist es ratsam, die Blätter 2 bis 3 Minuten in kochendem Wasser zu blanchieren, damit sie flexibler werden. Älteren Kohl kann man direkt verwenden. Das Hackfleisch mit dem Paniermehl oder dem zerbröselten alten Brötchen und dem Ei vermischen. Mit den Gewürzen abschmecken, nach Geschmack mehr hinzugeben, als hier angegeben. Jeweils 2 gut gefüllte EL der Fleischmasse mit dem Kohl umwickeln (etwa 3 Blätter pro Roulade), Blattenden einschlagen, so dass kleine Päckchen entstehen. Gut mit Zahnstochern feststecken.

Etwas Öl (z. B. Olive) in einem großen Bräter mit Deckel erhitzen. Krautwickel darin von allen Seiten kurz(!) anbraten. Mit Brühe aufgießen, in geschlossenem Topf ca. 40 Minuten köcheln lassen. Ab und zu nachschauen, ob noch genug Flüssigkeit da ist. Zum Schluss die Rouladen herausheben, Soße binden. Es empfiehlt sich, noch einmal nachzuwürzen und einen ordentlichen Schuss Sherry oder Weißwein zur Verfeinerung hinzuzugeben.

Rottaler Kraut-Schupfnudeln

1 Dose Sauerkraut
50 g Speck
1 Zwiebel
500 g Kartoffeln (am Vortag gekocht)
150 g Mehl
1 Ei
4 EL Öl oder Wasser bei Bedarf
Salz
Butter zum Anbraten
Muskat
Kümmel

Aus Kartoffeln, Mehl, Ei und Flüssigkeit (wenn nötig, je nach Art der Kartoffeln) einen Nudelteig herstellen. Zu „Würsten" ausrollen und circa 5 cm lange Schupfnudeln formen. In kochendem Wasser ziehen lassen, bis sie oben schwimmen. Speck auslassen; (für ein vegetarisches Gericht auch ohne Speck). Entweder in Butter oder im Speckfett die Zwiebel glasig dünsten, Kraut und etwas Wasser zugeben und weich dünsten, je nach Geschmack etwas Kümmel dazu (für die Bekömmlichkeit).

Schupfnudeln zugeben und gut vermengen, würzen, ca. 5 Min. weiterbraten. Zum guten Schluss etwas Röstzwiebel obendrauf. Geht übrigens auch prima mit fertigen Schupfnudeln, wenn's mal schnell gehen muss.

Rezepte

Gasthof Wasner

Passauer Straße 9
84364 Bad Birnbach
Telefon 0 85 63/8 71
Telefax 0 85 63/5 23
www.gasthof-wasner.de

Ein Gasthaus wie aus dem Bilderbuch

Urgemütlich geht's zu beim Wasner-Wirt z'Birnbach. Altbayerische Gastlichkeit und bodenständige Küche werden in diesem traditionsreichen Haus seit Generationen gepflegt. G'standne Wirtsleut haben die Geschichte des Hauses geprägt: Da waren Johann und Agnes Wasner, die den Gasthof um 1900 erbten, die Metzgerei gründeten und den großen Festsaal bauten, in dem bis heute unzählige Hochzeiten, Familien- und Vereinsfeiern, Brauchtumsfeste und Tanzveranstaltungen stattfinden.

Dann übernahmen Sohn Hans und seine Frau Maria den Betrieb. Hans Wasner, als Wirt und Metzgermeister ein echtes Original, ging als „Wasner-Opa" in die Geschichte des Ortes ein. Tochter Hansi und Ehemann Horst Weber übernahmen 1980 den elterlichen Betrieb. Der Gasthof wurde von Grund auf renoviert und auf Anhieb Sieger im Wettbewerb Bayerische Küche. Berichte im Fernsehen und in der Presse sowie die zufriedenen Gäste aus nah und fern machten den Gasthof Wasner weit über die Grenzen Bayerns hinaus zu einem Begriff. Blättert man das Gästebuch durch, findet man bekannte Namen aus Film, Sport und Politik. Alle genießen die ungezwungene Atmosphäre und die Vielfalt der originellen Speiskart'n.

Die Wasner-Küche richtet sich seit jeher nach dem altbayerischen Kirchenjahr, jeden Monat gibt's deshalb ein eigenes Wasner-Wirt-Kalendarium mit speziellen Festtagsschmankerln: vom Lichtmessschmaus über das Pfingstochsenbratl bis zur Martinsgans. Das Fleisch stammt aus der familieneigenen Metzgerei unter Führung von Sohn Hannes, der, wie schon der Großvater, das Vieh ausgewählter Bauern des Rottals zu hochwertigen Fleischwaren verarbeitet.

Im Spätherbst und Winter, wenn die Biergartenzeit vorbei ist und es wieder so richtig gemütlich wird in der großen Gaststube, dann gibt's jeden Dienstag ein zünftiges Schlachtschlüssel-Essen mit Musik und von Martini bis Weihnachten werden die knusprigen Ganserl aufgetischt. Und wer einmal dabei war, wenn's so richtig eng wird in der alten Gaststube, wenn alles um die großen Tische zusammenrückt, und der gewisse Funke überspringt zwischen Einheimischen und Kurgästen, der kommt bestimmt wieder und spürt, das ist ein Stück Bayern, das es zu bewahren gilt.

Wasner-Wirtin Hansi Weber mit Ehemann Horst und den Söhnen Horst jun. und Hannes

Dr. Martin Ortmeier weiß zu berichten:

Am allerliebsten beten die Rottaler Bauern zum heiligen Martin, wird erzählt, und ihre Andacht wird umso inniger, je fetter die Gans in der Rein ist, die auf dem Stubentisch steht.

Jede erfahrene Wirtin, Bäuerin und Pfarrköchin hat schon im September von den Beifußstauden an den Böschungen und den sandigen Wegrändern etliche Zweige geerntet und getrocknet. Als Gewürz lagen sie dann schon bereit, in die kräftige Soße des Bratens gelegt zu werden, als sich die Gans noch quicklebendig am Feuerlöschweiher hinterm Hof oder drunten am Hirschbach, am Bleichenbach oder am Birnbach das beste Futter aussuchte.

Was wären Kirchweih, Martini oder die Weihnachtsfeiertage ohne eine knusprige Festtagsgans. Beim Wasner wird diese Tradition in Ehren gehalten.

Zu besonderen Anlässen kann man sich auch gleich ein ganzes Reindl voller Köstlichkeiten servieren lassen: z.B. s'Birnbacher Krustenbratl, resche Schweinshaxerl und g'füllte Bauernenten. Zur Nachspeis gibt's dann die berühmten Hausapfelradl oder den flambierten Kaiserschmarrn im Eisenpfandl!

Ganserlbraten

1 küchenfertige junge Gans (ca. 5 kg)

3 Äpfel
½ Sellerieknolle
2 Petersilienwurzeln
4 gelbe Rüben
2 Zwiebeln
1 Bund glatte Petersilie
etwas Beifuß
Salz und Pfeffer

Die Gans waschen, trockentupfen und innen und außen mit Salz und Pfeffer würzen.

Für die Füllung Äpfel mit der Schale in grobe Würfel schneiden, Sellerie, Petersilienwurzeln, gelbe Rüben und Zwiebeln schälen und ebenfalls grob würfeln. Etwas Beifuß und Petersilie darunter mischen. Die Füllung in die Gans geben und diese dann zunähen oder zustecken.

Die Gans mit der Brustseite nach unten in einen großen Bräter oder eine Bratreine legen. Das restliche Gemüse dazugeben und mit ein paar Schöpfer heißem Wasser angießen. Im vorgeheizten Ofen bei 160° - 180° C ca. eineinhalb Stunden braten, zwischendurch das Fett des Öfteren abschöpfen und das Ganserl mit dem eigenen Saft übergießen. Dann wenden und weitere eineinhalb Stunden braten.

Die letzte halbe Stunde die Gans auf ein Gitter legen und mit der Temperatur auf 200° C gehen, damit sie rundherum schön knusprig wird. Für die Soße das Gemüse durchpassieren, das Fett etwas abschöpfen, die Soße einreduzieren lassen, abschmecken und nach Bedarf mit einer roh geriebenen Kartoffel binden. Mit Apfelblaukraut und Reiberknödeln servieren.

Frühling
Bauer sein kann nicht ein jeder

Wenn im Frühling die Tage „wachsen", wächst auch die Arbeit des Bauern. Nicht umsonst ist der Einstand neuer Dienstboten auf einem Hof an Lichtmess, also am 2. Februar. Diesem Einstand dürfen noch einige freizügige Tage folgen. Solche sind dem Ausstand beim alten Dienstherrn ohnehin vorausgegangen. Blaue Montage nach einem durchzechten Sonntagabend, freie Dienstag- und Donnerstagnachmittage, das ließen sich die Knechte und Mägde nicht leicht verbieten in dieser Zeit, wo Feldarbeit wegen Schnee und Frost ruht und die Tage spät anbrechen und in früher Dunkelheit enden. Die Arbeit im Holz, sei es zur Durchforstung, sei es zur Gewinnung von Brenn- und Bauholz, hatte gewöhnlich nur wenige kurze Tage im Januar beansprucht.

Mit dem Frühling aber kam so viel Arbeit, dass die Tage kaum reichen wollten: Die Wiesen an der Rott und an den Bächen waren, wenn Wasser über die Ufer getreten war, vom Schwemmgut zu säubern, Zäune waren auszubessern, der im Herbst nach der letzen Mahd ausgebrachte Mist war zu breiten, manche Felder waren erst noch zu pflügen, andere, die schon im Herbst umgebrochen worden sind, waren zu eggen. Zwei und drei Gespanne hatten große Bauern dazu draußen. Die Aussaat war gewöhnlich Aufgabe des Bauern selbst, nur wenige überließen sie einem erfahrenen *Baumann*. Baumann, Großknecht zu werden, hatte Anerkennung in der Gesellschaft zur Folge, das gelang aber nur dem, der sich wirklich gründlich auf alle Arbeiten am Bauernhof verstand.

Wozu brauchte ein Hof vier, gar sechs Rösser im Stall? Mit zwei Zugpaaren auf dem Feld zu sein war Alltag. Bauer, Baumann und Rossknecht besprachen sich schon am Vorabend, welche Zugtiere wann und für welchen Zweck aus dem Stall geholt werden sollten. Die jungen Pferde sollten auch einmal, vor die Egge gespannt, sich auslaufen und eingewöhnen ins Geschirr. Die zwei kräftigen Stuten in den besten Jahren, so nicht eine hochtragend war, spannte man vor den Pflug. Einem Ochsen, der noch jugendliches Ungestüm hatte, gab man ein erfahrenes Pferd ins gemischte Gespann. Da war viel abzuwägen, wenn man sein Zugvieh pfleglich und nützlich einsetzen wollte. Langholz zur Bahn oder für eigene Zwecke auf die Säge zum Bretterschneiden zu fahren, war gerade recht für ruhige ältere Pferde, denn eine so schwere sperrige Fuhre barg Gefahren. Überließ man diese Fahrt aber einem alten Baumann, der nicht so flink zu Fuß war, dann überließ es ihm der Bauer, die Zugochsen einzuschirren.

Franz Altmann, Bauer in Schwertling, ließ noch andere Überlegungen in seine Planung des Zugviehbestandes einfließen. Er hatte als junger Mann den Krieg in Frankreich mitgemacht, hatte darin erlebt, wie Pferde wie Kameraden umkamen. Er war hellhörig für das erneute Herbeireden eines Kriegs. Er wusste, dann würden wieder Pferde rekrutiert werden und es würde Mangel an Zugkraft geben auf dem Hof. Deshalb besorgte er sich schon Mitte der dreißiger Jahre auf dem Viehmarkt in Vilshofen ein Paar gut abgerichteter Zugochsen.

Bauer sein kann nicht ein jeder. Der Umgang mit den Nutztieren, den Pferden, den Sauen, dem Milchvieh und den Ochsen und auch mit dem Deckstier und dem „Saubären", fordert Wissen, Sorgfalt, Neigung und Geschick. Die Arbeit im Jahreslauf verlangt Überblick und Vorausschau. Vor allem aber braucht man für die harte Arbeit robuste Gesundheit, Ausdauer, Standvermögen.

Was aber hat das Rottal zu einer so besonders erfolgreichen landwirtschaftlichen Region gemacht?

Durch's Jahr

Die kleinräumige Landschaft bietet alles, was zu einer traditionellen Bauernexistenz nötig ist: Auf dem gelegentlich überschwemmten Grünland an der Rott und an den Bächen, die dem Fluss von Süden und von Norden zufließen, finden die Mutterstuten mit ihren Fohlen und die Junghengste Weide und in den sie begleitenden Wäldchen Unterstand. Die guten Böden am Fuß der Hänge, welche von den Wasserläufen zumeist deutlich abgerückt sind, dienen dem Ackerbau. Weizen für den Handel, Korn für das eigene Brot, außerdem Kartoffeln und – für Mensch und Vieh – Rüben wurden dort angebaut, bevor in jüngerer Zeit der Mais die Flächen zu dominieren begann. An den Hängen wurde Heu und Grummet für die Winterfütterung der Tiere geworben.

Viele Höhen und vor allem alle steileren kühlen Nordhänge sind bis heute mit Nutzholz besetzt. Dort ernten die Bauern Bau- und Brennholz für den eigenen Bedarf und Langholz für den Markt. Jeder Vollbauer hat seit Jahrhunderten an allen Landschaftsteilen Besitz oder Nutzungsrecht, damit er für den eigenen Bedarf und für den Markt sorgen konnte. In früherer Zeit haben die Bauern auch wesentlich zu den Finanzen des Landesherrn beigetragen.

Der Schwertlinger Bauer Franz Altmann ist mit seinem Baumann und zwei Paar Zugtieren zur Holzarbeit draußen. Photos von gemischten Gespannen aus Pferd und Ochse sind selten, denn „das macht kein Bild" und es hatte den Anschein des Mangels.

Tatsächlich aber hat sich ein erfahrener Bauer sehr gut überlegt, welche Tiere er wann und wozu in ein Gespann gibt.

Langholzfuhren waren vom Aufladen bis zum Abladen gefährlich. Es brauchte jugendliche Kraft, aber auch Reife im Urteil und Erfahrung im Umgang mit dem Holz, dem Fuhrwerk und den Pferden. Auf dem Weg waren Steigungen und Gefälle, enge Durchfahrten und hängige Kurven, sogenannte Hundsreiben, zu meistern. Unser Bild zeigt ein Langholzfuhrwerk, bespannt mit zwei mittelschweren Pferden, beim Huberhof in Neudau.

Durch's Jahr

Immer draußen

Dem Pflügen und Eggen folgte die erste Mahd der Wiesen. Das gute Altheu, das man vor allem für die Pferde vorsah, trocken einzubringen, verlangte alle Hände, die ein Hof aufzubieten hatte. Der Schnitt mit der Sense war Männerarbeit, aber die Großmagd konnte sich durchaus dazu hergeben. Das Zetteln mit dem Rechen, damit die Sonne gleichmäßig auf breiter Fläche die Trocknung der Blätter, Kräuter und Halme leisten konnte, das Schwaden gegen Abend, das erneute Ausbreiten am anderen Tag, wenn die Morgensonne den Tau vom bloßen Boden weggesogen hat, das Zusammenrechen des trockenen Mahdgutes war Frauenarbeit, bei welcher der Stallbub zur Hand ging. Beim Laden auf den Leiterwagen und dem Einbringen in den Heustock im Stadel des Hofs waren wieder alle beteiligt. Das eiweißreiche Grummet, in das die Kraft des frischen Stalldungs eingegangen war, wurde im Hochsommer geerntet. In guten Jahren und auf guten Flächen war auch ein dritter Schnitt möglich, der aber geringere Güte hatte, weil es den Wiesen, außer sie wurden mit Kunstdünger versorgt, schon an Nährstoffen mangelte. Dass heute vier und fünf Schnitte möglich sind, das verdanken wir der Technisierung und der Agrochemie, die in den fünfziger und sechziger Jahren auch im Rottal Einzug hielten.

Zwischen Heumahd und Grummetschnitt und noch vor Rüben- und Kartoffelernte, wenn außerdem das Winterkorn noch nicht schnittreif war, bot der Mai ein wenig Erholung und Freizeit. Diese nutzten vor allem die jungen Leute für Ausflüge und Zusammenkünfte. Maiandachten bei Feldkapellen oder in der Dorfkirche waren gleichsam abgesegnete Freizeiten und auch Gelegenheiten, dass Burschen und Mädel sich trafen. Jeden Mai haben uns die Marienandachten eine „Jungfernzeugung" beschert, erinnert sich ein alter Bleichenbacher, der in jungen Jahren als Mitterknecht im Dienst gewesen war, bevor er sich am Bau ein besseres Einkommen sicherte.

Aber das war nur ein kleiner Teil der Kommunikation, die man bei diesen Treffen anstrebte. Es galt Klatsch und Wissen auszutauschen, die engen Grenzen der Dorfgemeinschaft zu überschreiten, die Leute von den Einödhöfen einzubinden. Und den Segen für Mensch und Arbeit bei der Muttergottes zu erbitten, war jeder Tag recht.

Wir dürfen uns aber das bäuerliche Rottal nicht allzu sehr in eine gute alte Zeit der Selbstversorgung und Selbstzufriedenheit und der unerschütterlichen Christgläubigkeit hineinvergolden. Geflucht wurde so reichlich wie gebetet. Die Bauern, Händler und Handwerker nutzten Straßen und Bahn für Handel und Begegnung, Eggenfelden und Pfarrkirchen waren nahe Ziele, Altötting und Mühldorf, Passau und Landshut fernere, München und Salzburg waren ihnen keineswegs *aus der Welt*. Die jungen Leute wollten damals wie heute hinaus.

Gute Tradition ist die Maiandacht am Marterl beim Brombacher Feuerwehrhaus, die jeweils am ersten Montag im Mai abgehalten wird..

Durch's Jahr

Max Matheis (1894–1984) hat diese Spannung zwischen Heimat und Ferne in einem Gedicht über den ländlichen Bahnhof so treffend erfasst. Man meint fast, er hätte genau vom Birnbacher Bahnhof geschrieben, der doch jenseits der Rott vom Markt Birnbach weit abgerückt ist:

„In des Vorübers schlanke Zeile
sich gehorsam fügend,
steht dies steile,
immerfremde Haus.
Vergebliches Begehren,
wie sich das Rot der Wände
dem Farbenfrieden
des Bauernlandes will verschwistern,
und wie die Drähte sirren, knistern,
sich einzuklingen
in des Umtags milde Melodie.
Das Dorf bleibt fern,
in Busch und Baum versteckt,
indes der Kirchturm sich befehlend reckt
zu strenger Acht vor aller Fremdheit Übel.
Und doch!
So manchmal spät aus einem Stübel
verborgne Sehnsucht aus,
wenn an dem grellen, steilen Haus
die Eile wie auf Vogelschwingen
vorüberrauscht,
der Ferne zu, dem drängenden Verlocken."

Wilhelmine Sigl erzählt von den Ausflügen mit Radl und Bus, mit Freundinnen und mit der Jungbauernvereinigung. Was in den Illustrierten als bürgerliches Muss vorgestellt wurde, nämlich Urlaubsfahrten in den Süden, das erfüllte man sich ebenso. Reisen nach Caorle und Lignano und zu den touristischen Zielen in Jugoslawien werden gern erinnert. Und gern wird davon erzählt. Aber beides will gelernt sein und muss frei sein von ältlicher Verdrießlichkeit.

Treffpunkt der Jugend am Ortsschild

Eine organisierte Reise nach Jugoslawien, „Mini" Blüml ist dabei.

Mit dem Radl nach Altötting zum Bekenntnistag – oder ging's auf den Gartlberg bei Pfarrkirchen? In selbst geschneiderter Alltagstracht in der Mitte Wilhelmine Blüml.

Vor 60 Jahren bin ich am Ortsrand der Kleinstadt Moosburg auf die Welt gekommen. Mein Vater war ein armer Schullehrer mit 200 Mark Monatsgehalt. Er war froh, dass er gemeinsam mit meiner Mutter in den Ferien bei seinen Geschwistern auf deren Bauernhöfen mitarbeiten konnte und so ein willkommenes Zubrot verdiente. Wir Kinder durften mit und wurden schon bald „produktiv" eingesetzt: Beim Getreideernten fuhren wir den Bulldog und beim Hopfenzupfen brachten wir es auf sechs Metzen am Tag. Ländliches Leben war mir also schon bald vertraut.

Natürlich auch die Bräuche und Spiele. Mein Vater hat mich schon frühzeitig mitgenommen, wenn er seinen Freizeitaktivitäten nachging, die nicht viel kosten durften: schon bald konnte ich schafkopfen und im Winter ging's zum Eisstockschießen. Vor dreißig Jahren kam ich zum ersten Mal nach Birnbach und habe mich gleich „daheim" gefühlt, als ich beim Kartenspielen nicht nur zuschauen durfte, sondern gleich mitspielen konnte. Ähnlich erging es mir beim Eisstockschießen und beim Plattenwerfen. Meine Sprache hat mir den Zugang zu den Einheimischen sicherlich erleichtert.

*Das Spiel ist das Einzige, was Männer wirklich ernst nehmen. Deshalb sind Spielregeln älter als alle Gesetze der Welt. * Am Spiel erkennt man, was in einem steckt. * Am Ende des Spiels wartet der Teufel. * Das Schicksal mischt die Karten, wir müssen spielen.*

Diese Zitate zeigen die Vielschichtigkeit und die Reputation des Spiels. Durch die heutigen technologischen Möglichkeiten können bis zu mehrere Tausend Spieler weltweit auf für jedermann zugänglichen Servern im Internet spielen. Früher war das viel persönlicher: wenn das Eis trug, ging's jeden Tag um eins nach dem Mittagessen zum Eisstockschießen, am Mittwoch war Stammtisch beim Kirschner, Plattenwerfen am Samstag ab 19 Uhr in Schwaibach usw.

In einem Zeitungsartikel über Nintendo stand kürzlich: Komfortabel wie nie in die 3. Dimension. Und das soll Fortschritt sein? Unsere Spiele waren alle dreidimensional, mit Gegnern, denen man beim Watten in die Augen schauen konnte, mit Freunden, mit denen man eine gelungene Aktion beim Eisstockschießen bejubelt hat. Es ist mir ein besonderes Anliegen, Ihnen, liebe Leser, einige dieser alten Spiele vorzustellen. Vielleicht helfen die folgenden Seiten ja, einige dieser Spiele hinüberzuretten in die Zukunft. Auch Sie haben in Birnbach die Gelegenheit zum Zuschauen und, wenn's gerade passt, auch zum Mitmachen.

Josef Bauer, Verleger

Plattenwerfen

Kaum, dass der letzte Schnee weg ist und die Wiesen wieder einigermaßen begehbar sind, geht's auf zum Plattenwerfen. Gleich zwei Gruppen in der Gemeinde haben sich diesem Spiel verschrieben: die Birnbacher und die Schwaibacher, die sogar eine Homepage und ein eigenes Logo haben. Das Hufeisen hat die früher verwendeten Platten abgelöst und mittlerweile wurden auch die „Pferdeschuhe" durch speziell ergonomisch geformte Geräte ersetzt, die für einen Pferdehuf nicht mehr tauglich wären. Das Sportgerät ist etwa 600 Gramm schwer. Sinn des Spiels ist es, die Hufeisen möglichst nahe an das exakt 19 Meter entfernte Ziel, die Daube, zu werfen. Nach mehreren Versuchen ist es mir ge-

Durch's Jahr

lungen, mich diesem Ziel auf etwa zwei Meter zu nähern, obwohl ich als ehemaliger „Brackler" ja schon Vorkenntnisse aufweisen konnte. Als dann aber der Jansen Gust, Chef der Birnbacher Plattenwerfer, das Hufeisen etwa 20 Zentimeter neben der Daube im Boden „versenkte", wusste ich, wie genau man zu werfen hat. „Wichtig ist die richtige Fußstellung und der gleichmäßige Schwung von hinten", erklärte mir Michael Huber, Chef der Schwaibacher, die Grundzüge erfolgreicher Technik. „Aber gegen die Österreicher haben auch wir keine Chance", musste der Gust neidvoll gestehen.

Die Birnbacher mussten ihr angestammtes Domizil am Volksfestplatz verlassen, als man den Kreisverkehr baute. Das neue Vereinsdomizil befindet sich im neuen Freizeitgelände. Begonnen hatte alles 1979, als mehrere Eisstockschützen um Josef Resch einen Sommersport suchten. Geworfen wurde anfangs am Gelände der alten Ziegelei – jetzt Parkplatz beim Weinfurtner.

„Passiert ist noch nichts", hat mir der Gust versichert, „aber eine Versicherung schließen wir trotzdem ab". Damit das Geschoss nichts anrichtet, bleiben die Sportler der beiden Teams nach erfolgtem Versuch im Abwurfbereich. Nur die beiden Mannschaftsführer stehen oben in der Nähe der Daube, um

„Mir ham", entscheidet Bernhard Achter als Moar. Heute hat Franz Hossinger diese Position.

festzustellen, „wer hat", d.h. wessen Hufeisen am nächsten liegt. Gespielt werden fünf Kehren; wenn mal besonders viele Mannschaften bei einem Turnier antreten, wird auf drei verkürzt. Man soll ja nicht „in die Nacht hineinkommen". Schließlich will man ja auch kräftig feiern im oder vor dem in Eigenregie erstellten Vereinsheim. Fortschrittlich sind die Schwaibacher: auch die Damen haben eine Mannschaft gemeldet und sind eifrig dabei, wenn's ab Frühlingsanfang am Samstag um 19 Uhr auf den Platz geht.

Die Schwaibacher (Bild oben) und Birnbacher beim 1. Turnier 1979

Durch's Jahr

Eisstockschießen

Eisstockschützen sind bereits auf einem Bild von Peter Breughel (1565) zu sehen. Besonders für die Bauern und Handwerker war dieser Sport eine wunderbare Möglichkeit, die durch den Frost bedingte Untätigkeit im Winter spielerisch zu überwinden. Langsam entwickelte sich das Eisstockschießen in Bayern zu einem Volkssport. Früher hat man die Stöcke individuell aus Holz – Esche, Eiche und Birne eignen sich am besten – gefertigt und mit einem Eisenreifen versehen, der sowohl beim Aufprall für die notwendige Härte als auch beim Schießen für eine optimale Gewichtsverteilung sorgt. Der Wensauer in Anzenkirchen ist eine gute Adresse für so einen Ring, den man einst aus dem hochwertigen Stahl abgenutzter Sensen geschmiedet hat.

Gespielt wurde – und wird – auf Altwassern, Weihern, gelegentlich auch auf eigens gespritzten Bahnen oder Wegen. 1951 fanden in Garmisch die ersten Europameisterschaften statt. Mittlerweile gibt es zwei Gruppen: Die einen spielen weiter mit wilden Stöcken und ohne Begrenzung der Spielbahn, die Turnierspieler haben zerlegbare Stöcke und für jedes Eis oder diverse Spielsituationen auswechselbare Platten. Dieses Stockschießen betreibt man überwiegend im Sommer auf Asphaltbahnen. Dass man in Birnbach und Umgebung „wild" spielt, muss wohl nicht eigens betont werden.

Ludwig Stummer ist „Moar" der Blauen, die seit 1987 einmal im Jahr in Brombach gegen die Roten antreten. Ein Fest für's ganze Dorf. Treffpunkt ist der „Graf Arco Hof", von wo aus man unter Musikbegleitung zum Schießen zieht. Früher spielte man auf der Rott, aber seit der Umstellung der Turbinen ist das Eis zu sulzig, so dass man das Duell nun auf dem Dorfweiher austrägt. Durchschnittlich 30 Teilnehmer werden per Los in zwei Mannschaften aufgeteilt, Chef der Roten ist traditionell Ludwig Obermeier. Da man wild spielt, sind Turnierstöcke nicht zugelassen und wenn die Daube – durch Zufall oder in listiger Absicht – verschoben wird, bleibt sie liegen, wo sie landet. Das kann auch mal im Unterholz oder gar außerhalb des Weihers sein. Die Regeln sind regional unterschiedlich. Ziel ist es aber immer, seinen Stock näher an die Daube zu schießen als der Gegner. Und da braucht es manchmal „ganze Volksstämme", bis das gelingt.

Die Blauen liegen in der Gesamtwertung gut in Führung und können sich so meist darauf freuen, dass die Roten das Bratl, das bei der anschließenden Siegerehrung verzehrt wird, bezahlen müssen.

Auch in Hirschbach gibt es ein „Bradlschießen, bei dem die Stammtische vom Kirschner und Kurzbuch gegeneinander antreten.

Kartenspielen

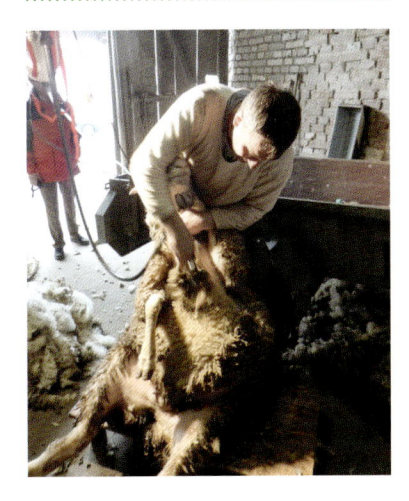

„Nein, Schafkopfen hat mit Schafen nichts zu tun", meint Andi Huber, als wir ihn und seinen Vater besuchen und beim Schafescheren antreffen. Die zur Zeit häufigste Worterklärung geht davon aus, dass in früheren Zeiten auf den Deckeln von Fässern (oberdeutsch Schaff vgl. Schäffler) gespielt wurde und so die korrekte Schreibweise eigentlich Schaffkopf wäre. Schafkopf löste den bis dahin populären Tarock ab und wurde 1782 erstmals in einem Bußgeldkatalog erwähnt. Ja, verboten wurden alle Arten von Spielen immer wieder: im Mittelalter galten sie gar als Gotteslästerung.

Doch zurück zum Heute. Es wird immer weniger „gekartelt", sogar im ländlichen Birnbach. Am ehesten spielt man noch in den Ortsteilen, wie am Mittwoch beim Kirschner am Stammtisch oder in Brombach im Sportheim, wo man auch Ehrenbürger Erwin Brummer am Stammtisch antrifft. Dort findet auch jährlich ein Preisschafkopfen des DJK-SV Brombach-Hirschbach statt, an dem rund 100 Spieler teilnehmen. Es gibt Sachpreise, allerdings nicht zu vergleichen mit jenem 3-er BMW, den Andi Huber vor rund 15 Jahren beim Finale der Arco-Bräu-Turnierserie in Moos gewonnen hat.

Wallachen, Sawarn, 20 ab, Bankeln, Mariagen, Herzeln und Zwicken sind reizvolle Kartenspiele, die zwar nicht so häufig, aber umso verbissener gespielt werden. Der Einsatz ist unterschiedlich: um „Hosenknöpf", also ganz ohne Geld wird eher im Familienkreis gespielt, oder wenn ausnahmsweise mal Frauen dabei sind. Ansonsten kann man jedes Kartenspiel billig oder teuer spielen. Und weil schon mancher einen Haufen Geld – in extremen Fällen Haus und Hof – verspielt hat, nennt man die Spielkarten auch gerne das „Gebetbuch des Teufels". Im Internet kann man gar nachlesen, dass manche Germanenstämme Weib und Kind einsetzten und zuletzt noch sich selbst, was dann in die Leibeigenschaft führte.

Ein Spiel nimmt eine Sonderstellung ein: Watten. Hier geht es nicht um Geld. Die beiden Verlierer zahlen – im Regelfall eine Mass Bier. Wenn man von den Erzählungen den individuellen Übertreibungsfaktor abzieht, sind fünf Mass beim Frühschoppen oder für ungeübte Trinker ein empirischer Durchschnittswert. Die Hartgesottenen bringen es dann schon mal auf zweistellige Zahlen, wobei sich ja jeder gute Wirt nicht lumpen lässt, die zehnte Mass als Freibier zu spendieren. Dass man anschließend zu Fuß heimgeht oder mit dem Radl fährt, respektive schiebt, ist mittlerweile eine Selbstverständlichkeit. Watten ist übrigens das einzige Kartenspiel, bei dem „bescheißen" kein Kavaliersdelikt ist. Wenn dann der „Welli" im gleichen Spiel gleich zweimal sticht, haben die Gegner geschlafen.

Hans Huber (links), allseits als „Jackson" bekannt, ist seit 40 Jahren in der Vorstandschaft des DJK-SV Brombach-Hirschbach. In dieser Funktion organisiert er zum Brombacher Volksfest alljährlich ein großes Schafkopfturnier. Er gratuliert Willi Brem, dem Sieger 2010.

Kegeln auf der Holzkegelbahn

Das Kegelspiel ist eine der ältesten Sportarten: Vorläufer gab es vor über 5000 Jahren bei den Ägyptern, die Urform des heutigen Kegelns stammt von den Germanen, die mit Steinen auf Knochen geworfen haben. Immer wieder wurde das Kegeln ganz verboten. Das Verbot des 9-Kegelspiels wurde in den USA kurzerhand mit dem Bowling (10 Kegel) umgangen. Im 15. Jahrhundert gehörten der Kegelplatz und die Tanzlaube in fast jeder Gemeinde zu den Orten, wo Adel, Klerus, Handwerker und Bauern sich gemeinsam vergnügten. Schiller und Goethe waren begeisterte Anhänger dieses Spiels und Karl May erzählt, dass das Kegeln am Sonntag gleich nach der Kirche begonnen habe und bis zur späten Abendstunde dauerte, an Markttagen auch bis Mitternacht.

Beim Fischerwirt in Steinberg gibt es noch eine Holzkegelbahn, die vor einigen Jahren renoviert wurde und Einheimische und gelegentlich auch Kurgäste aus Birnbach und Griesbach anlockt. Der Opa hatte 1908 das Anwesen erworben und da es für Kellerfeste und Waldfeste nur eine kleine Hütte gab, hat er noch vor dem 1. Weltkrieg eine überdachte Bahn gebaut.

In Steinberg werden die Kegel nicht vollautomatisch, sondern von Kegelbuben aufgestellt. Auf der eineinhalb Meter breiten Bahn wird die Kugel auf einem Laden, einer etwa 30 cm breiten Holzbohle, 15 Meter nach vorn gekegelt. Wenn's in die Vollen geht, ist das ja noch recht einfach, geht's aber zum Abräumen – zum Beispiel den linken Sargnagel – muss man die Kugel andrehen, damit sie rechtzeitig die gerade Bahn verlässt und nach außen zieht. Am besten gelingt das mit Vollkugeln, die nach einer gewissen Zeit vom Drechsler nachpoliert werden. Da sie dabei etwas kleiner werden, kann es schon mal vorkommen, dass sie „leer durchgeht", also dass kein Kegel fällt.

Der Kegelbub bekam früher für jedes Spiel 20 Pfennig, heute vermutlich 50 Cent. Willi Bernwinkler aus Münchham erinnert sich, dass sich mancher Kegelbub von diesem Verdienst sein erstes Radl gekauft hat. Während heute die Kegel mittels eines speziellen Mechanismus ihren exakten Platz haben, konnte der Kegelbub früher das Spiel schon etwas beeinflussen: ein verstohlen zugestecktes Fuchzgerl ließ durchaus hoffen, dass man bei seinem Schub die Kegel etwas enger zusammengestellt vorfand.

Von der Kegelbahn führt eine Tür in den Eiskeller, in dem früher das Bier mit Eisblöcken aus der Rott bis lange in den Sommer hinein frisch gehalten werden konnte.

Einmal im Jahr findet beim Fischerwirt eine Meisterschaft im Tischkegeln statt.

Schlitten-Fahren in Altbirnbach

Hans Putz berichtet:
Bis 1954 wurde in Bad Birnbach, jeweils am Montagvormittag nach den zwei großen Warenmärkten auch ein Viehmarkt abgehalten. Am Nachmittag aber folgte das Pferderennen auf den Wiesen am Blaichenbacherweg, etwas westlich vom Anwesen der Familie Zue. Diese „Rossrennen" im Frühjahr und Herbst hatten bis etwa 1914 im Winter ihre Ergänzung in einem „Schlittenrennen".

Voraussetzung war natürlich ausreichender Schnee, doch daran herrschte im Januar meist kein Mangel. Sehr anschaulich zeigt eine Anzeige im „Rottaler Bote" von 1887, in der zu einem „Bürger-Schlitten-Fahren" für Dienstag den 25. Januar eingeladen wird, wie diese Schlittenrennen abgehalten wurden.

Einladung.
ortspolizeilicher Bewilligung gibt die **Bürgerschaft** Birnbach
Dienstag den 25. Januar l. J. (Pauli Bekehrungtag)
ein
Bürger-Schlitten-Fahren
mit 12 Preisen von 50 bis 5 Mk.
Bedingungen:
diesem Schlittenfahren können sich nur die Pferdebesitzer von Birnbach beteiligen. Verlosung findet um 12 Uhr bei Gastwirt Stahlbauer (Wirt am Berg) statt. Daselbst präcis 3 Uhr, wo vom Ortsplatze aus zum Rennplatz ausgefahren werden. Bahn muß 1mal im Schritt und 3mal im Trabe umfahren werden.
zahlreichen Besuche sieht freundlichst entgegen
die Bürgerschaft Birnbach.

Treffpunkt war der kleine Hofmark-Marktplatz, wo beim „Wirt am Berg" die Startplätze ausgelost wurden. Um 15 Uhr fuhr man von dort zum „Rennplatz", der meist an der Stelle des sommerlichen Pferderennens ausgesteckt war. Interessant ist der Hinweis, dass an diesem ortspolizeilich bewilligten Rennen nur Pferdebesitzer aus Birnbach teilnehmen konnten. Doch damals gab es in der Hofmark, wie die Birnbacher ihren Ort immer nannten, genügend Rösser für ein Schlittenrennen. Denn nicht nur die größeren Bauern, sondern auch mehrere Wirte, Kaufleute und Handwerker hatten für ihre „Gäuwagerl" geeignete Pferde. Dass auch Dekan Poppinger und der Arzt Dr. Eder ohne Ross ihre Aufgaben nicht erfüllen konnten, sollte ebenfalls bedacht werden. Und so stand in nicht wenigen Anwesen neben dem „Gäuwagerl" auch ein entsprechender Schlitten.

Daneben gab es schwere Lastenschlitten zum „Holzfahren" und spezielle Rennschlitten. Beim Birnbacher Schlittenrennen am „abgeschafften Feiertag" Pauli Bekehrung (25.1.) wurden zwölf beachtliche Preise von 5 bis 50 Mark ausgesetzt. Der Hauptpreis von 50 Mark entsprach damals einer Kaufkraft von etwa 5.000 Mark, wenn man die Löhne als Maßstab nimmt. Denn der Tageslohn für einen Zimmerer- oder Maurergesellen lag bei 0,70 bis 0,90 Mark zuzüglich Verpflegung. Auch wenn die „Halbe" Bier nur 0,12 Mark kostete, war das nicht sehr viel. Wie man sieht, ließen sich die alten Birnbacher, als „rossnarrische" Rottaler, ihr Wintersport-Vergnügen schon einiges kosten!

Auch in Brombach wurde einst ein Pferdeschlittenrennen ausgerichtet. Natürlich nahm auch Bürgermeister Brummer teil.

Rezepte Frühling

Gasthof zur Mühle

Mühlstraße 3
94137 Bayerbach
Tel: 08532/96160
Fax.: 08532/961650
www.gasthof-zur-muehle.de

Eingebettet in die herrliche Landschaft des Rottals liegt der traditionsreiche Gasthof zur Mühle. Familie Rieger lebt und pflegt hier seit mittlerweile vier Generationen bayerische Lebenskultur. Bereits im Frühling lässt man sich in einem der schönsten Kastanienbiergärten der Region eine deftige Brotzeit und ein frisch gezapftes Bier schmecken. Apropos schmecken: das Herz des Gasthofs schlägt natürlich in der Küche. Kredenzt werden bayerische Klassiker und Rottaler Spezialitäten, Fangfrisches aus heimischen Gewässern, Omas Mehlspeisen und stets zur Jahreszeit passende Gerichte.

Wenn die kalten Tage gezählt sind und sich Mutter Natur den Wintermantel abstreift, dann spürt man es mit allen Sinnen. Der Frühling ist da. Sein bezaubernder Duft kitzelt in der Nase und die wärmenden Strahlen der Frühlingssonne vertreiben selbst das letzte bißchen Kälte aus den Gliedern. Dann erblüht auch die wunderbare Hügellandschaft des Rottals wieder in sattem Grün. Seit Jahrhunderten machen sich die Menschen vom Land die heilsame Wirkung der Kräuter zunutze. Und da versteht es sich von selbst, dass diese gesunden und schmackhaften Naturprodukte einen festen Platz auf der Speisekarte des Gasthofs haben.

Hier zwei Rezepte, die noch aus Omas Rezeptbüchlein stammen. Die mehrfach ausgezeichnete Küche legt großen Wert auf Traditionen und würzt diese mit genau der richtigen Prise Innovation. Durch sorgfältig ausgewählte Produkte und schonende Zubereitung entstehen Gerichte, die sich positiv auf den Organismus auswirken.

Rezepte Frühling

Rottaler Weidelamm mit Kräuterkruste an Thymianjus

800 g Weidelammfilet
schwarzer Pfeffer frisch gemahlen, grobes Meersalz
Thymian, Rosmarin, Knoblauch, Öl

120 g Butter, 150 g Semmelbrösel
je 1 TL gehackt: Basilikum, Schnittlauch, Estragon,
Thymian, 1 Eigelb, Prise Salz

Für die Kräuterkruste alle Zutaten zu einem Teig verarbeiten und zwischen zwei Blatt Backpapier dünn ausrollen und kalt stellen.

300 ml Rinderfond, 100 ml Roséwein
1 EL kalte Butter, Thymian, Knoblauch

Die Filets mit Salz und Pfeffer würzen. Das Öl erhitzen, Kräuter, Knoblauch in die Pfanne geben, anschließend die Lammfilets rundum ca. 5 – 8 Minuten anbraten. Von der Kochstelle nehmen und mit Alufolie bedeckt ruhen lassen.

Inzwischen Rinderfond und Wein zusammen mit dem Thymian und dem Knoblauch auf eine Menge von 200 ml einkochen lassen. Kalte Butter kurz vor dem Servieren einrühren.

Aus der Kräuterkruste Streifen in der Größe des Filets schneiden. Die Lammfilets mit der Kruste bedecken und goldbraun im Ofen oder Salamander gratinieren. Die Lammfilets in Scheiben schneiden (sie sollten innen noch schön rosa sein). Mit der Sauce umgießen und auf vorgewärmten Tellern mit Schupfnudeln und grünem Spargel servieren.

Gründonnerstags Kräutersuppe

1 kleine Zwiebel
200 g festkochende Kartoffeln
150 g Lauch, 1 EL Öl
125 ml Weißwein, 650 ml Rinderkraftbrühe
200 ml Schlagsahne, 2 Eier
100 g gemischte Kräuter:
Borretsch, Kerbel, Pimpernelle, Brunnenkresse, glatte Petersilie, Sauerampfer, Schnittlauch, Bärlauch, Salz, Pfeffer frisch gemahlen, Muskat, Radieserl

Zwiebel schälen und fein würfeln. Kartoffeln pellen und grob würfeln. Lauch putzen und in 1 cm dicke Ringe schneiden. Das Öl in einem Topf erhitzen. Zwiebeln und Kartoffeln darin zwei Minuten andünsten. Den Wein dazugeben und einkochen lassen. Brühe und Sahne hinzufügen. Aufkochen und abgedeckt 15 Minuten köcheln lassen. Nach 5 Minuten Lauch hinzugeben. Anschließend die Suppe pürieren.

Inzwischen Eier in Wasser je nach Vorliebe 6 bis 9 Minuten kochen. Kalt abschrecken und schälen.

90 g Kräuter fein hacken. Die Kräuter hinzugeben und sehr fein pürieren. Mit Salz, Pfeffer und Muskat würzen. Die Suppe in tiefen Tellern anrichten und mit Eierscheiben, Radieschenscheiben und Kräutern garnieren.

Rezepte

Gasthof Kirschner

Dorfplatz 3
84364 Hirschbach
Tel.: 08563/91411
Fax: 08563/976656
www.fewo-kirschner.badbirnbach.de

Metzgerei und Wirtshaus laden zu kurzen Besuchen ein. Wer länger bleiben will, hat im Rottal eine breite Auswahl an Hotels, Pensionen, Gasthäusern und Ferienwohnungen, die auch der Kirschner in Hirschbach anbietet.

Genuss und Gemütlichkeit lassen sich bei uns nicht trennen. Die Rottaler Küche ist ein altbayerisches Kulturgut. Überlieferte Rezepte, einst wuchtig und massiv, werden heute gekonnt verfeinert, leicht und mediterran inszeniert. Nicht nur in Bad Birnbach selbst, sondern auch in den umliegenden Ortschaften versteht sich die Gastronomie darauf, Gäste und Einheimische zu verwöhnen. Beim Kirschner in Hirschbach gibt es Fleisch und Wurst aus der eigenen Metzgerei, Fische kommen fangfrisch auf den Tisch.

Verstecken Sie sich nicht hinter dem Spruch: „Was der Bauer nicht kennt, das isst er nicht", probieren Sie ruhig auch mal Innereien. Innereien ist der küchensprachliche Sammelbegriff für die essbaren inneren Organe von Schlachttieren, Wild und Geflügel. Die wichtigsten Innereien sind Herz, Leber, Niere, Zunge, Magen, Kalbsbries, Kutteln, Hirn, Euter und Lunge. In Bayern wird Zwerchfell als Kronfleisch angeboten. In einigen Ländern werden die Hoden verschiedener Tiere gegessen, vor allem von Stieren und Lämmern. Im weiteren Sinne zählen auch Knochen- und Rückenmark sowie Blut zu den Innereien. Innereien sind reich an Vitaminen und Nährstoffen, jedoch roh leicht verderblich.

Kalbsleber hat einen besonders feinen Geschmack, da sie von einem jungen Tier stammt. Sie ist besonders geschätzt durch den hohen Eiweiß-, Mineralstoff- und Vitamingehalt (A, B2 und C).

Für unser Gericht bevorzugen wir schlachtfrische Leber von einem Milchkalb aus dem Rottal.

Kalbsleber nach „Berliner Art"

ca. 800 g frische Kalbsleber
Salz
Mehl
Butterschmalz und ¼ l Fleischbrühe
ein Schuss Sahne
2 große aromatische Äpfel aus dem Rottal
40 g Zucker und 40 g Butter zum Karamellisieren
4 - 5 Zwiebeln je nach Größe
100 g Mehl
1 l Fritteusen-Fett zum Ausbacken

Als Erstes werden 1 - 2 Zwiebeln je nach Größe geschält und in feine Ringe geschnitten. Mit Mehl bestäuben und die mehlierten Zwiebelringe im siedenden Fett goldbraun ausbacken und warm stellen.

Die Leber wird kurz kalt gewaschen und in etwa 1,5 cm dicke Scheiben geschnitten. Die Scheiben leicht mehlieren und im Butterschmalz beidseitig langsam anbraten.

Mit Fleischbrühe ablöschen und bei mäßiger Hitze ca. 4 Minuten im Saft einköcheln lassen. In der Zwischenzeit aus den geschälten Äpfeln das Kerngehäuse herausstechen und in ca. 1 cm dicke Scheiben schneiden. Diese in einer Pfanne mit Butter und Zucker kurz erhitzen, bis die Apfelscheiben eine leichte Farbe annehmen.

Die Leber wird nun leicht gesalzen und wenig gepfeffert. Einen Schuss Sahne in die Soße geben und auf einem Teller anrichten. Über die Leber geben wir die Röstzwiebelringe und die goldgelb gebratenen Apfelscheiben. In die Mitte der Apfelscheiben einen Tupfer Preiselbeeren geben. Dazu servieren wir goldbraune Bratkartoffeln oder Kartoffelpüree.

Sommer

Die große Rottaler Lüge vom Kartoffelbratl, nebenbei auch, warum es bei den Bauern kein Rindfleisch gibt

Die Rottaler sind so bescheiden, dachte ich in früheren Jahren, dass sie, während im restlichen Niederbayern ein Schweinsbraten auf den Tisch kommt, ein bescheidenes Kartoffelbratl auftischen. Das muss ich sehen – und probieren, habe ich gedacht. Bratapfel, Bratkartoffeln, das sind ja alles feine Sachen, was muss dann erst ein Kartoffelbratl Feines sein. Es ist was Feines, aber mit Kartoffeln hat es nur am Rande zu tun. Denn was mir da auf einem großen weißen Teller mit königsblauem Rand in einer renommierten Birnbacher Gaststätte aufgetischt wurde, das hätte einen Bauern, der von acht Stunden Holzreißen heimkommt, wieder zu Kräften gebracht: ein schöner Fleck schweinernes Wammerl und eine kräftige Scheibe von der Schweineschulter, beide ganz mürbe gebraten und reichlich mit Kümmel gewürzt, an der Soße dezent Zwiebelaroma. Zugegeben, drei halbe Kartofferln lagen auch dabei, ich habe sie sofort gesehen, als ich den Semmelknödel zur Seite gerückt hatte.

Wenn Fleisch auf den Tisch kam bei den Bauern des Rottals, dann war es vom Schwein. Wilhelmine Sigl erinnert sich sehr genau: „Früher hat's a Rindfleisch gem, wenn a Notschlachtung war. Sonst is a Kuah ausgnützt worden, bis geht-nicht-mehr und dann is verkauft worden. A oide Kuah hast praktisch ned gessn. Rindfleisch war in der Landwirtschaft scho was Seltenes, allenfalls is amal a Kaibi gschlacht worden, wenn's an Zwilling ghabt hat, oder es war a Missgeburt oder so, dann hat man des Kaibi selber gessn, aber sonst is an Metzger verkauft worden, weils'd des Geld braucht hast.

Also, 's Rindfleisch is ned so üblich gschlacht worden zum Hausessen. Nur wenn was übrig war oder wenn bei de Nachbarn wieder a Notschlachtung gwesen is, dann hat ma se a Rindfleisch kauft. Es war koa Gfriertruha da, wia hättst denn 's Rindfleisch aufghoben? Des hat's ja nur beim Schweinern gem, des hast gsurt oder gselcht. Aus der Sur raus hast des Fleisch immer ghabt. Surfleisch, bis wieder gschlacht worden is. So is der Hof versorgt worden mitm Fleisch.

Aber Rindfleisch, wia hättstn des haltbar gmacht? Da hat's nur Frischfleisch gem und sonst iss verkauft worden oder gwurstelt, aber des is aa selten, dass ma a Rindfleisch verwurstelt hat, weil dann hast zugleich a Sau ham miassn."

Verkauft wurden auch die Zugochsen, wenn ihr bestes Alter für die Arbeit vor dem Pflug vorüber war. Und die brachten gutes Geld, wirklich gutes Geld. Maria Mayer erinnert sich, dass ihr Vater neben zwei Paar Zugpferden immer auch einen oder zwei Ochsen am Hof gehalten hat. Er hat die jungen Ochsen, wie die meisten der anderen Bauern auch, am Viehmarkt in Vilshofen gekauft, wohin sie die Kleinbauern aus dem Bayerischen Wald brachten, die sich auf das Abrichten der Tiere zum Ziehen verstanden. *Mir ham immer bloß die jungen, de berkerten ghabt,* hat ein Waidler einmal geklagt, *kaum ist a Ochs einigermaßen im Joch ganga, hat ihn der Vater an einen Rottaler Bauern verkauft.* Einer von diesen Rottalern war der Schwertlinger Bauer Franz Altmann. Von ihm gibt es aus dem Jahr 1936 ein Photo, das ihn auf seinem Hof mit einem ausgewachsenen Ochsen zeigt. Mit im Bild ist *der Weiß Xaverl,* ein bekannter Viehhändler,

der das Tier mit der Bahn nach München schaffen ließ, wo er es an einen Stadtmetzger verkaufte.

Durch's Jahr

Dieser ortsbekannte Viehhändler Xaver Weiß hat also, so nehmen wir an, bei Franz Altmann in Schwertling einen Ochsen gekauft. Er hat sicher bar bezahlt, wie es üblich war, und hat das Tier mit einem mitgebrachten Strick vom Hof geführt.

Warum in diesem Fall, es war im Mai 1936, die Übergabe des Tiers am Bahnhof stattfand, wissen wir nicht. Vielleicht war es so, dass hier nicht ein Kaufgeschäft stattfand, sondern dass Xaver Weiß sich um den Bahn-Transport des Ochsen gekümmert hat, den der Bauer Altmann auf dem Viehmarkt in Vilshofen erworben hatte.

Es mag noch so schön ausschauen, wenn sich eine Muttersau mit ihren Ferkeln im Hof herumtreibt, ihr Sinn und Zweck ist es, geschlachtet zu werden, um der Ernährung zu dienen.

Mit gutem Grund halten sich die Kinder auf dem Arterhof in Lengham fern von den Tieren, denn eine Muttersau kann rabiat werden, wenn sie um ihre Schweindeln fürchtet.

Wir backen knuspriges Dreikornbrot

Wenn Kinder kennenlernen sollen, wie Brot gebacken wird, ist eine Fahrt mit der Rottalbahn ins Freilichtmuseum Massing die richtige Wahl. Die Museumsbäuerin Roswitha Klingshirn erklärt nicht nur die verschiedenen Getreidesorten, das Bereiten des Teigs und das Kneten und Formen der Laibe, sondern vermittelt auch den Wert des jahrtausendealten und unverzichtbaren Nahrungsmittels Brot. Jedes Kind und auch jeder erwachsene Begleiter kriegt das Rezept mit nach Hause. Richtiges Bauernbrot wäre natürlich mit Natursauerteig zu machen, aber mit etwas Hefe geht es halt schneller und es ist kinderleicht.

Wir backen einen großen Laib Dreikornbrot für daheim und drei kleine Brote für jetzt gleich zum Essen.

300 g Weizenmehl, 300 g Roggenmehl, 150 g Dinkelvollkornmehl,
½ Teelöffel Brotgewürz, 1 Esslöffel Salz, 1 gestrichener EL Zucker,
2 Würfel Hefe, lauwarmes Wasser für den Teig (ca. ½ Liter)
und zum Bestreichen der fertig geformten Brote.
Zum Bestreuen Sonnenblumen/Kürbiskerne, Sesam, Mohn, Schwarzkümmel

In einer Tasse verrühren wir Hefe und Zucker zu einem Vorteig. Das ganze Mehl schütten wir in eine große Schüssel, streichen es glatt und heben in der Mitte eine kleine Mulde aus. In diese Mulde schütten wir den Vorteig und lassen ihn dort unter einem Tuch 30 Minuten gehen. Dann verrühren wir Vorteig und Mehl mit Wasser, Brotgewürz und Salz so lange, bis der Teig nicht mehr an der Schüssel klebt.

An einem warmen Ort lassen wir den Teig in 30 Minuten auf das Doppelte aufgehen. Dann teilen wir ihn in eine größere und eine kleinere Hälfte. Die etwas größere Hälfte formen wir zu einem großen Laib von ca. 850 g, die kleinere Hälfte teilen wir erneut, so dass wir drei kleine Brote zu je ca. 180 g formen können. Jeden Laib kneten wir erneut kräftig durch.

Es kann auch ein Igel, ein Herz, eine Schnecke oder ein Zopf geformt werden. Zuletzt bepinseln wir die Brote mit Wasser und verzieren sie nach Belieben mit Kernen. Wir lassen sie nochmals 15 Minuten gehen. Währenddessen heizen wir den Ofen auf 220° C vor.

Auf ein mit Backpapier ausgelegtes Blech setzten wir zuerst den großen Laib, dann davor die kleinen Brote, schieben das Blech in den Ofen und backen auf 220° C in etwa 30 Minuten die kleinen Brote, in etwa 1 Stunde das große Brot.

Viel Spaß und ein gutes Gelingen wünscht
Roswitha Klingshirn, Museumsbegleiterin und Museumsbäckerin

Durch's Jahr

Biergulasch vom Rottaler Weiderind

Jeder Birnbacher Wirt, der auf sich hält, hat seit einigen Jahren Filet, Tafelspitz oder gar Carpaccio vom Rottaler Weiderind auf der Karte. Von welcher Rasse denn das Rind sei, wollte ich wissen. *Mei, des woas i ned*, war meist die Antwort: im Metzgerladen, im Wirtshaus, bei den Leuten vom Tourismus. Nur einer, der konnte es mir ganz genau sagen: *Was des für a Rass is? Ja, scho a hiesige!*

Das Geheimnis sei gelüftet: es ist Fleckvieh. Schließlich gibt es in Pocking im unteren Rottal den Zuchtverband für Fleckvieh in Niederbayern, und an der Veredelung dieser Rasse haben viele Rottaler Bauern seit dem neunzehnten Jahrhundert mitgewirkt.

Ist das Fleisch vom Weiderind nun wirklich so gut? Der Autor dieser Zeilen hat einen Selbstversuch gemacht, sich für zwei Tage in eine Ferienwohnung am Rand von Bad Birnbach einquartiert und dort in der kleinen Einbauküche als Amateur das eine und einzige Rindsgericht zubereitet, auf das er sich versteht: Biergulasch. Diesmal also Biergulasch vom Rottaler Weiderind.

Für 2-4 Personen oder halt für 1-2 Leute zum Essen und zum Aufwärmen:

½ kg Rindfleisch
1 Stück Sellerieknolle
1 rote Paprika, Petersilie, Butter, etwas fettes Geräuchertes (Schwein)
1 Esslöffel Tomatenmark
Kümmel, Schwarzer Pfeffer, Salz
Muskatnuss, Paprikapulver süß
Cayennepfeffer
1 Esslöffel Brühpulver
½ Küchenzwiebel
2-4 Karotten (Lagerrüben)
1 Flasche hopfiges Bier (am besten Pils)
2 vorgefertigte Stangen Böhmische Knödel (Serviettenknödel)

Das Fleisch ließ ich mir von der Metzgereifachverkäuferin vorschneiden: Rose und ein Stück von der Schulter. Die Fachfrau weiß ja, welches Stück für ein Gulasch am besten ist, ich schau nur, dass auch Fett dran ist, am Fleisch.

Die Fleischstücke schnitt ich noch einmal in zwei Teile, denn ich mag die Hundsbrocken nicht, die in manchen Wirtshäusern auf die Teller kommen. Ich weiß schon, das gehört so, aber ich mag's halt anders.

Und so geht's: Zuerst wird alles Gemüse geputzt, Sellerie, Paprika und Karotten würfle ich, die Zwiebel wird einstweilen nur halbiert und geschält. Das Fleisch bräune ich in Bratenfett in einem großen Topf scharf an, streue etwas Paprikapulver drüber, damit es kräftiger bräunt. Fleisch nehme ich immer knapp, weil mir Soße und Knödel wichtiger sind. Wenn ich aber eine größere Menge Fleisch habe, dann brate ich in zwei Portionen an, sonst kriege ich keine Bräune und keinen Fond hin.

Nun mache ich mir das Bier auf, probiere, ob es wirklich gut gehopft ist, probiere noch einmal. Von dem, was bleibt, gieße ich auf, lasse einziehen, gieße noch einmal auf – und noch einmal. Wenn aller Saft wieder eingezogen und verdampft, das Hopfenherbe auf Fleisch und Soße übergangen ist, hole ich das Fleisch aus dem Topf und stelle es in einer hohen Schüssel zugedeckt zur Seite. Mit dem restlichen Bier lösche ich im Topf den Fond ab, rühre den Cayenne-Pfeffer und etwas Tomatenmark ein, werfe die gewürfelten Karotten dazu, salze leicht und gieße diese halbfertige Soße zum Fleisch. Da muss es dann schon bierig duften.

Jetzt ist der Topf frei für den Sellerie: Etwas Butter in den Topf, schmelzen lassen, Selleriewürferl dazu, leicht anschmoren, etwas Brühpulver drüberstreuen, kurz einziehen lassen, mit Wasser aufgießen, zugedeckt gut garen lassen. Währenddessen habe ich Zeit, die Zwiebel klein zu schneiden; ich lasse sie auf dem Brett liegen. Wenn das Selleriegemüse gar ist, fülle ich es samt Brühe in einen Pürierbecher um.

Im Topf lasse ich wieder etwas Butter zergehen, rühre Zwiebel und Kümmel ein, schenke dem *alten Pärchen* Zeit, zugedeckt still zu garen. Manchmal gebe ich einen halben Teelöffel Zucker zu, manchmal etwas Gelée von Schwarzer Johannisbeere oder nach Gefühl und Lust böhmischen Powidl.

Auf dem Brettl ist jetzt Platz, das Geräucherte klein zu schneiden. Das muss gar nicht viel sein, wichtig ist, dass es gut gewürzt ist, reichlich fett – und von einem guten Metzger zubereitet. Unbedingt probieren! Wenn das Stück *schweindelt*, dann wird das ganze Gulasch für den Hund. Es hat schon etwas für sich, dass die Bad Birnbacher Metzger die Schweine aus der Region beziehen können. Diese Tiere sind nicht ruhiggespritzt und durstig durch halb Europa kutschiert worden. Und das schmeckt man, wenn ihr Fleisch auf den Teller kommt.

Während die Zwiebel glasig wird, der Kümmel sein Aroma entfaltet, püriere ich den Sellerie ausdauernd, bis ein ganz glattes Mus entsteht. Zuletzt schütte ich Fleisch samt Karotten, gewürfelte Paprika, Geräuchertes und Selleriepüree zu Zwiebel und Kümmel in den Topf, würze mit Salz und Pfeffer, reibe etwas Muskat drüber, lasse alles zugedeckt sachte garen. Die Untugend, Ketchup beizugeben, erlaube ich mir nicht. Mehl kommt mir auch nicht an die Soße, das Selleriepüree gibt ihr gerade ausreichend Körper und macht sie nicht blass.

Während das Gulasch still gart – Geduld, Geduld! –, hole ich die Böhmischen Knödel aus dem Kühlschrank, die ich mir von der Schwiegermama habe machen lassen, und schneide sie in daumendicke Scheiben. In einer großen Pfanne brate ich die Knödelscheiben in Butter beidseits an, gerade so, dass eine leicht gebräunte Kruste entsteht, dass sie aber innen ja nicht trocken werden. Nach Lust bepudere ich die Schnitten mit ein paar Stäubchen Zimt. In einer vorgewärmten Schüssel stelle ich die Knödelscheiben zur Seite. Zwischendurch hacke ich die Petersilie, das Schneidbrettl ist ja längst wieder frei. Jetzt ist Zeit, Pfanne, Pürierbecher und Schüssel in die Spülmaschine zu stellen, den Pürierstab und das große Küchenmesser von Hand abzuspülen und wegzuräumen, den Tisch zu decken, nochmal ein Bier aus dem Kühlschrank zu nehmen.

Dazwischen probiere ich immer wieder ein Stückerl Fleisch, ein Löfferl Soße, einen Schnitz Knödel, würze nach Bedarf mit Pfeffer und Salz nach. Schließlich kommt das Gulasch im Topf auf den Tisch, die Knödel serviere ich in der Schüssel. Und natürlich vergesse ich wieder einmal, dass ich ganz zuletzt die gehackte Petersilie über das Gulasch hätte streuen wollen.

Und nach dem Essen: Der Autor Martin Ortmeier mit einem Zigarillo aus der letzten niederbayerischen Zigarrenfabrik, der Manufaktur Wolf & Ruhland in Perlesreut.

Durch's Jahr

Getreide hat Bares auf den Hof gebracht

Die Hofmitte des großen Arter-Anwesens in Lengham nahm ein großzügig durchfensterter Hühnerstall ein. Regelmäßig war der Stall mit seinen Legefächern von Kot zu säubern, einmal im Jahr wurde mit Kalk ausgeweißt. Der frische Anstrich machte den Stall hell, der Kalk wirkte keimabtötend. Offenbar hat die kleine „Mini" mitgeholfen, denn ihre Mutter hat unter das Bild ins Photoalbum geschrieben: „Ganz tüchtig!"

Milch, Butter, eine Sau, ein Kalb oder eine Kuh, auch einmal einen Ochsen hat man verkauft. Auf dem Arterhof hat man sich früh auf die Produktion von Eiern für den Markt spezialisiert. Ein guter Rosszüchter konnte auch mit Pferden gutes Geld machen. Wenn ein Bauer aber Geld zurücklegen wollte für einen Stallbau, einen neuen Stadel oder sonst eine größere Baumaßnahme, oder wenn man zugreifen wollte, wenn gutes Ackerland oder ein Stück Wirtschaftswald angeboten wurde, das in gut erreichbarer Nähe zum Hof lag, dann war man auf eine gute Getreideernte angewiesen und auf das Glück, dass gerade auch in diesem Jahr der Preis für Brotgetreide auf hohem Niveau lag.

Wer ermessen will, welcher Aufwand an Arbeit und Geld für den Bau eines neuen Stadels zu treiben war, der mag sich das Photo aus dem Jahr 1931 genauer anschauen, das Maria Mayer vom Anwesen ihrer Eltern aufbewahrt hat. Ein Stadelneubau musste im frühen Sommer erledigt werden, denn für das Einbringen der Heuernte und der Getreidegarben musste der Lagerraum unter Dach sein.

Auf dem Brummer-Hof in Schwertling wurde 1931 ein neuer Stallstadel errichtet. Das Erdgeschoss für den Kuhstall ist aus Ziegeln aufgemauert, der Stadel ist Zimmerwerk von eigenem Holz.

Sobald die Regentage des Monats Juni vorbei sind und sich im Juli landesüblich stabile Hochdrucklage einstellt, beginnt die Getreideernte. Kopftuch, Strohhut und weiße Kleider und Hemden schützten im Hochsommer Bauer und Dienstleute vor der Macht der Sonne. Gewässerter Apfelmost war bewährtes Getränk draußen auf dem Feld. Solange die Getreideernte ohne Maschinen bewältigt werden musste, kamen Tagelöhner aus dem Bayerischen Wald ins Rottal, um sich bei den "Körndl-Bauern" Geld zu verdienen.

Das Getreide wurde nach dem Schnitt am Feld zum Nachtrocknen aufgerichtet, wenige Tage später mit dem Wagen in den Stadel geschafft und erst dort im späten Herbst mit einem Dreschwagen, der auf der Tenne aufgestellt wurde, ausgedroschen.

Das in Leinensäcke abgefüllte Getreide wurde von manchen „von der Tenne weg" an einen Händler verkauft. Wer jedoch abwar-

Durch's Jahr

ten wollte – und konnte –, der schüttete die Ernte im eigenen Troadkasten auf, sorgte dort durch regelmäßiges Wenden für gute Lagerung und verkaufte erst dann, wenn im fortgeschrittenen Winter die Preise anzogen.

Angebaut wurde Weizen für Schmalzbackenes und Feingebäck – und natürlich für den Markt. Als Brotgetreide aber dominierte Roggen, der im alten Rottaler Bauernland einfach Korn genannt wird. Mit Hafer versorgte sich der Bauer für seine eigenen Pferde, aber auch für die Aufkäufer des Militärs, Gerste bezogen die örtlichen und regionalen Brauereien, die gewöhnlich alle – auch die gräfliche Birnbacher Brauerei – selbst mälzten.

Wenn am ersten Oktobersonntag zum Erntedank die Pfarrkirchen mit den Früchten des Feldes und der Gärten geschmückt wurden, war der Großteil der Ernte eingebracht: Kartoffeln und Rüben, das Kraut und alle Sorten Getreide. Ausgedroschen war zu der Zeit weder Korn noch Weizen, aber man wollte ohnehin mit Garben schmücken.

Brot selbst backen? Auf Seite 115 steht, wie einfach es geht.

Bis in die späten 80er-Jahre hatte ein Kleinbauer am Oberlauf des Birnbachs einen Mähbinder im Einsatz. Der Antrieb des Mähbalkens, des Schwaders, des Förderbandes und des Bindegreifers, die im Zusammenwirken Schnitt, Bündeln und Ablegen der Garben erledigten, erfolgte über ein Treibrad. Über der Mechanik des Anhängegeräts musste ein Helfer sitzen, der mithilfe eines Rechens vorsorgte, dass es zu keiner Verstopfung kam.

Beim „Rieger" in Reichertsham hat sich um 1925 der Photograph eingefunden, um die Dreschpartie abzulichten. Auf der Dampfmaschine präsentieren sich die beiden Maschinisten. Bauer, Dienstboten und Tagelöhnerinnen hatten dafür zu sorgen, dass beim Dreschen kein Leerlauf entstand. Denn jede Minute der Dampfmaschine war wertvoll. Die Bäuerin hatte für Most, Wasser und gute Kost zu sorgen.

Rezepte

Landgasthof Winbeck

Holzham 5
94137 Bayerbach
Tel: 08532/92588-0
Fax: 08532/92588-30
www.landgasthof-winbeck.de

Der Landgasthof blickt auf eine über 200 Jahre alte Tradition zurück. Seit 1874 sind die Besitzer auch jeweils mit der Holzhamer Hütte auf dem Karpfhamer Fest. Die Großeltern Josef und Amalie Mittendorfer haben 1919 das Anwesen erworben. Bereits in der 4. Generation sieht man es als ganz natürliche und schöne Aufgabe an, den Gästen den Aufenthalt in Holzham in jeder Weise angenehm zu machen.

Sommerfrischler

Der Ausdruck „Sommerfrische" hat sich im 19. Jahrhundert verbreitet. Im Wörterbuch der Brüder Grimm wird der Begriff definiert als „Erholungsaufenthalt der Städter auf dem Lande zur Sommerzeit". Das Übersiedeln vom Quartier in der Stadt auf den Landsitz ist schon beim Adel in der Antike üblich gewesen: man musste im Sommer den landwirtschaftlichen Betrieb betreuen, der die wirtschaftliche Basis seiner Herrschaft bildete. „Urlaubs"-Zeit war dann im Winter, wo die Landwirtschaft ruht, man konnte in die Stadt zurück und am gesellschaftlichen Leben teilhaben.

Als Europa ab dem 19. Jahrhundert durch die Eisenbahn erschlossen wird, wurde aus dem unbequemen Übersiedeln des ganzen Hausstandes eine Erholungsreise: die Sommerfrische war nun fester Bestandteil des Sommerlebens der Aristokratie und des wohlhabenden Bürgertums. Wer sich keinen eigenen Sommersitz leisten konnte, quartierte sich in Gasthäusern und dann zunehmend Privatquartieren ein. So sind Sommerfrische und der beginnende Tourismus eng miteinander verbunden.

Sommerfrische: Wie viele Dinge umschreibt dieses Wort beim Winbeck in Holzham? Ländliche Ruhe, saubere Zimmer, kuschelige Betten, gutes Essen, gepflegte Getränke, erholsame Spaziergänge, ausgedehnte Wanderungen sowie Radlfahrten - und das alles in unzerstörter, bäuerlicher Kulturlandschaft - fern von Industrie und Ballungsräumen.

Erleben Sie eine Atmosphäre, die Ihnen von Anfang an das Gefühl vermittelt, bei uns „zuhause" zu sein. Besonders freuen wir uns über unsere „Auszeichnungen in Gold" beim „Wettbewerb Bayerische Küche 2007 und 2010".

Hollerkücherl mit marinierten Erdbeeren

Feinen Pfannkuchenteig herstellen aus: 180 g Mehl, ⅛ l Milch oder Bier, 1 Prise Salz, 3 Eier

Die Blütendolden mehrmals durch den Pfannkuchenteig ziehen und sofort in heißem Fett goldgelb ausbacken. Auf Küchenkrepp abtropfen lassen. Mit Puderzucker oder Zimtzucker bestreuen. Die Erdbeeren vierteln und mit einem Spritzer Zitronensaft und Holunderblütensirup marinieren.

Auf einem Teller die marinierten Erdbeeren in die Mitte geben und die gebackenen Holunderblüten außen herum anrichten.

Der Holunder

Der Holunderbaum war früher an jedem Haus zu finden. Er galt als ganz wichtiger Schutzbaum. Der Holunder zählt zu den ältesten und bekanntesten Volksheilpflanzen. Seine vielfältige Heilkraft und Verwendbarkeit sind sehr geschätzt, und auch in frühen Zeiten galt der Holunderstrauch als wunderwirkende Pflanze. So entstanden um ihn verschiedene Mythen und Geschichten, die den Holunder als besondere Pflanze hervorhoben. Noch heute existiert in manchen Gärten die „Hollerecke". Seit jeher genoss der Holunder im Volk große Ehrfurcht und hohes Ansehen. Frühen Erzählungen nach zog man vor dem Holler den Hut – was eine Verehrung der Pflanze aufgrund ihrer Heilkräfte war.

Erdbeeren mit Grand-Manier-Schaum überbacken, dazu Pistazieneis

4 Eigelb, 100 g Zucker
15 g Speisestärke, Saft einer Orange
4 cl Grand Manier, ⅛ l Sahne
500 g Erdbeeren, 4 cl Grand Manier

Eigelb, Zucker und Stärkemehl schaumig rühren. In einem Topf erhitzen und unter Rühren den Orangensaft zugeben. Nicht zum Kochen kommen lassen. Wenn die Masse beginnt dicklich zu werden, vom Feuer nehmen, kalt rühren, dabei den Likör zugeben. Sahne steif schlagen und unter die kühle Eicreme heben.

Erdbeeren längs in Scheiben schneiden und auf feuerfeste Teller fächerartig auflegen. Mit Grand Manier beträufeln und mit Eicreme überziehen. Im vorgeheizten Backofen oder Grill kurz überbacken. Je 1 Kugel Pistazieneis dazusetzen und mit gehackten Pistazienkernen garnieren. Sofort servieren.

Arterhof

Hauptstraße 3, Lengham
84364 Bad Birnbach
Tel: 08563/96130
Fax: 08563/9613-43
www.arterhof.de

Die Hofstelle wurde 1750 im Kirchenarchiv zum ersten Mal erwähnt. Im Hofmuseum hängt ein Getreidesack mit der Aufschrift „Ortner, Bauer von Lengham, 1854". Von diesem Namen hat sich der Hofname Arter abgeleitet. Er bedeutet: am Ortsende gelegen.

Auf dem Waldgrundstück in der Lugenz - unweit des Arterhofs - hat vor 200 Jahren der damalige Bauer nach einem Gelübde eine Holzkapelle erbauen lassen. Lichtergänge, Maiandachten und die Waldweihnacht laden Einheimische und Gäste zum Mitmachen ein.

1988 wurde der „Roßstall" umgebaut. Er beherbergt seitdem im böhmischen Gewölbe ein Nostalgiewirtshaus. Hier wird man stets mit echt niederbayerischen Schmankerln verwöhnt und zum gemütlichen Beisammensein eingeladen. Jeden Freitag feiert man mit Musik und Tanz beim traditionellen Hofabend mit Livemusik. Legendär war Zwerggockel Hansi, der bei diesen Hofabenden mit seiner Flugeinlage die Gäste erfreute und so zum Hofsymbol wurde.

1982 kam die erste Galloway-Kuh auf den Arterhof: Josef Sigl entschied sich mit diesen genügsamen Rindern für eine neue Perspektive. Bei dieser alternativen Betriebsform können die Tiere von der britischen Insel ganzjährig auf der Weide gehalten werden. Kuhkälber werden teilweise zur Nachzucht aufgestellt. Stierkälber werden geschlachtet und kommen als Schmankerl im „Roßstall" auf den Tisch.

Aus einem „ganz normalen" landwirtschaftlichen Gutshof wurde im Lauf von 35 Jahren durch regelmäßige Erweiterung des Angebots ein selbstständiges Feriendomizil geschaffen. Hofladen, Friseur, Arzt, Vitalwelt (Massage & Wellness), ein Naturhallenbad mit eigenem Thermalbad: das alles finden Camper und Appartementgäste im Arterhof.

Sauerbraten „Arterhof"

ungefähr 1 kg Rindfleisch aus der Schulter
3 Zwiebeln
1 gelbe Rübe
¼ Sellerieknolle
Petersilienwurzel
2 Nelken, Salz, Pfeffer
1 Lorbeerblatt, Weinessig
1 Scheibe Schwarzbrot
50 - 60 g Fett
etwas Zucker
1 l Wasser

Gemüse, Essig und Gewürze aufkochen, lauwarm über das Fleisch gießen und einen Tag in der Beize stehen lassen. Das Besondere dabei ist, dass unser Gallowayfleisch nicht tagelang ziehen braucht.

Dann das Fleisch aus der Beize nehmen, abtrocknen, salzen, pfeffern und in heißem Fett anbraten. Das Brot dazugeben und mit der Beize je nach Geschmack aufgießen. Das durchpassierte Gemüse zur Soße geben und abschmecken.

Wurzelschnitten von der Lende

½ kg Lende, 4 Petersilienwurzeln, 2 Stangen Lauch, 1 Sellerieknolle, 1 Bund Petersilie, 5 gelbe Rüben, Bohnenkraut, Basilikum, 5 EL Schmalz, ½ l Brühe Mehl zum Binden, Salz, Liebstöckel

Wurzeln und Gemüse sehr fein schneiden und abwechselnd mit fingerdicken Fleischscheiben, die in den Kräutern gewendet wurden, schichtweise in eine hohe Eisenpfanne legen. Nach dem Andünsten mit etwas Brühe auffüllen, Deckel drauf und 30 Minuten dünsten. Jetzt das Fleisch wenden, wieder aufgießen und weitere 30 Minuten bei kleiner Hitze dünsten. Das Fleisch warm stellen, die Soße aufkochen und mit Mehl binden.

Rindsrouladen

4 dünne Scheiben Fleisch vom Schlegel oder Lende
Salz, Pfeffer, Senf
50 - 100 g durchwachsener Speck (G'selchtes)
2 Zwiebeln, Petersilie, 2 Essiggurken, 4 fingerdicke gelbe Rüben, 50 g Fett, Zwiebel und Wurzelwerk zum Andünsten, ½ l Brühe, ½ - 1 EL Mehl, Rahm und Tomatenmark zum Verbessern

Die Fleischscheiben etwas klopfen, salzen, pfeffern und mit Senf einstreichen. Mit Essiggurke, gelbe Rübe, Speck und Petersilie belegen, aufrollen und mit Zahnstochern festhalten oder binden.

Rouladen in heißem Fett rasch von allen Seiten anbraten. Wurzelwerk mit anbraten, mit etwas heißer Flüssigkeit aufgießen und zugedeckt schmoren lassen. Nach dem Garen Rouladen aus der Soße nehmen, Zahnstocher oder Bindfaden entfernen. Die Soße durchpassieren, mit Mehl binden, abschmecken und über die Rouladen gießen. Dazu passen Spätzle und Kartoffelbrei.

Herbst
Feste und Märkte

Hochzeiten waren hohe nichtkirchliche Feste im Jahreslauf. Auf dem Land wurden sie meist im Herbst abgehalten, wenn die Ernte eingebracht war und alle vor dem Wintereinbruch etwas mehr Freizeit genießen konnten. Wer zu einem Hochzeitsmahl geladen war, der zahlte natürlich Mahlgeld. Für Brautvater und Brautmutter waren auch dann noch hohe Aufwendungen zu tätigen. Das Erbe war auszuzahlen, die Aussteuer fertigzustellen, der Kammerwagen aufzurüsten. Und alle, die vor der Kirche oder beim Wirtshaus zum Glückwünschen aufwarteten, waren mit gebackenen Krapfen – von den sogenannten Ausgezogenen, den Bauernkrapfen, ist die Rede! – und reichlich Münzgeld zu beschenken. Die für die Kinder armer Leute ungewohnt fettgeschwängerten Krapfen, vor allem aber das freigiebig dargereichte Bier und die deftigen Speisen bei der Hochzeitsgesellschaft gaben Grund genug für die altbairische Redewendung, einer habe nach Essen und Trinken gekotzt wie ein Hochzeitshund. Denn auch die Hunde kamen bei Hochzeitsfeiern nicht zu kurz: Angebissene Kiachln warfen satte Kinder hinter den nächsten Zaun, besoffene Burschen kotzten zu späterer Stunde gleich neben die Wirtshaustür. Ein hungriger Hund ließ sich so ein Mahl nicht entgehen.

Der Reiseschriftsteller Johann Nep. Bachmeier erzählt von einem Besenbinder von den Holzhäusern bei Triftern, der seine Fahrten mit dem Hundswagl, auf dem er seine Ware transportierte, möglichst so einteilte, dass er bei Hochzeiten stets scheinbar beiläufig am Ort war. Seinen Hund befreite er dann aus dem Geschirr und ließ ihn sich vollfressen an allem, was so bei großen Hochzeiten abfiel.

Eingeladen und trotzdem selber zahlen

Waren schon Hochzeiten ein Höhepunkt im Jahreslauf und lange Zeit davor und danach Gesprächsthema in Markt und Dorf, vor allem, wenn Besitz zu Besitz heiratete, so war jede Primiz eines jungen Mannes aus der Gemeinde ein Ereignis, das alle Leute, junge und alte, arme und gut gestellte, auf die Beine brachte. Maria Mayer erinnert sich an die Primiz des jungen Birnbachers Franz Xaver Poll im Jahr 1929. Sie hat eine Mahl-Karte aufbewahrt, die zur Primiz-Feier des nunmehr Hochwürdigen Herrn, „H. H. Franz Xav. Poll", gedruckt worden war.

Die Feier fand am 1. Juli 1929 im „Gasthaus J. Wasner" statt. Für die reiche Speisenfolge und die Musik waren 6 Mark Mahlgeld zu entrichten, das war immerhin der ganze Wochenlohn eines Knechts. Die dreierlei Fleischgerichte, welche die Mahl-Karte aufführt, waren nicht entweder-oder, sondern und-und-und gemeint, wie ja auch alle zehn Stücke des auf der Mahl-Karte ausgedruckten Musik-Programms gespielt werden sollten.

Zur Frage der „echten" Volksmusik, „wie sie bei uns schon immer gespielt worden ist", gibt das abgedruckte Programm eine deutliche Auskunft: Märsche, Operetten-Ouvertüren und dergleichen waren verlangt und wurden von guten Kapellen auch geboten, keine derben Landler und Polken. Richard Wagner und Franz von Suppé waren damals wie heute bekannt, „Heinzelmännchens Wachtparade" (1912) von Kurt Noack, das der damals populären Salonmusik zuzuordnen ist, wird bis heute gespielt. Max Hempels militärisch-schmissiger „Laridah-Marsch" von 1918 war auch für eine Primiz-Feier offenbar kein unpassender Auftakt.

Durch's Jahr

Auf dem Kammerwagen – in diesem Fall waren es zwei Fuhren – wird die Aussteuer der Braut zur künftigen Wohnstatt gefahren. Der Transport war ein öffentliches Ereignis, jeder in der Gemeinde sollte sehen, was die Eltern der Braut neben der finanziellen Ausstattung an Brautgut mitgaben.

Wir wissen nicht, ob wir Braut und Bräutigam, posierend vor dem Leiterwagen mit den Möbeln, auf diesem Lichtbild sehen, dessen Reproduktion im Archiv mit „Birnbach, um 1931" bezeichnet ist.

Primiz des jungen Birnbachers Franz Xaver Poll am 1. Juli 1929: Der frisch geweihte Priester zeigt sich mit Frack und Zylinder in der Mitte des Bildes, links von ihm steht der Ortspfarrer Straßer, rechts hinter dem Pfarrer schaut die Mutter des Primizianten hervor, halb versteckt hinter ihrem Bruder sehen wir in weißem Kleid Fannerl Poll.

In der Reihe der Zuschauer findet sich, ebenfalls mit Zylinder, der renommierte Birnbacher Josef Mayer, ganz rechts im Bild wendet seine Tochter Rosa, von der sich die Mahl-Karte erhalten hat, den Blick zum Photographen. Rosa Mayer verstarb wenige Jahre später, gerade ein Jahr verheiratet, im Kindbett.

Primiz-Feier
des H. H.
Franz Xav. Poll
am 1. Juli 1929
in Birnbach.

Mahl-Karte
für
Jfr. Rosa Mayer
Birnbach

Gasthaus J. Wasner.

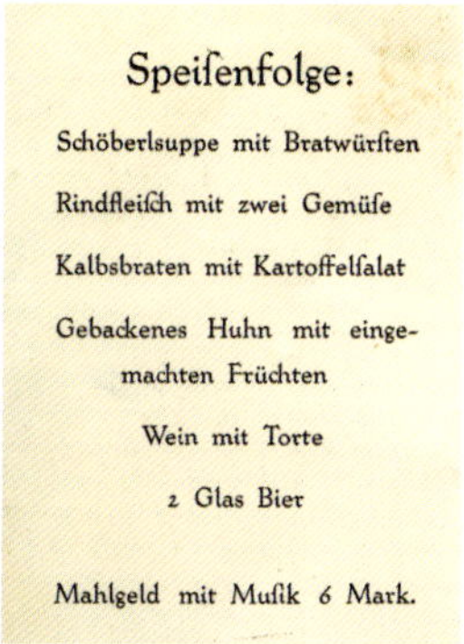

Speisenfolge:

Schöberlsuppe mit Bratwürsten

Rindfleisch mit zwei Gemüse

Kalbsbraten mit Kartoffelsalat

Gebackenes Huhn mit eingemachten Früchten

Wein mit Torte

2 Glas Bier

Mahlgeld mit Musik 6 Mark.

Durch's Jahr

Bad Birnbach feiert traditionell zwei Jahrmärkte. In seiner Gemeindechronik „Birnbach im Rottal" berichtet der Volks- und Landeskundler Josef Haushofer: "Seit der Mitte des 19. Jahrhunderts wird der erste Markttag am Weißen Sonntag abgehalten, also am ersten Sonntag nach Ostern, der zweite Markt, der Herbstmarkt, am ersten Sonntag im Oktober. Auf den Hauptmarkt am Sonntag folgte jeweils der sogenannte Nachmarkt am Montag. Diese Regelung wurde nötig, weil sich der Warenmarkt am Sonntag so kräftig ausweitete, dass für den ursprünglichen Viehmarkt kein Platz mehr blieb. Es zeigt sich auch darin das Übergewicht von Handwerk und Gewerbe; die Landwirtschaft wurde zurückgedrängt." Obwohl Bad Birnbach ja nun über einen großzügigen neuen Marktplatz verfügt, findet das nicht mehr Platz, was heute einen Landwirtschaftsmarkt ausmacht: Traktoren aller Größen, Anhänger für vielfältige Zwecke, Silos, Hallen, Anbaugeräte für Zapfwellentrieb und für hydraulische Kraftzufuhr, Frontlader und vieles mehr. Das alles finden die Birnbacher im nahen Karpfham, wo im August eines der größten Landwirtschaftsfeste des ganzen Landes abgehalten wird. Für jeden Bauern und jede Bäuerin ist der Besuch des Karpfhamer Volksfestes ein Muss. „Heute kommen die Markttage Großveranstaltungen gleich", berichtet Haushofer weiter über die Birnbacher Märkte, „Berufsfieranten nehmen die dominierende Stellung ein. An die 150 Stände bieten ihre Waren an und laden zum Vergnügen. Nachmärkte werden nicht mehr abgehalten. Seit einigen Jahren findet in der Vorweihnachtszeit auch ein Christkindlmarkt statt." Bereits im Januar wird im Internet für den nächsten Termin geworben: „Am ersten Advents-Wochenende öffnet der Bad Birnbacher Christkindlmarkt wieder seine Pforten. Die kleine Budenstadt auf dem Neuen Marktplatz lädt zu einem gemütlichen Weihnachtsmarkt-Bummel ein. Für das leibliche Wohl ist an allen drei Tagen gesorgt."

Genug der Feiern! Nein, wir dürfen die Fahnenweihen nicht vergessen. Krieger und Veteranen und Feuerwehrleute brauchen zur Uniform Fahnen. Mindestens jedes Jubiläum wurde mit einer neuen Fahne gewürdigt. Zur Fahnenmutter wählte man – nach langem Hin und Her, nach gründlichem Abwägen, Verwerfen, Bedenken – eine honorige Frau aus der Gemeinde. Fahnenmutter konnte nicht jede werden. Ein guter Leumund war so wichtig wie Vermögen. Denn nicht nur die gestickte Fahne, sondern auch ein neues Gwand für die Festlichkeiten ging ins Geld. Das Schönste an den Fahnen sind die Fahnenjungfern, soll Franz Xaver Unertl einmal gesagt haben.

Das war Franz Xaver Unertls Leidenschaft: reden, reden, reden – und zwar vor möglichst viel Publikum. Er wusste, was die Leute hören wollten, und er wusste, was die Feuerwehrler interessierte. Von allen profanen Orten, die der Markt Birnbach aufzuweisen hatte, war der Platz vor dem Kriegerdenkmal der beliebteste.

Durch's Jahr

„*Lauter gstandne Maaner*" mit Hut gehen hinter der Fahne her, die ein Bursche an hoher Stange trägt. Fahnenjungfer ist Wilhelmine Blüml. Dem Zug durch den Markt folgen Musikanten, dann drei Personenkraftwagen und noch einmal „Abordnungen" mit Fahnen. In einem der Wagen saß, dem Bericht zufolge, der Abgeordnete des Deutschen Bundestages Franz Xaver Unertl.

Kathi Lang, die Fahnenmutter, wusste genau, wie sich eine Goldhaubenträgerin ins Bild setzen muss. Während alle anderen ihren Blick auf den Photographen richten, zeigt sie sich im Profil.
Franz Xaver Unertl (vorne 2. v. l.) sehen wir in Feuerwehruniform, Josef Mayer († 1965) ist dabei (vorne 3. v. r.), der Knabe vor ihm ist Hans Unertl, neben der Fahne steht Sepp Brandmeier.

Durch's Jahr

Leonhard
Ein extra Heiliger für die Rösser

Neben Maria, der Muttergottes, und – in jüngerer Zeit – dem einheimischen Heiligen aus der direkten Nachbarschaft Bad Birnbachs, dem Kapuzinermönch Konrad, ist im Rottaler Pferdeland kein anderer Heiliger so populär wie Leonhard.

Die Pfarrkirche in Asenham ist ihm gemeinsam mit dem heiligen Ägidius geweiht. „Weithin bekannt im Rottal waren früher der Pferdeumritt und der Pferdesegen von Asenham. Hufeisen an der Eingangstüre zur heutigen Pfarrkirche erinnern an diesen alten Umrittsbrauch", schreibt der Heimatforscher Josef Hofbauer in der Birnbacher Gemeindechronik.

Leonharditag wird am 6. November gefeiert, zu dieser fortgeschrittenen Jahreszeit drängte auch zu Zeiten einer nicht technisierten Landwirtschaft keine Arbeit mehr auf den Feldern, das Mistbreiten konnte gut auch eine oder zwei, auch drei Wochen später angegangen werden. Das Vieh stand gut im Fleisch, war zumeist noch draußen auf den Weiden, die Rösser waren gut bemuskelt und von der Bewegung und dem Aufenthalt im Freien gesund. Ihr glänzendes Fell sollte jeder sehen, kaum ein Anlass konnte willkommener sein als ein Umritt zu Gottes und seiner Schöpfung Ehren.

Asenham konnte seine Tradition nicht aufrechterhalten, als die Pferde aus dem Rottal verschwanden, so ist es verständlich, dass sogar der Rottaler Dichter Robert Erbertseder (*1913, † 2001), der lange Jahre Lehrer am Gymnasium in Pfarrkirchen war, sein Preisgedicht der bis heute erfolgreichen Leonhardi-Wallfahrt in Aigen am Inn widmete:

Seit einigen Jahrzehnten findet in Grongörgen im Klosterwinkel ein Leonhardiritt statt. Die 15 bis 20 Motivwägen stammen überwiegend aus der Gemeinde, die Pferde kommen aus ganz Niederbayern. Am Ende der etwa drei Kilometer langen Runde gibt es traditionell den Pferdesegen.

Durch's Jahr

Die Höfe stehn wie Schlösser
so zwischen Rott und Inn;
seht, und die schönsten Rösser
gibts in dem Winkel drin!

Seht, und die schönsten Rösser,
die schmücken wir uns heut,
daß sich der heilige Leonhard
in Aigen drunten freut.

Und alle Burschen balzen
– aufjuchezt Schrei um Schrei –
und lärmen wild und schnalzen
den Tag vom Jammer frei.

Die Fuchsen, licht wie Semmeln,
die schweren, stampfen schon.
Die Lederstränge gremmeln;
da geht die Fahrt davon –

So ziehen und so traben
wir dreimal nun herum
mit unsern Opfergaben
ums Rösserheiligtum

und rufen: „O Fürbitter,
Sankt Leonhard, uns bewahr
vor Blitz und Ungewitter,
vor jeglicher Gefahr!

Denn heut ist ja in Aigen
der Leonhardiritt!
Und wer sich gern möcht zeigen,
der reitet mit uns mit.

Wie funkelt jedes Kummet,
vom Sattler neu lackiert!
Das Scharlachtuch vermummet,
das Dachsfell jedes ziert.

Und Messingspiegel blitzen
an den Geschirren blank.
Da braucht kein Roß zu schwitzen,
wird dämpfig keins und krank.

Den Boschenwagen klettert
nun die Musik hinan
und bläst und bläst und schmettert
den hellen Mussinan.

zum Dorf hinaus und weiter
durch Herbst und Spätjahr fort.
Anlocket Roß und Reiter
der uralt Weiheort.

Wie drängen die Gespanne
sich ringsum schon zuhauf!
Gleich einer heiligen Schranne
tut sich der Kirchplatz auf.

Denn nach dem hohen Amte,
da ist die Prozession,
die lichterüberflammte.
Und Meßbub, Diakon,

wohl gar der Priester selber
heut hoch zu Rosse sitzt.
O wie sein honiggelber
Prunkmantel gleißt und blitzt!

Und peitsche du und knalle
hin über Feld und Stall,
daß unsre Rösser alle
kein Ungemach befall!

Daß ihnen nichts die Räude
und nichts die Kolik tut!
Sind ja unsre Freude
Wallach, Hengst und Stut!"

Wenn Weib und Kinder sterben,
ist's wohl ein herber Schlag;
aber das Roßverderben
kein Hof verwinden mag.

Denn seht, die schönsten Rösser
gibt's in dem Winkel drin,
die allerschönsten Rösser,
so zwischen Rott und Inn!

Fastenspeisen für Glangrige

Braten vom Schweinernen, Rindsfilet, Gerichte vom Damwild, von Zander & Co., Medaillons jeder Sorte, auch Seefisch und Putenbrust und Hähnchenstücke hat jedes bessere Wirtshaus auf der Karte. Mousse von der schwarzen, der weißen und der braunen Schokolade, Zimtparfait, Quarknockerln auf diese und jene Art, alles obligatorisch mit Eis, dafür braucht man nicht ins Rottal zu fahren. Besondere Mehlspeisen für Feinschmecker – auf Niederbayerisch: für *Glangrige* – bringen in Bad Birnbach die Köche und Köchinnen auf den Tisch, welche die Bindung an die hergebrachte Rottaler Küche nicht verloren haben.

Dampfnudeln, mit zerlassener Butter überpinselt und mit ein bisschen Mohn überstäubt, dazu ein leicht säuerliches Apfelmus von den Bäumen der Streuobstwiese des Nachbarbauern, einfacher geht's kaum und wahrhaftiger auch nicht. Oder: Rohrnudeln, mit und ohne Zwetschge drin, mit Zimtzucker bestreut, einen Zwetschgenröster dazu, der eine dezente Erinnerung an einen in bescheidenem Quantum beigegebenen Obstgeist abdampft.

Die Hefenudeln aus der Rein' hatten die armen Leute früher fast alle Tage zur Kost, einmal mit gestöckelter Milch dazu, ein andermal mit Sauerkraut, den dritten Tag mit süßem Rübenkraut, in der guten Jahreszeit auch mit Gurkensalat. Im Winter, wenn die von Heu und gehäckseltem Stroh genährten Kühe kaum Milch gaben, stand eine Schüssel voll mit Mehl aufgerührter, scharf vergorener Herbstmilch auf dem Stubentisch im Herrgottswinkel. Dieser *Hirgstmilli* hat die Rottalerin Anna Wimschneider ein Denkmal gesetzt. Zu lesen ist gut davon, essen will sie keiner mehr, was jedem verständlich ist, der je von dieser Armeleutspeise gekostet hat.

Die Vielfalt an Mehlspeisen, mit denen sich die Birnbacher Bauern und Bürger, die sich Fleisch alle Tage leisten konnten, das allfreitägliche Fasten erleichterten, ist groß. Wilhelmine Sigl aus Lengham hat davon in ihrem Bücherl über die *Rottaler Küch'* berichtet. Bei Rahmnudeln und Topfenknödeln kann man sich ja recht gut vorstellen, was das ist, auch die Zwetschgen-Pavesen (altbairisch: Zwetschkenpofesen) sind noch oder wieder vielen bekannt. Aber rottalerisch-geheimnisvoll wird es, wenn geschrieben steht:
Herzhafte Schuhsohlen, Doiopf, Zaunschliaferl, Drahdewichspfeiferl, Rupfhauben oder Dafeide Erdäpfel.
In den ersten Jahren des Birnbacher Badbetriebes ist der Reiseschriftsteller Johann Bachmeier, der hier zum Kuren war, und den, nach seiner Auskunft, eine große Abneigung gegen Mehlspeisen umtrieb, einmal von seiner Hauswirtin mit den Worten abgespeist worden, *heid ist Fasttag*. Er hat sich zu einer Bekannten geflüchtet, die er in Jugendtagen als Köchin in einem besseren Münchener Haushalt kennengelernt hatte. Sie habe ihn getröstet, erzählt der weltläufige Kurgast, mit einem ganz besonderen Fischgericht: in Wurzelgemüse gedämpfte Saiblingfilets mit Kalbsbriesröschen, dazu Erdäpfelspeitel und gekümmeltes Apfel-Rahnergemüse mit Hollerbeeren. *Sie werden jetzt sagen, lieber Herr Ortmeier*, hat er seinen Bericht geschlossen, *was hätten denn Kalbsbriesröschen mit Fasten zu tun, aber ich wusste das doch gar nicht, die gute Frau S. hat es mir erst hinterher gesagt.*

Den frischen Fluss- und Teichfisch aus Niederbayern, das sei hier den Wirten ins Stammbuch geschrieben, gilt es erst noch wiederzuentdecken.

Scheiterhaufen

8 Semmeln
etwa 1 l Milch, 2 - 3 Eier
1 Handvoll Rosinen
(in Rum eingelegte
Rosinen sind besser)
Salz, Butterfett

Fett in einer Pfanne erwärmen. ¼ Liter Milch zugeben, die dünn geschnittenen Semmelscheiben schichten. Die letzte Lage sind die Semmeln. Restliche Milch mit den Eiern und Salz verschlagen und darübergießen. Zugedeckt ½ Stunde wie Dampfnudeln braten.

Nach Belieben mit mehr oder weniger Zucker und Zimt bestreuen. Kalte Milch und Kompott passen ausgezeichnet dazu! Eine sehr gute Resteverwertung alter Semmeln.

Zwetschgenbavesen

Zwetschgenbavesen, wo bist so lang g'wesen,
im Himmi drei Wocha, d' Muata-Gottes tuat kocha.
Da Peterl tuat schlecka und sie hau'n aufi mit'n Stecka!

Ein altes Sprücherl, welches ich immer als Kind hörte, als es Zwetschgenbavesen gab. Dazu nimmt man zehn alte Semmeln, „Zwetschgenpfeffer", flüssigen Hefeteig, Ausbackfett.

Die Semmeln in dünne Scheiben schneiden. Zwischen je zwei Scheiben Zwetschgenpfeffer streichen. Die so vorbereiteten Semmelscheiben in eine Schüssel legen und zugedeckt, am besten über Nacht, kühl stellen. Alsdann in flüssigem Hefeteig wenden, in heißem Fett ausbacken und evtl. mit Zucker und Zimt bestreuen. Zwetschgenpfeffer ist ein Mus aus gedörrten Zwetschgen, das mit Zucker und Zimt abgerieben wird.

Dampfnudeln

„Dampfnudl'n hamma gestern g'habt
Dampfnudl'n hamma heit' a
Dampfnudl'n hamma alle Tag
so oft's uns halt g'freit.
Dampfnudl'n in der Zwetschgenbrüah
oder mit Sauerkraut,
Nudl'n, Nudl'n, des glaub i,
is a rare Kost da wird nei g'haut!"

Dieses Lied sagt aus, dass Dampfnudeln, die im Rottal oft als Nationalgericht bezeichnet werden, zu Süß und Sauer ebenso passen, wie zu Goguma (Gurkensalat).

Aus einem mittelfesten Hefeteig werden mit einem Löffel die Nudeln ausgestochen und auf ein Tuch gelegt. Zugedeckt 10 Minuten gehen lassen. In der Zwischenzeit wird das Butterschmalz in der „Pfanna-Nudl' Pfann'" erwärmt.

Dazu kann man bodendeckend Äpfel und Zucker geben. Auf alle Fälle wird mit dem Butterschmalz ⅛ bis ¼ Liter Milch erwärmt. Nun setzt man die gegangenen Nudl'n nebeneinander und deckt sie mit einem passenden Deckel zu. Auf der Herdplatte werden sie nun bei schwacher Hitze langsam 30 bis 35 Minuten gebraten.

Nun wird das Gehör eingeschaltet: Am Anfang „prodeln" sie und erst wenn sie zum „Singen" - so die Fachsprache - übergehen, beginnen sie am Boden ein „Reimi" (Kruste) zu bekommen.

Aufgepasst! Dieses „Reimi" ist sehr beliebt und wird gern vom Tischnachbarn gestohlen.

P. S.: Wie wäre es, wenn Sie das Ganze einmal mit Vanille-Soße oder Erdbeerkas probieren würden?

Alter Weißbräu

Hofmark 9 und 11
84364 Bad Birnbach
Tel.: 08563/975110
Fax: 08563/972222
www.hotel-alter-weissbraeu.de

Die Gaststätte im Hotel „Alter Weißbräu" hat schon eine sehr lange Tradition. In dem überwiegend neu erbauten Haus ist das Speiserestaurant mit seinen historischen Gewölben als einziger alter Bauteil des „Alten Weißbräu" restauriert erhalten geblieben.
Die Gäste werden in den liebevoll ausgestatteten Räumen des Restaurants von einer einheimischen Gastronomenfamilie bestens bewirtet und bedient. Küchenmeister Günter Putz und Restaurantmeisterin Lisa Putz bringen ihre Erfahrungen, die sie in renommierten Häusern gesammelt haben, mit ein.
Hotel und Restaurant können auf eine lange Geschichte zurückblicken. Sie dienten als Kramerladen, Branntweinschenke, Laden des Lebzelters, Konditorei und Weißbier-Wirtshaus. 1901 baute der damalige Konditor und Gastwirt Johann Moser eine eigene kleine Weißbierbrauerei, die bis in die 60er Jahre in Betrieb war. 1982 wurde dieses Haus zum Restaurant umgebaut und mit umfangreichen Hotelneubauten erweitert.

Gebratene Hirschleber

ca. 500 g Hirschleber
Äpfel, 1 Zwiebel, 80 g Speck
⅛ Glas Rotwein, Mehl, Salz, Pfeffer

Die Hirschleber zunächst eine Stunde in Milch einlegen, anschließend abwaschen und häuten. In fingerdicke Scheiben schneiden, sodann die Leber in etwas Mehl wenden und in der Pfanne von beiden Seiten ca. 5 - 7 Minuten bei mittlerer Hitze braten und erst kurz vor Ende der Garzeit salzen und pfeffern, da die Leber sonst austrocknet.

Speck und Zwiebelwürfel anbraten, mit Rotwein ablöschen und mit etwas Brühe (Wildbrühe wäre hier am besten) aufgießen, mit Weizenstärke abbinden und daraus eine Soße ziehen. Sodann die glacierten Äpfel mit Röstzwiebeln anrichten. Dazu passt am besten Kartoffelpüree.

Rezepte

Kürbis

Der Kürbis mit seinen vielen verschiedenen Sorten ist die Frucht einer einjährigen Pflanze, die derselben Familie angehört wie Melone und Gurke. Die Kulturpflanze hat sich aus wilden Kürbisarten entwickelt, die ursprünglich in Mittelamerika beheimatet waren. Von hier aus gelangte sie später mit Kolumbus auch nach Europa.

Je nach Lagerfähigkeit werden die meisten der vielen Kürbissorten in Sommer- und Winterkürbisse unterschieden. Sommerkürbisse sind nicht sehr lange haltbar, während Winterkürbisse bei richtiger Lagerung einen großen Teil des Winters überdauern.

Sommerkürbisse werden 2 bis 7 Tage nach der Blüte geerntet, so dass Schale und Kerne noch so zart sind, dass sie mitgegessen werden können.

Winterkürbisse werden geerntet, wenn sie voll ausgereift sind und unterscheiden sich je nach Sorte in Form, Größe, Farbe und Geschmack. Ihr orangefarbenes Fruchtfleisch ist trockener, faseriger und wesentlich süßer als das der Sommerkürbisse und wird beim Garen butterweich. Wie Melonen sind Winterkürbisse innen hohl und enthalten harte, voll ausgereifte Samenkörner. Diese werden gewaschen, getrocknet und dann mit oder ohne Salz geröstet als nahrhafte Knabberei angeboten. Die dicke harte Schale der Winterkürbisse ist nicht zum Verzehr geeignet und lässt sich meistens nur schwer öffnen.

Man unterscheidet folgende Kürbisarten: Butternusskürbis, Hubbardkürbis, Turbankürbis, Buttercupkürbis, Eichelkürbis, Bananenkürbis, Moschuskürbis, Riesenkürbis, Feigenblattkürbis.

Flambierter Kürbis mit Vanilleeis

2 kg Kürbis
800 g Zucker
6 – 8 Nelken
¾ l Apfelsaft
⅜ l Essig
1,5 Zimtstangen
2 cl Rum oder Amaretto
pro Portion zum Flambieren

Kürbis schälen und in mundgerechte Stücke zuschneiden.

Aus den obengenannten Zutaten einen Sud kochen und die Kürbisstücke in den kochenden Sud geben, dann kurz aufkochen lassen, anschließend schnell abkühlen (oder gleich zum Einmachen in Gläser abfüllen).

Nach dem Erkalten gewünschte Portionen wieder im Topf erhitzen, mit einem zusätzlichen Schuss Apfelsaft verfeinern, dann mit etwas Stärke leicht abbinden und auf dem Teller anrichten. Eine Kugel Vanilleeis zugeben und das Ganze mit warmem Rum oder Amaretto übergießen, anzünden und im brennenden Zustand servieren.

Alte Post

Hofmark 23
84364 Bad Birnbach
Tel.: 08563/2920
Fax: 08563/29299
www.badbirnbach.de/hotel-alte-post/

Das traditionsreiche Haus ist schon im 13. Jahrhundert als Hofwirtstaverne erwähnt, war dann Umspann zur Poststation des Fürsten Thurn und Taxis und sah als Gasthof von Franz Xaver Unertl viel politische Prominenz.

Die Jagd war einmal Privileg des Grundherrn, die Bauern mussten Treiber stellen und sie mussten hinnehmen, wenn im Herbst die hohe Jagdgesellschaft durch die ernterreifen Kornfelder brach. Jetzt kann jeder Jäger werden, der sich die dafür nötige Bildung aneignet und ein Revier pachtet. Mit den Freuden der Jagd aber ist die Pflicht der Hege und Pflege verbunden. Der Ertragsreichtum der Jagdgründe von Schatzbach über Hirschbach, Birnbach und Schwaibach bis Asenham ist auch an den Speisekarten der traditionellen Wirtshäuser abzulesen.

Wildgerichte

Wildgerichte bieten sich natürlich hervorragend im Herbst an, da die Gastronomie, welche jene anbietet, in ausreichendem Maße von Wildbrethändlern durch unsere heimischen Jäger beliefert werden kann.

Das Wildbret wird zu dieser Zeit durch Treib- und Drückjagden, sowie durch Abschlußquoten des Jagdverbandes bejagt. Die anschließenden Rezepte zeigen Ihnen, mit welchen kleinen Handgriffen Sie herzhafte „Bayerische Wildspezialitäten" ohne großen Aufwand schmackhaft zubereiten können.

„Hirschbraten in Preiselbeersauce"

1 kg Hirschbraten mit Salz und Pfeffer sowie 1 TL Thymian und ½ TL Paprika kräftig würzen.
2 EL Butterschmalz in einem Bräter erhitzen und den Hirschbraten darin anbraten.
1 Knoblauchzehe schälen und grob hacken, 1 Zwiebel und 2 Karotten schälen und in Würfel schneiden. Das Ganze zum Fleisch geben und kurz mitschwitzen lassen. Den Braten mit ¼ l Rotwein und ¼ l Gemüsebrühe auffüllen. 4 EL Preiselbeeren unter die Sauce ziehen, den Bräter verschließen und bei mäßiger Hitze 80-90 Minuten schmoren lassen. 25 Minuten vor Garende 1 Becher Sahne mit 2-3 EL Mehl vermischen und die Mehlsahne unter die Sauce rühren. Bei geöffnetem Topf das Ganze zur Sauce verkochen. Nach Ende der Garzeit die Sauce im Mixer pürieren. Die Sauce kräftig abschmecken. 4-5 EL Preiselbeeren unter die Sauce heben. Fleisch in Scheiben anritzen mit der Sauce überziehen, dazu Blaukraut und Spätzle servieren.

Rezepte

„Hasenrücken mit Rotwein"

1 Hasenrücken, Salz, Pfeffer
100 g Speck zum Belegen, 100 g Speck zum Braten,
ungefähr ¼ l Rotwein,
¼ l saure Sahne, Paprika

Den vorbereiteten Hasen mit Salz und Pfeffer bestreuen und mit dünnen Speckstreifen belegen. Den übrigen Speck in kleine Würfel schneiden und in der Pfanne anrösten. Den Hasen auf den Speck legen, mit ⅛ Rotwein übergießen und in das vorgeheizte Rohr schieben.

Unter fleißigem Begießen - Rotwein öfters nachschütten - den Hasen weich braten. Er muss außen knusprig und innen weich sein. Den Bratensaft mit etwas Paprika und saurer Sahne verrühren, nochmals aufkochen lassen und abschmecken.

Dazu schmeckt ein Glas Rotwein, warum nicht auch aus dem nahen Österreich?

„Rehragout"

1 kg Rehfleisch (Schulter, Hals, Brust)
2 Zwiebeln, 50 g Butterschmalz, Gemüsefond,
1 Glas Orangenlikör, 1 EL Butter
1 EL Zucker, Pfeffer, ½ Becher Sauerrahm

Beize:
½ l Rotwein, ¼ l Wasser, ein Schuss Essig,
1 Zwiebel mit 8 Nelken gespickt,
2 Lorbeerblätter, 1 Zitronenscheibe, Salz

Das Fleisch einige Tage in die Beize einlegen. Zwiebeln würfeln, in Butterschmalz hellgelb rösten. Das abgetropfte und abgetrocknete, in große Würfel geschnittene, Fleisch anbraten. Mit etwas Beize und Wasser aufgießen.

Den Gemüsefond, den Pfeffer und den Likör zugeben. Einen EL Butter mit einem EL Zucker bräunen und sofort in das Ragout einlaufen lassen. Eventuell binden und mit Sauerrahm verfeinern.
Dazu passen Petersilienkartoffeln.

Das Rehragout ist ein weit verbreitetes Tanzlied zum langsamen Polka, Boarischen oder Schottisch. Das Stück ist in Ober- und Niederbayern weit verbreitet. Der Text ist - wie Sie sehen werden - nicht gerade aussagekräftig. Aber wenn Sie einmal das Lied in lustiger Runde, eventuell noch begleitet von Musikanten, gesungen haben, werden Sie den Charme dieser Melodie nicht mehr missen wollen.

DAS REHRAGOUT
Ja, was gibt's denn heit auf d'Nacht,
ja, was gibt's denn heit auf d'Nacht?
Heit gibt's a Rehragout, a Rehragout, a Rehragout!
Ja, was gibt's denn heit auf d'Nacht,
ja, was gibt's denn heit auf d'Nacht?
Heit gibt's a Rehragout, a Rehragout auf d'Nacht.

Rezepte

Nicht nur die örtliche Gastronomie bietet saisonale Rottaler Schmankerl an, auch jede Hausfrau, die etwas auf sich hält, hat einen großen Vorrat an traditionellen Rezepten, mit denen sie ihre Familie bekocht. Einige Leibspeisen für unsere Leser:

Griebenleckerl
Waltraud Baumgartner

250 g Kremmel (Grieben)
500 g Mehl
250 g Zucker
2-3 Eier
3-4 EL saurer Rahm
1 P. Backpulver

Zuerst Kremmel durch die Fleischmaschine treiben. Danach mit den restlichen Zutaten einen Teig bilden. Von dem Teig runde Plätzchen ausstechen und bei 200 °C im Backofen backen.

Schusterbuben
Annemarie Zinsberger

500 g Mehl, 1 Prise Salz
bis ¼ l Milch, ½ P. Hefe
1 Ei, 60 g Fett, 50 g Zucker

Einen Hefeteig zubereiten. Vom Teig schöne große Nudeln abstechen, nochmals gehen lassen.
In einer Reine Butterschmalz zergehen lassen, frische Heidelbeeren einstreuen (ca. 300 - 400 g) Zucker und Milch dazugeben. Dann die Nudeln wie Rohrnudeln locker darauf setzen. Bei Mittelhitze 30 Minuten backen. Dann mit Puderzuckerglasur bestreichen, warm servieren.

Stallfenster
Christa Enthofer

125 g Mehl, 1 EL Zucker
2 Eier, Salz, Milch
große Oblaten
Zwetschgenmarmelade
Backfett, Puderzucker

Zuerst werden das Mehl, der Zucker, das Salz und die Milch in einer Schüssel zusammengerührt. Die Eier vom Eigelb trennen und die Eiweiße steif schlagen. Das Eiweiß nun unter die restlichen Zutaten heben. Es soll ein ziemlich dicker Pfannenkuchenteig sein. Die Oblaten in Vierecke schneiden und ganz dick mit der Zwetschgenmarmelade bestreichen. Danach wird eine weitere Oblate daraufgelegt und sanft angedrückt.

Jetzt taucht man die Ränder dieser doppelt gefüllten Oblaten jeweils etwa einen halben bis einen Zentimeter in den Pfannenkuchenteig, so dass ein „Fensterrahmen" entsteht. Diese „Stallfenster" nun in heißem Schmalz schwimmend herausbacken und mit Puderzucker bestreuen.

Mascherl
Annemarie Zinsberger

Das Rezept ähnelt dem der Hasenöhrl, wird aber anstatt mit saurer Sahne mit süßer Sahne zubereitet.

250 g Mehl, Salz, 1 ganzes Ei, 1 Eigelb
ca. ⅔ Becher süße Sahne

Mittelfesten Teig herstellen. Teigrolle formen, kleine Scheiben abschneiden, rund oder oval ausrollen. Sehr dünn, mittig zusammendrücken, ganz kurz im Fett beidseitig backen. Mit Puderzucker bestreuen.

Rezepte

Saure Erdäpfel
Silvia Jaensch

1 kg Kartoffeln
Wasser zum Kochen
Pfeffer, Salz
Muskat
Essig

Die Hofbauer Oma hat's so gemacht: Kartoffeln in Scheiben schneiden und als Salzkartoffel kochen; oder alte Salzkartoffeln in Scheiben schneiden.

Eine helle Einbrenn' machen und mit Kartoffelwasser aufgießen. Das Kartoffelwasser soll gut angedickt sein. Mit Pfeffer, vielleicht etwas Salz (vorsichtig), Muskat und Essig würzen, Kartoffeln dazugeben und gut durchziehen lassen. Dazu gibt's immer Fleischpflanzerl.

Erdäpfel-Kas
Minerl Sigl

Mehlige, gedämpfte Kartoffeln werden durch die Kartoffelpresse gedrückt. Mit dicksaurem Rahm (so viel, wie die Kartoffeln aufnehmen) werden sie gut verrührt. Abgeschmeckt wird der Erdäpfel-Kas mit Salz, Kümmel, Pfeffer aus der Mühle und fein gehackten Zwiebeln. Auch kalte, gedämpfte Kartoffeln kann man verwenden, doch dann muss man sie ganz sorgfältig fein reiben. Obenauf kann man Schnittlauch streuen.

Den Erdäpfel-Kas streicht man zwei Fingerdick auf ein deftiges Schwarzbrot, welches vorher noch gut mit Butter bestrichen wurde. Eine Mass Bier dazu und wer könnte dem widerstehen?

Dafeide Erdäpfel
Maria Lindinger

Schmalzgebäck (circa 20 Stück)
500 g Mehl, ¼ l Milch, 20 g Hefe, 1 TL Zucker
3 Eier, 1 EL Rum, 100 g Butter (lauwarm)
2 EL saurer Rahm
Fülle: 400 g Dörrzwetschgen (Backpflaumen)
Zucker, ¼ TL Zimt und Rum
Zum Backen: 1 kg Biskin, 500 g Butterschmalz
l Ei zum Zwiebacken (2. Mal Backen)
Zimt und Zucker zum Bestreuen

Mittelfesten Hefeteig herstellen:
Vorteig anrühren aus Mehl, Zucker, Hefe und lauwarmer Milch, gehen lassen. Butter und Rahm in der Milch anwärmen, alle Zutaten zum Teig geben und gut schlagen. Den Teig gehen lassen, nochmal schlagen und wieder gehen lassen. Von dem gegangenen Teig mit einem Löffel kleine Nudeln abstechen, auf ein bemehltes Brett geben und etwas ausziehen, damit die Dörrzwetschgen Platz haben. Dann gut zusammenschlagen, damit die Fülle nicht herauskommt, zudecken und gut gehen lassen.

Gegangene Nudeln mit Oberseite nach unten mit dem Schaumlöffel vorsichtig in das schwimmende Fett legen, backen (keine große Hitze, Deckel drei Minuten auf den Tiegel geben), Deckel vorsichtig abnehmen, wenden, fertig backen. Backzeit insgesamt ca. 6-8 Minuten. Sind alle Nudeln gebacken, ein Ei verklöppeln, die Nudeln darin nacheinander wenden und nochmals ganz kurz in sehr heißem Fett backen. Herausnehmen, abtropfen lassen und in Zimt und Zucker wenden (typische Dafeide Erdäpfel).

Fülle: Dörrzwetschgen kochen, falls nötig entsteinen, pürieren und je nach Geschmack mit Zimt, Zucker und Rum verfeinern.
Schmalzgebäck lässt sich sehr gut einfrieren!

Hechtklößchen

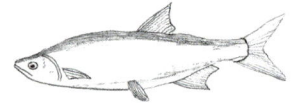

Josef Putz

500 g Hechtfilets (ohne Haut und Gräten)
4 Eier, 300 ml eisgekühlte Sahne, Salz und Pfeffer
4 Pr. Cayennepfeffer, 125 g eisgekühlte Butter

Die Filets mindestens eine Stunde lang gut kühlen, bevor mit der Zubereitung begonnen wird. Den Fisch in den Mixer oder in die Küchenmaschine geben und zu einem feinen Püree zermahlen. Bei laufendem Gerät die Eier, Sahne, Salz, Pfeffer und Cayennepfeffer hinzufügen. Die Butter in kleinen Stücken dazugeben und mixen, bis die Mischung sehr glatt ist.
Die Farce zwölf Stunden in den Kühlschrank stellen, bevor man die Klößchen fertigstellt. Mit zwei Esslöffeln Klößchen formen. Die Löffel zwischendurch immer wieder in kaltes Wasser tauchen. Einen großen Topf bis zur Hälfte mit Salzwasser füllen und zum Simmern bringen. Nacheinander jeweils ein paar Klößchen hineinlegen und bei schwacher Hitze garziehen lassen. Mit einem Schaumlöffel herausheben und auf eine vorgewärmte Platte geben. Mit Dillsauce oder zerlassener Butter beträufeln und sofort servieren. Dazu reicht man Reis oder Kartoffeln.

Umdrahter Bauernschwanz

Franz-Xaver Unertl

1 Kalbsmilz ohne Löcher, 1 Kalbsbries
½ Kalbsherz, 150 g Kalbsleber
150 g Kalbfleisch, 200 g rohes Kalbsbrät
Salz, Pfeffer, Muskat, Zitronenschale gerieben
1 Bd. Petersilie gehackt

Kalbsmilz am dicken Ende ein kleines Stück abschneiden, Milz untergreifen und umdrehen. Bries, Kalbsherz, Kalbsleber und Kalbfleisch in Streifen schneiden. Das kleine Stück Milz in Würfel schneiden und kurz abbrühen. Alles zusammen gut würzen und das Kalbsbrät untermischen, die gewürzte Masse in die Kalbsmilz füllen, abbinden und schnüren.

Die Milzwurst in einer Bouillon circa 1 ½ Stunden ziehen lassen, oder die fertige Masse in eine kleine Form geben und wie rohen Leberkäse im Rohr backen. Man kann die fertige Milzwurst in Scheiben geschnitten als Suppeneinlage für Brotsuppe mit gerösteten Zwiebeln verwenden. Oder die Milzwurst abgebräunt mit Kartoffel-Gurkensalat reichen. Im Sommer schmeckt die Milzwurst fein geschnitten mit Zwiebeln, Essig und Öl recht gut.

Perlhuhn auf Jägerart

Erwin Brummer

Gewürzsalz, 125 g Butterfett, 2 Zwiebeln, 5 EL Rotwein
½ l Hühnerbrühe (aus Würfeln), 250 - 500 g Mischpilze, ⅛ l Sahne, gehackte Petersilie

Das Perlhuhn mit Gewürzsalz einreiben und in heißem Butterfett in einem Schmortopf anbraten. Die Zwiebeln in Würfel schneiden und dazugeben. Nach zehn Minuten mit Rotwein ablöschen. Aus dem Brühwürfel einen halben Liter Hühnerbrühe herstellen und damit die Flüssigkeit auffüllen. Auf kleiner Flamme zehn bis fünfzehn Minuten ziehen lassen, bis das Fleisch gar ist. Die essfertigen Pilze kleinschneiden und in den Topf geben. Nach Wunsch die Soße mit süßer oder saurer Sahne oder Mehl binden. Vor dem Servieren mit gehackter Petersilie bestreuen. Dazu werden Reis oder Teigwaren gegessen.

Rezepte

Hirgstsuppe

Hans Putz

Für 2 Personen:
6 EL Erdäpfel (Kartoffeln)
200 g Mehl
1 B. Naturjoghurt (a 150 g)
3 TL trockener Weißwein
Salz
½ l Wasser
200 g Süßrahm
1 Pr. Zucker

Die Erdäpfel waschen, bürsten, abtrocknen und im (auf höchster Stufe) vorgeheizten Backrohrboden unter einmaligem Wenden circa 40 Minuten braten lassen.
Als Ersatz für die früher auf den Bauernhöfen zu Haltbarkeitszwecken im Herbst gewonnene saure Milch wird ein Teiglein aus dem Joghurt und Mehl mit trockenem Weißwein und Salz hergestellt. Dies rührt man nun in circa einen halben Liter kochendes Wasser, lässt es aufkochen und gibt zur Fertigstellung 200 g Süßrahm dazu. Bei Bedarf mit einer Prise Zucker abrunden!
Die „Hergstsuppe" in Suppentellern servieren. Die „Feldhendl", welche am besten mit leicht knuspriger Schale schmecken, werden in einer Schüssel gereicht und auf kleinen Tellern mittig in zwei Hälften geteilt. Die Schnittfläche wird mit Salz bestreut und mittels Löffel ausgehöhlt. Auch die Schale schmeckt gut. Dazu passt Schwarzbrot!
Dieses leichte und bekömmliche Abendessen ist in unserer Familie bei Jung und Alt sehr beliebt. Meine Frau hat, auf meine Bitte hin, das Rezept (mangels originaler Herbstmilch) selbst entwickelt. Ich verbinde mit der „Hergstsuppn" Erinnerungen an unsere Großmutter und die Kinderzeit. Damals kannte man dieses Gericht in vielen Haushalten unserer Pfarrei.

Drahde Wichs Pfeiferl Rupfhauben

Viktor Gröll

Zu dieser Mehlspeise brauchen Sie ein Pfund Roggenmehl, Wasser und Salz. Vom Wasser gerade soviel, dass es sich mit Mehl und Salz zu einem festen Teig verarbeiten lässt. Aus diesem Teig werden nun fingerdicke „Pfeiferl" geschnitten, die im heißen Wasser kurze Zeit aufgekocht werden. Währenddessen wird eine gefettete Pfanne mit Apfelschnitzen belegt. Auf die Äpfel kommen nun die „Pfeiferl"drauf und werden noch einmal bei mittlerer Hitze kurz durchgebraten, solange, bis die „Pfeiferl" goldbraun geworden sind.

Bei den Rupfhauben handelt es sich um ein ganz schlichtes Gericht. Sie brauchen dazu nur ein Dreiviertel Pfund Roggenmehl, ein Ei, etwas Salz, lauwarmes Wasser für den Teig, Milch, Butterschmalz und Zucker, bei letzterem sollte der eigene Gusto für das Maß entscheidend sein.
Aus Roggenmehl, Ei, Salz und dem lauwarmen Wasser wird ein fester Teig geknetet, der durchaus fünf bis zehn Minuten „ruhen" sollte, ehe es weitergeht. Der Teig wird dünn gewalzt, ehe anschließend Fladen herausgeschnitten werden. Im flachen Kochtopf wird unterdessen bereits die Milch eingebracht, etwa so, dass der Boden des Topfes gut bedeckt ist. Zusammen mit Zucker und Butterschmalz wird die Milch aufgekocht. Nun kommen die Fladen in den Kochtopf, wobei diese wie Hauben in die Milch gestellt werden. Das Ganze wird nun bei mittlerer Hitze gekocht, bis die Milch und die Unterseite der Rupfhauben goldbraun sind.

Seit jeher gibt es bei uns zu Hause am Freitag Mehlspeisen, wie es hierzulande durchaus üblich ist.

Lebensbilder

Franz Xaver Unertl
So war Franz Xaver Unertl

Der Bauernsohn Franz Xaver Unertl, 1911 in Grottham geboren, ist sicher die bedeutendste Person der Marktgemeinde Bad Birnbach. Mit gerade einmal 21 Jahren versuchte er sich in Birnbach als Gastwirt und Viehkaufmann – mit beträchtlichem Erfolg. Er war Mitglied im Bayerischen Jungbauernbund, später Vorstandsmitglied des bayerischen Viehhändlerverbands und CSU-Abgeordneter für die Wahlkreise Vilshofen und Passau. Bis zu seinem Tod war er Mitglied des Deutschen Bundestages. Am Krieg hat er von 1940 bis Kriegsende 1945 teilgenommen. Sein Talent, sich zu arrangieren, sein Organisationsgeschick und seine Geselligkeit haben ihm wohl

Am 31. Dezember 1970 ist der passionierte Zigarrenraucher Unertl in seinem Heimatort Birnbach an Herzschlag gestorben. Bereits wenige Monate später kam über ihn ein Buch voller Anekdoten auf den Markt: „So war Franz Xaver Unertl – ein Bayer in Bonn", aufgeschrieben von Erwin Janik, dem Chefredakteur der Passauer Neuen Presse, genährt von Erinnerungen des Juristen Fritz Kempfler, mit dem Unertl viele Jahre ein Abgeordnetenzimmer in Bonn geteilt hatte.

Seine Familie war Franz Xaver Unertl wichtig. Und er mochte es, wenn alle da waren, was aber nicht allzu oft gelang. Denn drei Söhne und zwei Töchter nebst Gattinnen und Gatten, zudem den Enkelkindern, waren nicht leicht unter einen Hut zu kriegen. Ohne seine Frau Philomena, die neben ihm sitzt, wäre alles nichts gewesen.

geholfen, Krieg und Zusammenbruch unbeschadet zu überstehen. Man müsse nicht immer das große Wort *auf dem Staffel* führen und *weiter hinten im Saal* sei es auch recht schön, weil da die Zigarre keinen falschen Zug kriege, bekannte er Dr. Johann Nepomuk Bachmeier, als ihn dieser nach seinen Kriegserlebnissen fragte.

Mit einem prächtigen Deckstier zeigt sich der Viehhändler Unertl um das Jahr 1950. Ohne Blendtuch stünde das Tier sicher nicht so friedlich.

Franz Xaver Unertl in seinem Element: auf der Gasse im Gespräch mit Birnbacher Bürgern. Ganz rechts Unertls Tochter Mariele, neben ihr der Mühlen- und Kraftwerksbesitzer Gollmeier aus Lengham. Rechts steht Gustav Wellnhofer, der letzte traditionelle Bader in Birnbach. Josef Pfirschinger, der junge Mann neben Wellnhofer, betrieb jahrzehntelang erfolgreich ein Lichtspielhaus am Markt, wie sollte er vulgo anders heißen als Kino-Sepp.

Lebensbilder

Die ganze Familie hat sich auf einer Kutsche vor dem Ortsbild des Marktes Birnbach versammelt. Die Zügel führt natürlich Franz Xaver Unertl selbst. Neben ihm am Kutschbock sein Enkel Franz Xaver Greisel.

Wer Franz Xaver Unertl selbst erlebt hat, der muss davon erzählen. Wenn einmal, in Gesellschaft, die erste Geschichte vorgetragen ist, folgt eine auf die andere. Weil aber jede Erinnerung schon mehrmals vorgetragen worden ist, hat jede bereits den Wandel erfahren, der mit dem Erzählen gewöhnlich einhergeht. Die Zahl der Beteiligten nimmt ab, die Orte des Geschehens werden verdichtet, Pointen werden herausgearbeitet. Die Erwähnung von Nebenpersonen und Nebensächlichem dient dann nur noch der Gewähr des Wahrhaftigen, allenfalls der Verzögerung, wenn die Erzählung sich der auf Erinnerung angelegten Zuspitzung nähert. In Wilhelmine Sigls Erinnerung lautet die Pointe: *Des san meine Töchter.* Hintergrund dieser Erzählung ist eine Fahrt des Kreisjugendrings nach Bonn zum Besuch des Bundestages. Franz Xaver Unertl war informiert, dass unter den Reisenden sich auch zwei Mädchen befanden, die mit ihm verwandt waren. Er ließ die beiden von einem Taxi bei der Jugendherberge abholen und in seiner Wohnung von der Haushälterin bewirten.

Später hat er Wilhelmine und ihre Freundin ins Bundeshaus mitgenommen, wo eine Abstimmung nach der Methode des Hammelsprungs anstand. Während die Reisegesellschaft der beiden Mädchen auf den Tribünen Platz nahm, führte er die zwei in den Plenarsaal: „Mir han ja mit ihm persönlich zureganga, wo er eine is. I hob ja ned g'wusst, was jetzt passiert – und dann stehen die Ordner da, schee steif. Des san meine Töchter, hat er g'sagt, und schon war ma drinna. Und dann hamma des hautnah mitkriagt."

Anschließend hat er die Mädchen zum Essen ausgeführt. In Wilhelmine Sigls Erinnerung: „Hernach samma mit eam in die Beethovenhalle zum Essen. Mei, da bist ja so sechzehn Jahr oid. Wenn da die Ober kemman, des hab i mei Lebtag no ned gseng ghabt. Und Beistelltischal, und da tranchierens daneben und d' Speiskarten, da kannst gar ned ois lesen, was da drauf is, da wirst ganz schwindlig. Da hamma uns dann 's Essen ausgsuacht, der Josef Lermer aa dabei, mir viere: die zwoa Herren und mir zwoa junge Mädl. Und dann samma no ins Cafe König ganga."

Franz Xaver Unertl war aber nicht nur ein launiger, geselliger Mensch. Von seinen oft derben Beleidigungen, die mehrfach juristische Folgen hatten, sind nur noch die heiteren Ansichten in Erinnerung, wie die Beleidigten damit umgingen, das ist vergessen. Unertl war Repräsentant seiner Zeit. Er war Zeitgenosse ähnlich wortgewaltiger Politiker wie Franz Josef Strauß und Herbert Wehner. In seiner Rottaler Heimat waren

Lebensbilder

Zwei stattliche Männer, Franz Xaver Unertl und Franz Josef Strauß, damals beide Mitglied des Deutschen Bundestags, hier ihrer Leidenschaft, der Jagd, frönend. Wer von den beiden mit dem Dienst-Mercedes angereist ist, wurde nicht überliefert, wie auch Ort und Jahr der Photographie nicht bekannt sind.

1964 in der Wirtsstube beim Kartenspiel mit Freunden. Rechts von Unertl sitzt Josef Mayer, ein besonders geachteter Mann der Birnbacher Marktgemeinde. Ganz rechts schmunzelt Erich Hofbauer in seine Karten, Pepp Kirschner ist mit dem Rücken im Bild, ein gewisser Lindinger aus dem Ortsteil Brand spielt gerade aus. Erst der genaue Blick eröffnet, dass Unertl sich nur dazu gesetzt hat, die Partie ist ja mit vier Spielern bereits gerundet.

ihm der langjährige Landrat Ludwig Mayer (1934-2006) und Max Gerstl, Bürgermeister der nahen Gemeinde Beutelsbach, artverwandt.

„Wer Unertl wählt, wählt Adenauer!", hat der Birnbacher Politiker 1958 als Überschrift auf sein Wahlplakat drucken lassen. „Wählt den Stimmkreiskandidaten der CSU Franz Unertl", steht darunter. Sein Programm: „Er tritt ein für die freie Wirtschaft, für Förderung des Bauern- und Mittelstandes, für soziale Gerechtigkeit, die Schaffung von Arbeitsplätzen, für Beibehaltung der Linie Dr. Adenauers in der Außenpolitik, für eine christliche und wahrhaft soziale Politik." Das ist bis heute Parteiprogramm, von Adenauers Namen abgesehen. Ganz zeitgebunden aber ist das Bekenntnis: „Er ist gegen den Staatskapitalismus, gegen Zwangs- und Planwirtschaft, gegen Sozialisierung." Zeitlos ist das Resümee: „Unertl ist ein Mann der praktischen Erfahrung in der Gemeinde- und Kreispolitik, er ist ein Sohn der niederbayerischen Heimat." „Der Niederbayer Unertl vertritt in Bonn Niederbayern", steht noch einmal dick in der Fußzeile des Wahlplakats.

1969 hat Franz Xaver Unertl mit großem Einsatz den Wahlkampf für die erneuten Bundestagswahlen bestritten. Er wurde wiedergewählt, aber die konservative Regierung unter dem Kanzler Kurt Georg Kiesinger, den er zu einer Kundgebung nach Passau geholt hatte, musste der sozialliberalen Koalition Platz machen.

Er war stockkonservativ, hört man immer wieder sagen. Seine Familie legt Wert darauf zu erinnern, dass er ein geselliger, gütiger, Neuem stets aufgeschlossener und vor allem heimatverbundener Mensch war. (m.o.)

Mit Bürgermeister Hans Putz zählt Landrat Ludwig Mayer zu den Gründern der Rottal Terme Bad Birnbach. Gemeinsam legen sie den Grundstein für das Hofbad, mit dem 1976 die Erfolgsgeschichte Bad Birnbachs begann. Zwischen Mayer (links) und Putz steht Wirtschaftsminister Anton Jaumann.

Ludwig Mayer
Ein Landrat mit Ecken und Kanten

Am 22. März 1972, im Zuge der Reform der Landkreise in Bayern, die Eggenfelden und Pfarrkirchen zu einem großen Landkreisverband und diesem zudem an seinem Ostrand Stücke des Altlandkreises Griesbach zuschlug, schrieb der Ortsverband Birnbach der CSU an den Landratskandidaten ihrer Partei, Ludwig Mayer: „Gestatten Sie, daß wir Ihnen als aussichtsreichem Bewerber um das Amt des Landrats im neuen Landkreis die Wünsche unseres Gebietes noch einmal darlegen." Einer der Wünsche lautete: „Maßnahmen des Landkreises zur Prüfung der Realisierbarkeit einer Thermal-Wassernutzung." Der Brief schloss mit den Worten: „Wir hoffen, sehr geehrter Herr Mayer, daß Sie, im Falle Ihrer Wahl zum Landrat des Rottal-Landkreises, die oben dargelegten Wünsche der Birnbacher berücksichtigen werden." Mayer wurde Landrat und er erfüllte manchen Wunsch. Er wurde Gründungsvorsitzender des Zweckverbandes Thermalbad Birnbach. Den Einsatz Ludwig Mayers für den aufstrebenden Kurort würdigten die Birnbacher mit der Verleihung des Goldenen Ehrenringes, den nur wenige neben ihm tragen durften. Denn ohne den Wagemut des Landrates wäre die Thermalwasserbohrung nicht möglich gewesen.

Ludwig Mayer, selbständiger Landhandelskaufmann aus Eggenfelden, gab als Gründungslandrat dem neuen Landkreis nicht nur viele positive Impulse, sondern auch so etwas wie ein Gesicht. In seiner Amtszeit versuchte er, den Landkreis, aber auch das Landratsamt sozusagen wie ein Unternehmen zu führen, was ihm zum Verhängnis wurde.

Mayers unkonventioneller „Regierungsstil" fand Anerkennung nicht nur in der Region, sondern hinauf bis zur Süddeutschen Zeitung und ganz hinauf bis zur Wochenzeitung DIE ZEIT und zum Magazin DER SPIEGEL. Er hatte allerdings den Unmut einer Reihe von Kreisräten sowie der von ihm als „Kropftauberer" verspotteten Ministerialräte unterschätzt.

So rügte das Verwaltungsgericht Landshut, dass es mehrfach bei bedeutenden Finanzaufwendungen am „Willensbildungsakt des zuständigen Kreisorgans" gefehlt habe. Mayer wurde zu einer Geldstrafe verurteilt und später auch disziplinarisch belangt. Das Amt des Landrats durfte „König Ludwig", wie ihn die Leute nannten, nicht mehr ausüben. Auch nicht, als er 1984 ein weiteres Mal vom Wahlvolk mit überragender Mehrheit bestätigt wurde. Die Regierung setzte einen Interimslandrat ein, danach führte Josef Poisl die Geschäfte als 2. Landrat fort, bis 1987 eine letzte Instanz entschied, dass die Amtsenthebung auf Dauer Bestand haben soll. Die Landkreisbürger aber sahen das anders. Sie erkannten an, dass sich „ihr" Ludwig nicht selbst bereichert hatte. Als Stratege und Analytiker - oder anders gesagt als einer, der dem Volk aufs Maul schauen konnte, wie kaum ein anderer, gab sich Ludwig Mayer mit seiner Anhängerschaft nicht geschlagen. Seine Ehefrau Bruni kandidierte – und regierte den Landkreis in den nachfolgenden 24 Jahren souverän. (m.o.)

Hans Wasner
Ein Wirt vom alten Schlag

Hans Wasner in jungen Jahren

Maria Wasner, das Herz der Familie. Aus der Ehe gingen drei Kinder und acht Enkel hervor.

„Ein Wirt vom alten Schlag, den Aventinus und Wilhelm Dieß nicht besser hätten nachzeichnen können, ein knorriger, geselliger und gescheiter Mensch mit dem goldenen Meisterbrief – er hat sich von Jugend auf hier und in der weiten Welt durch harte Arbeit, Stehvermögen und durch einen Intellekt, den hinter seinen Ecken und Kanten auf den ersten Blick niemand vermuten durfte, eben das verschafft, was seine unverfälschte altbayerische Persönlichkeit ausmachte. Samt dem weichen Herzen mit der standesgemäßen rauhen Schale des Rottalers", schrieb Viktor Gröll sen. 1987 in der Passauer Neuen Presse als Nachruf auf Hans Wasner. Und weiter hieß es hier über das Rottaler Original: „Ein Metzgermeister, der mit dem Landtagspräsidenten des Freistaates französisch parlierte, der englischsprachige Zeitungen las und den Unterschied zwischen amerikanischer und europäischer Mentalität auch dem Unbedarften verständlich machen konnte."

Hans Wasner mit dem damaligen Landtagspräsidenten Heubl

Hans Wasner (rechts) mit dem populären Schauspieler Beppo Brem (links) und dem damaligen Birnbacher Feuerwehrkommandanten Sepp Schwinghammer.

Zunächst und mit gerade einem ganzen Dollar in der Tasche, versuchte Hans Wasner in den USA sein Glück. Die Lebensschule dort durchlief er buchstäblich vom Tellerwäscher bis zum Leiter eines Schlachtbetriebs in Chicago.

Das große Schicksal seiner Generation, der Krieg, führte ihn zuletzt nach Frankreich – in Gefangenschaft für lange Zeit. Statt zu verzagen, machte er auch daraus eine gute Chance. Hans Wasner eignete sich an, was er für den Beruf brauchen konnte – und die zweite Fremdsprache gleich noch dazu. 1948 kam er heim und baute aus kleinsten Anfängen heraus sein Unternehmen auf. Er setzte hohe Maßstäbe in Qualität und Organisation und war buchstäblich in allen Sätteln gerecht: Ob im Metzgereibetrieb oder am Stammtisch des niederbayerischen Wirtshauses mit „seinen" Bauern

Lebensbilder

Ein Schnappschuss aus den 50er Jahren zeigt Hans Wasner (4. v.r.) im Kreise seiner Familie und seiner damals noch kleinen Belegschaft. Heute beschäftigt das Unternehmen mehr als 300 Mitarbeiter.

und Bürgern. Die ersten Kurgäste, die in das aufstrebende Thermalbad kamen, unterhielt er mit seinem spitzbübischen Humor.

Seine barocke Ausstrahlung zog jeden in den Bann, mit dem er Umgang hatte. Und das waren nicht nur die Rottaler, die seit Generationen schon „beim Wasner" einkehrten, sondern auch hochgestellte Leute, welche einem außergewöhnlichen Manne ihren Respekt bezeugten. Noch in seinen letzten Tagen etwa, am Krankenlager, besuchten ihn der damalige Landtagspräsident Dr. Franz Heubl, der Oppositionsführer in Bonn, Dr. Hans-Jochen Vogel, und der niederbayerische Bezirkstagspräsident Sebastian Schenk. Wer aber den „Wasner-Opa" in seinem ganzen innersten Wesen erleben wollte, der konnte es eigentlich nur bei einer Begegnung im Kreise der Familie. Einzuschließen ist hier ganz klar auch die Belegschaft, die an ihrem Senior-Chef wie an einem Vater hing, den er für sie in Wahrheit auch abgab. Und die vielen Lehrlinge des Obermeisters der Metzger-Innung, sie sind alle etwas geworden, haben nicht selten besondere Karriere gemacht. Denn ein Original im besten Sinne des Wortes war er auch da, wo er Erfahrung und berufliches Können hinüberzubringen hatte.

Noch am Sterbebett hat ihm Enkel Hannes Weber versprechen müssen, eine Metzgerlehre zu machen und so in seine Fußstapfen zu treten. Hannes hielt Wort. Ganz sicher wäre Hans Wasner mächtig stolz auf das, was er in den Jahren nach seiner Zeit hätte sehen können. Zahlreiche DLG-Preise zieren die Wände im Metzgereibetrieb ebenso wie die Erinnerungen an die Weltrekord-Weißwurst und die Mega-Leberkäsesemmel. Und auch im Wirtshaus hat sich nichts verändert, außer der Tatsache, dass die Fans noch mehr und da und dort noch prominenter geworden sind. Skisprung-Legende Sven Hannawald outete sich da beispielsweise als Fan der Wasner-Weißwürste, Ministerpräsident Horst Seehofer, Landesbischof Friedrich und viele weitere hochrangige Gäste aus Wirtschaft, Politik und Kirche plauderten bei Ruthart Tresselts „Rottaler Gesprächen" im Wasner-Saal und seit Jahren schmückt das Schild der internationalen Feinschmecker „Chaine des Rotisseurs" den Gasthof. Das Vermächtnis des „Wasner-Opa" lebt also weiter bis in unsere Zeit. (v.g.)

Nach dem Neubau 1960 war die Metzgerei Wasner gefragter Ausbildungsbetrieb, Hans Wasner (rechts) ein gefragter Lehrmeister.

Lebensbilder

Englbert Hölzl
Ein Leben für die Musik

In der erneuerten Rottaler Tracht vor dem Weinstock an einem hölzernen Bauernhaus. Englbert Hölzl hat seine Hände auf den Saiten der Zither. Wie sollte es anders sein!

Wie soll man über einen Menschen schreiben, den jeder, den man zu ihm befragt, zu allererst als einen sehr bescheidenen Menschen bezeichnet? Deshalb ist der biographische Beitrag im *Bad Birnbacher Heimatheft,* den der Birnbacher Unternehmer Josef Putz verfasst hat, ganz schlicht „Zur Erinnerung an Englbert Hölzl" überschrieben. Zunächst tut Putz die Lebensdaten des Birnbacher Marktbürgers Hölzl kund: „Am 22. Juni 1999 verstarb schnell und unerwartet im Alter von 78 Jahren Englbert Hölzl. Er war am 23. Dezember 1920 in Birnbach als einziger Sohn der Kaufmannseheleute Englbert und Rosina Hölzl, geb. Aichner geboren worden." Schullaufbahn, jahrelanger Kriegsdienst und ebenso lange Gefangenschaft in Russland werden angeführt. Und natürlich versäumt es der Biograph nicht, die Kaufmannslehre zu erwähnen, die Hölzl in Passau absolviert hat. Er schließt: „Von Beruf Kaufmann und Unternehmer, übernahm er schließlich von seinem Vater das Einzelhandelsunternehmen in Birnbach, Am Berg 1." Diesen Betrieb gibt es bis heute. Wer in Bad Birnbach Literatur über das ländliche Bad, über Kultur und Natur des Rottals oder über den heiligen Bruder Konrad sucht, der wird in der alten Mitte Birnbachs in der Buchhandlung Hölzl fündig. Dort bekommt er Auskunft über niederbayerische Autoren und dort gibt es die Bad Birnbacher Heimathefte zu kaufen. Die Buchhandlung, die Englbert Hölzl seinen Kindern hinterlassen hat, ist eines dieser über Generationen bestehenden Familienunternehmen, die das gastliche Wesen des jungen Kurortes Bad Birnbach prägen.

Mit Interesse war Hölzl für den 1988 gegründeten Heimatkundekreis tätig. Mit Leidenschaft pflegte er das Laienspiel-Theater. In den Heimatheften hat er davon selbst erzählt. Nein, er hat nicht bloß erzählt, er hat eine sorgfältige Chronik des Theaterspiels in Birnbach verfasst. Über Interesse und Leidenschaft weit hinaus ging sein Verhältnis zur Musik: Das war Liebe. „Er war Organist und Chorregent an der Bad Birnbacher Pfarrkirche sowie Leiter verschiedener Gesangsgruppen und Chöre", so nüchtern liest sich das in seiner Biographie. Aber wie soll

Der jährliche Wettbewerb des „Zwieseler Finks" ist für jede volksmusikalische Gesangsgruppe eine Herausforderung. Wer einmal den begehrten Wanderpreis und das Abzeichen errungen hat, der darf sich zur Elite zählen. Mit welcher Freude die „Geschwister Hölzl" singen, ist an den Gesichtern abzulesen.

man die Hingabe ans Musizieren – und das war bei Englbert Hölzl vor allem das gemeinsame Musizieren – in Worte fassen? Ein Blick auf die alten Photographien, die ihn mit seinen Kindern und mit dem „Birnbacher Mannerg'sangl" zeigen, lassen diese Liebe zur Musik wenigstens ahnen.

„Männergesang genießt im Markt viele Sympathien", war einmal ein Zeitungsbericht überschrieben. „Sowohl im kirchlichen Bereich als auch bei festlichen Veranstaltungen und Feiern ist ihr Repertoire sehr geschätzt. Mit

146

dem so oft gewünschten Lied von der ‚Wirts-Dirn vo Haslbach' ist sich das Sextett (später waren sie zu viert) allemal des ungeteilten Beifalls des Publikums sicher." Der Volksmusik- und Brauchtumspfleger des Landkreises, Heinz Gratz, hat Hölzl zu seinem 70. Geburtstag mit den Worten gewürdigt: „Die Musik hat ihn jung erhalten. Nicht nur als Zitherspieler in Volksmusikgruppen und als Liedbegleiter, sondern auch als Sänger und vor allem als Chorleiter in Bad Birnbach hat er sich außerordentlich verdient gemacht. Klavier und Orgel, sein Kirchenchor und sein Frauenchor, früher seine bekannte Kindergesangsgruppe ‚Geschwister Hölzl' und mit vielen weiteren Aktivitäten prägte er das kulturelle Leben Bad Birnbachs entscheidend mit." Wenn gelegentlich die Rede auf Volksmusiker kam, deren Anspruch und Auftreten großartiger war als ihr Können, dann pflegte Gratz zu sagen: „Aber kennen S' den Hölzl?" Und das war des Gegenbeispiels genug.

Über seine engere Heimat hinaus hat Englbert Hölzl Aufmerksamkeit mit der Formation „Geschwister Hölzl" gefunden. Aber auch da stellte er sich nicht selbst in den Vordergrund, vor allem seine Kinder haben die Lorbeeren gekriegt: Am 3. Juni 1973 haben sie den begehrten „Zwieseler Jugendfink" gewonnen.

Das offizielle Pressephoto von den Siegern des „Zwieseler Jugendfinks" 1973: Die Hölzl-Kinder in der Tracht des Trachtenvereins „D' Rottaler Bayerbach", mit dem Abzeichen des „Zwieseler Finks" an der Brust. Aufgereiht wie die Orgelpfeifen stehen v. l. Wolfgang, Reinhold, Gerlinde, Engelbert und Anna.

Das Wappen an der Rückwand der Bühne zeigt uns – wenn es auch seitenverkehrt wiedergegeben ist – dass Englbert Hölzl damals mit seinen Kindern in Birnbach aufgetreten ist.

Die musische Begabung Hölzls war breit. Für den Text des „Rottaler Lieds" von Robert Erbertseder hat er die Noten gesetzt, die vier Strophen der „Birnbacher Rauhnacht" hat er 1987 selbst zur Melodie des „Hirtamadls" verfasst. Und immer wieder gern wird an seine zwei heiteren Verserzählungen „A wahre Gschicht" und „Kopfarbeit" erinnert, die er 1984 veröffentlicht hat.

Wenigstens die Schlussstrophe der einen sei hier wiedergegeben, weil sie nicht allein launig ist, sondern auch aufzeigt, dass Hölzl mit den Traditionen des volkstümlichen Erzählens vertraut war. Die Versicherung der Wahrhaftigkeit des Erzählten durch Berufung auf einen andern, der eben dies erzählt habe – den man aber gar nicht kennen muss –, ist ein Topos des mündlichen Erzählens, das dem Schreiben im „Volkston" zu Grunde liegt. Dass er souverän mit dem Rhythmus umzugehen verstand, wird ganz nebenbei deutlich:

„Wenn eppa moant,
de Gschicht waar glogn –
oder erfundn gar, –
da Hastetter hats selm vazählt –
drum glaubts ma 's, –
gwiß is 's wahr!"

Das „Birnbacher Mannergʼsangl", wie es viele Jahre in der Öffentlichkeit bekannt und beliebt war, fast immer in dieser Gruppierung. Von links: Norbert Lang, Willi Hafner und Fritz Dorner, in der Mitte an der Zither Englbert Hölzl. (m.o.)

Lebensbilder

Josef Hasenberger
Der Vater des Fremdenverkehrsvereins

So kannte man Josef Hasenberger sen.

Ein typisches Bild: Josef Hasenberger sen. (rechts) mit der Teufelsgeige, Alois Gerleigner (links) und sein Sohn Claus am Schlagzeug spielen auf.

Josef Hasenberger sen. nimmt als Gründungsvorstand des Fremdenverkehrsvereins eine außerordentliche Rolle in der Geschichte des ländlichen Bades ein. Gemeinsam mit seiner Familie und einigen treuen Weggefährten dachte er schon über ein neues Standbein im Tourismus nach, als von einer Entwicklung zum Heilbad noch lange nicht die Rede war. Sein Leben zeigt den Weg von der manchmal rauen Wirklichkeit des landwirtschaftlichen Umlandes von Birnbach hin zu einer Fremdenverkehrsgemeinde, die schon bald zu den erfolgreichsten im ganzen Freistaat gehören sollte.

Die Geschichte von Josef Hasenberger sen. beginnt nicht in Birnbach, sondern im benachbarten Steinberg. Dort kommt er 1926 auf dem elterlichen Hof zur Welt und wächst gemeinsam mit drei Geschwistern auf. Alles nimmt einen ganz normalen Verlauf, bis das Schicksal einer ganzen Generation einen dunklen Schatten auf das junge Leben von Josef Hasenberger sen. wirft. Wie so viele junge Menschen wird er in den sinnlosen Weltkrieg geschickt. Jugoslawien und Italien heißen die Einsatzorte des jungen Rottalers. Im Partisanenkrieg wird er verwundet und trägt eine tiefe Narbe für das weitere Leben davon.

Doch Josef Hasenberger sen. lässt sich nicht entmutigen. Mit seiner Ehefrau Maria gründet er in den 50er Jahren eine Familie, der zwei Kinder entstammen. Den elterlichen Hof übernimmt sein Bruder Georg. Er selbst pachtet für einige Jahre den stolzen Steghuberhof mitten in Asenham, ehe die Familie das Anwesen in Aunham käuflich erwerben kann, das schließlich zum Dreh- und Angelpunkt wird. 18 Tagwerk Grund gehören zum Vierseithof, den Josef Hasenberger sen. nun bewirtschaftet. Das ist auf Dauer zu wenig, um eine ganze Familie davon ernähren zu können. Der Unimog wird zum Markenzeichen des Landwirts, der diese Universalmaschine deshalb auch oft und gerne in anderen Bereichen einsetzt, zum Beispiel in der Forstarbeit. Seine Ehefrau und die beiden Kinder Maria und Josef sehen ihren Vater im Winter oft nur morgens und abends, wenn er hinausfährt ins Holz und nach getaner Arbeit wieder heimkehrt. Als sein Sohn, ebenfalls ein „Josef", heranwächst, begleitet er den Vater bei diesen Arbeiten häufig. Eine weitere Spezialität von Josef Hasenberger sen. ist das Herausschneiden von Fensterstöcken in den Holzhäusern der Region. Hier entwickelt sich eine enge Zusammenarbeit mit Valentin „Valle" Wimmer, der zu einem wichtigen Weggefährten wird. Auch der zwischenzeitlich erworbene Ladewagen ist immer häufiger an den Unimog gespannt. Den Häuslern rundherum bringt Hasenberger damit Heu und Stroh nach Hause. Dieses Mal in Diensten der Gemeinde ist es wieder der Unimog, der in den harten Wintern der 60er- und 70er-Jahre einen Schneepflug aufgesteckt bekommt. Politisch ist Josef Hasenberger sen. in der Altgemeinde Untertattenbach als Gemeinderat aktiv, während Georg Moser dort Bürgermeister ist.

Die Zukunft sieht Josef Hasenberger sen. aber schon bald im Fremdenverkehr. So werden schon in den 60er-Jahren Gäste auf dem typischen Rottaler Vierseithof empfangen. Nicht selten müssen die Kinder im Sommer ihre Zimmer kurzfristig räumen, um für die Sommerfrischler, die teils von weit her anreisen, Quartier zu schaffen. Dabei will es der Hausherr nicht bewenden lassen. Er investiert kräftig. Mit Erfolg, wie die Passauer Neue Presse im Juli 1970 berichtet. Der damalige MdB Franz Xaver Unertl kommt, als Dekan Gerauer dem Erweiterungsbau den kirchlichen Segen vor zahlreichen Ehrengästen gibt. Josef Hasenberger sen. schildert bei dieser Gelegenheit die harte Aufbauarbeit, die er in Aunham auf dem Anwesen geleistet hat. 40 Jahre lang war der Hof demnach gar nicht bewirtschaftet.

Etwa ein Jahr später versammeln sich Mitglieder der Jungen Union unter dem Vorsitz von Josef Putz mit den Gemeinderäten des Ausschusses für Fremdenverkehr und Ortsverschönerung im Rottaler Rössl von Josef Kagerer. Es geht um die Schaffung von Übernachtungsmöglichkeiten, um den Bau eines Schwimmbades und vieles mehr. Im November 1971 ist es dann soweit. Im Gasthaus Kastenmeier wird der Fremdenverkehrsverein gegründet. Sein Gründungsvorstand heißt Josef Hasenberger, dem wegen seiner Erfahrungen im Fremdenverkehr diese Aufgabe wie auf den Leib geschneidert ist. Die Geschichte nimmt nun ihren Gang. Fünf Jahre später öffnet die Rottal Terme ihre Pforten, und das ländliche Bad entsteht.

Josef Hasenberger sen. wurde vom Herrgott nach schwerer Krankheit mit nur 53 Jahren viel zu früh heimgeholt. Er wäre aber sicher stolz, wenn er auf das schmucke Gästehaus in Aunham schauen könnte, das sein Sohn Josef gemeinsam mit Ehefrau Rita kontinuierlich ausgebaut hat, und das mittlerweile von Sternen geziert wird. Dass es der Sohn auch noch auf den Chefsessel im Bad Birnbacher Rathaus geschafft hat, hätte der Senior sicherlich mit noch größerer Freude gesehen – aber auch mit viel Genugtuung, denn es ist der Beweis, dass der in den 60er-Jahren eingeschlagene Weg auch der richtige war. (v.g.)

Die Gäste spielten schon bald eine große Rolle im Leben der Hasenbergers. Hier war auch Bürgermeister Hans Putz (links) zu Gast bei Josef (2.v.l.) und Maria Hasenberger (rechts).

Siegfried Biermeier
Impen und Badegäste

In einer Frauenzeitschrift wurde einmal Siegfried Biermeiers „Bienenhof" als die ganz besondere Attraktion im jungen Kurbad vorgestellt. Wir wissen nicht mehr, von wann der Ausriss stammt, den ein Gast einmal bei seiner Abreise im Zimmer liegen gelassen hat, aber offenbar war er Anlass für seine Erholungsreise nach Steinberg gewesen. Wir lesen mit kritischer Distanz, aber auch etwas Stolz, was da vor zwei oder drei Jahrzehnten geschrieben wurde: „Eingebettet in das niederbayerische Hügelland, inmitten von Wiesen, Feldern und Wäldern und nur knapp von dem ländlichen Thermalbad Birnbach entfernt, liegt an einem sanften Hang der Bienenhof. Ein uralter Bauernhof aus Holz, wie man ihn selbst hier im unzerstörten Niederbayern nur noch selten findet. Balkon und Fenster sind mit üppigen Geranien geschmückt und direkt vor dem Hof spendet eine ausladende Weide erfrischenden Schatten.

Beim Imker Biermeier auf dem Bienenhof hat das alte Wort von der Sommerfrische noch die romantische Bedeutung wie zu Zeiten der Jahrhundertwende. Hier unter dem weißblauen Himmel Niederbayerns scheint die gute alte Zeit noch in voller Blüte zu stehen."

Die Treppe vor der Haustür seines Anwesens in Steinberg (Gemeinde Bayerbach) war Siegfried Biermeiers liebste Bühne. An der Türe sein Sohn, dem er sein Kommunikationstalent und die Imker-Leidenschaft vererbt hat.

Natürlich wissen wir, dass „die gute alte Zeit" so gut nicht war, aber der Imker Biermeier hatte die Begabung, jeder Erinnerung einen honiggoldenen Schein zu verleihen. Er konnte Interesse erwecken, ja, er konnte begeistern – für seine Leidenschaft, das Imkern. „Auf dem Bienenhof ißt man den Honig nicht nur, man erfährt auch, wie er gesammelt wird", steht in der Zeitschrift unter ein Bild geschrieben, das Biermeier mit Gästen auf den Stufen vor seiner Haustüre zeigt. Er konnte beides: allein sein mit seinen Impen – so heißen die Bienen in Altbaiern – und in Gesellschaft sein. 1968 gründete Siegfried Biermeier (1928-1999) die erste private Imkerschule in Deutschland, seit 1978 führte er naturkundliche Wanderungen auf dem von ihm initiierten Bienenlehrpfad in Steinberg durch. Aber er wollte nie belehren, er wollte mitteilen, er wollte Wissen und Leidenschaft vermitteln. Schade, dass er so früh gestorben ist!

Eine seiner Lieblingsgeschichten sei noch in Erinnerung gebracht. Ein Gästepaar wollte mit der Rottalbahn anreisen und sollte abgeholt werden am Bahnhof in Luderbach. In den späten sechziger Jahren sei das gewesen, als Biermeiers Bienenhof als einer der ersten landwirtschaftlichen Betriebe Urlaub auf dem Bauernhof anbot.

Lebensbilder

Die Verabredung erfolgte am Telefon, die Frau teilte die Ankunftszeit mit, Siegfried Biermeier versprach, mit dem Wagen am Bahnhof zu sein und gleich am Bahnsteig die Koffer entgegenzunehmen. Sie könne ihm aber leider nicht sagen, unter welcher Bahnsteignummer sie und ihr Mann einfahren würden. *I werd's scho find'n*, habe er gesagt, wohl wissend, dass die eingleisige Strecke der Rottalbahn bei den paar Häusern an diesem kleinen Bahnhof in Luderbach nur einen und wirklich nur einen Bahnsteig hatte. (m.o.)

Ganz von Beginn an war Siegfried Biermeier mit dabei, als der alte Markt Birnbach sich aufmachte, Bad Birnbach zu werden. Als im Jahr 1975 das erschlossene Thermalwasser noch ungefasst aus einem Rohr in alte Badewannen floss und von dort in einem Graben weiter in die Rott, da führte er seine Hausgäste stolz hin, um ihnen die Zukunft ihres Urlaubsortes aufzuzeigen.

Es hat sich viel getan seit den Anfängen des Kurbades: die Rottal Terme 2009 im Mondlicht.

Der Bauer und Imker Siegfried Biermeier in seinem Element: am Schau-Bienenstand mit alten Bienenkörben und beim Vortrag über Geschichte und Kunst der Imkerei im Wirtssaal.

Lebensbilder

Hans Putz
Leitfigur des ländlichen Bades

Ohne ihn wäre die Rottal Terme wohl nicht entstanden. Zum 30. Geburtstag der Rottal Terme 2006 ließ sich Hans Putz im damaligen Erholungsbad ablichten.

Wenn man die Geschichte von Hans Putz erzählt, beschreibt man den Weg eines traditionellen, bodenständigen Handwerkers, der zum Visionär wurde und eine Entwicklung anstieß, die heute hunderte von Arbeitsplätzen sichert. Hans Putz wurde zur Leitfigur der Entwicklung Birnbachs hin zum ländlichen Bad.

Doch der Reihe nach. Das Licht der Welt erblickte Hans Putz am 28. April 1939 als Sohn der Schreinermeisterseheleute Hans und Maria Putz. Die Jahre der Kindheit waren von der Kriegs- und Nachkriegszeit geprägt, in der große Not auch über das Rottal kommen sollte. 1956 legte Hans Putz die Gesellenprüfung im Schreinerhandwerk ab. Nach dem Dienst in der neu gegründeten Bundeswehr folgten praktische und theoretische Weiterbildungen in Bayern sowie in der Schweiz. 1964 legte er schließlich die Meisterprüfung ab, und noch im selben Jahr führte er seine Ehefrau Christl vor den Traualtar. Aus der Ehe entstammen drei Kinder. Schon bald führte sein Weg in die Selbständigkeit. Am 1. Januar 1965 wurde er Teilhaber in der Schreinerei und im Möbelgeschäft der Eltern. Nach dem Tod des Vaters 1967 baute er gemeinsam mit seinem Bruder Josef die Firma Putz Küche und Wohnen auf, die in Spitzenzeiten weit mehr als 80 Menschen beschäftigte.

Aber auch die Kommunalpolitik lockte ihn. So zog er 1966 in den Gemeinderat ein. Ein Schritt, der Folgen haben sollte. Es war die Zeit der Gebietsreform, aber auch die Zeit der Landflucht. Auch das traditionell von Handwerk und Handel geprägte Birnbach mit seinem landwirtschaftlich strukturierten Umfeld konnte die nötigen Zukunftsperspektiven für die nachwachsende Generation nicht mehr bieten. Die Junge Union war es, die sich an den Schatz in den Tiefen des Urgesteins erinnerte. Hans Putz wurde zum Sprachrohr dieser Generation. 1971 wurde er 2. Bürgermeister in Birnbach, das sich längst anschickte, sich zur Großgemeinde zu entwickeln. Hier wurden die Fähigkeiten des Verhandlers und Diplomaten Hans Putz deutlich sichtbar. Während andernorts schnell Risse durch künstlich geschaffene Körperschaften gingen, ist die Großgemeinde Birnbach bis zum heutigen Tag eine Einheit geblieben. Geschichtliche Zusammenhänge sowie die Bildung des Schulsprengels mit dem Bau der Schule in Birnbach waren wichtige Stützpfeiler in der Konstruktion, die Putz nun aufbaute. Die Wahl zum Bürgermeister 1972 war die logische Folge.

Zahlreiche Ehrungen nahm Hans Putz als Bürgermeister vor.

Hans Putz war es auch, der gemeinsam mit Landrat Ludwig Mayer den Zweckverband Thermalbad Birnbach aus der Taufe hob, der die neuerliche Bohrung nach Thermalwasser forcierte und mit Hans Weber als Geschäftsführer des Zweckverbandes einen kongenialen Dritten im Bunde fand. Bis 1984 zog er als Bürgermeister die Fäden in der Gemeindepolitik. Das ländliche Bad führte er von Null auf rund eine halbe Million Übernachtungen. Birnbach wurde als „Wunderkind" der deutschen Bäderlandschaft gefeiert, große Ziele waren anvisiert: die Markterhebung und schließlich die Heilbadanerkennung. Als beides 1984 und 1987 Realität wurde, war Hans Putz bereits Ehrenbürger. Der Politik blieb er als Fraktionsvorsitzender im Kreistag und als Mitglied des Zweckverbandes Thermalbad Birnbach aber zunächst weiterhin treu. Erst 2002 schied er als letztes Gründungsmitglied des Zweckverbandes und aus dem Kreistag aus.

Bei allen visionären Aufgaben verlor Hans Putz nie die Bodenhaftung - vielleicht auch deshalb, weil er dem Handwerk ebenso treu blieb wie der Kirche und seiner großen Leidenschaft, der Heimatkunde. Über 30 Jahre war er Obermeister der Schreinerinnung, dann von 1989 an Kreishandwerksmeister und ab 1988 Kirchenpfleger der Pfarrei Bad Birnbach. Viele Jahre war er Vorstandsmitglied des Fachverbandes Holz und Kunststoff Bayern und der Handwerkskammer Niederbayern-Oberpfalz.

Zahlreiche Veröffentlichungen, beispielsweise in den Birnbacher Heimatheften, stammen aus seiner Feder, und auch das 1983 erschienene Heimatbuch wurde von ihm initiiert. Die Liste der Auszeichnungen ist lang. So trägt er das Bundesverdienstkreuz am Bande ebenso wie die Stephanus-Plakette der Diözese Passau. Besondere Erwähnung sollte aber in seinem Falle die Bayerische Kommunale Verdienstmedaille finden. Denn kaum ein Kommunalpolitiker konnte durch sein Wirken eine ähnliche Entwicklung anstoßen, so wie er es tat. (v.g.)

Bei diesem Umzug ging noch die alte B388 durch die Hofmark. Hans Putz und sein Gemeinderat waren aber schon längst auf dem Weg, Änderungen herbeizuführen.

Hans Putz war begeistert von den Darbietungen der Laienspielgruppe des BRK, als 2009 das Festspiel „Caspar von Schmid" wiederaufgeführt wurde. Nach der Premiere dankte er den Akteuren herzlich.

Erwin Brummer
Nie Landwirt oder Politiker ...

„Ich wollte nie Landwirt oder Politiker werden", sagte Erwin Brummer schon bei manch einer Gelegenheit. Und doch ist er beides geworden: zunächst Bauer auf dem traditionsreichen Hof in Winten, den er von seinem Vater Albert übernommen hat. Dann Kommunalpolitiker, zuerst in der Altgemeinde Hirschbach, wo er bereits am Geschehen in Sachen Gemeindezusammenlegung mit Hirschbach und später zur Großgemeinde Birnbach eifrig mitmischte. Josef Hofbauer, zunächst 2. Bürgermeister in Hirschbach und später auch in Birnbach, war damals einer seiner engsten politischen Weggefährten. Er leitete auch die Nominierungsversammlung 1983 für die Freie Wählergemeinschaft Hirschbach-Brombach (116 von 117 Stimmen). 1984 trat er schließlich gegen Hans Unertl das Rennen um die Nachfolge von Hans Putz an – und entschied sie für sich. Auf Erwin Brummer entfielen damals 1851 Stimmen der gut 3100 Wähler.

Für die Familie Brummer war das ein einschneidendes Erlebnis, das alles verändern sollte. Ehefrau Frieda und Tochter Anita mussten von nun an den Hof managen. Heute wird man durch Schwiegersohn Theo Eder verstärkt, und auch Erwin Brummer selbst legt nach 24 Jahren im Bad Birnbacher Rathaus wieder Hand an rund um die Landwirtschaft.

Erwin Brummer als Jäger und mit Jagdhund - in Bad Birnbach war das ein seltenes Bild. Doch Jäger war und ist Erwin Brummer mit Leib und Seele. Nicht umsonst stand er jahrelang der Kreisgruppe Pfarrkirchen vor.

„Am Anfang hätte ich am liebsten den Schreibtisch beim Fenster hinausgeworfen" - das ist ein Zitat von Erwin Brummer, das die ersten Tage und Wochen nach dem Amtsantritts im Birnbacher Rathaus beschreibt. Denn Schreibtischarbeit war ihm, der die Natur, die Pferde und die Jagd über alles liebt, bis dahin völlig fremd.

Als hemdsärmeliger Vollblut-Kommunalpolitiker hatte er sich ja längst einen Namen gemacht. Aber eine Verwaltung leiten? Nun, Erwin Brummer wäre nicht er selbst, hätte er sich nicht schnell auf die neue Situation eingestellt. Er verstand es dabei zusehends besser, den Situationen und Herausforderungen gerecht zu werden. So wird Brummer auch nach seiner aktiven Amtszeit bei den Behörden als kompetenter Partner hoch gelobt. Schon manch hochrangiger Politiker hat „beim Erwin" schon einmal um Rat nachgefragt. Genauso gibt es aber nach wie vor den Kommunalpolitiker, der im Wirtshaus oder Bierzelt aus dem Bauch heraus reden und Menschen überzeugen kann. Als Kreisrat ist er ja nach wie vor aktiv.

Seine herausragende Eigenschaft war und ist ohne Zweifel seine sprichwörtliche Zähheit. Ist ein Ziel einmal anvisiert, wird darauf geradewegs zugesteuert, mögen die Hindernisse auch noch so groß sein. Beispiele dafür gibt es genügend, Artrium und Schulhausbau seien an dieser Stelle nur exemplarisch genannt. Erwin Brummer hat es auch immer verstanden, den Kontakt zu den Menschen nicht zu verlieren.

Lebensbilder

Gerade in den letzten Jahren seiner Amtszeit war er es, der durch gezielte Investitionen dem Fremdenverkehr in schwierigen Zeiten neuen Schwung verlieh. Er war die politische Triebfeder beim damals heftig umstrittenen Konzept 98, er setzte das Artrium durch und kämpfte erfolgreich auf dem politischen Parkett um die Erweiterung des heutigen Therapiebades der Rottal Terme. Auch die 2010, zwei Jahre nach seinem Rückzug aus dem Amt des Bürgermeisters beendete „Verbesserungsmaßnahme Erholungsbad/Vitarium" geht auf die Initiative von Erwin Brummer zurück. Dem ländlichen Bad drückte er als „grüner Schwarzer" einen besonderen Stempel auf.

Doch Erwin Brummer hat nicht nur den Hauptort Birnbach gesehen, sondern auch die Ortsteile. Das ist sicher ein wichtiger Grund, warum sich die Großgemeinde Bad Birnbach heute, gut 30 Jahre nach der Gebietsreform, als homogene Gemeinde, als „ländliches Bad" präsentiert.
Nicht immer waren die Zeiten so erfolgreich. 1993 erlebte Erwin Brummer mit seinen Mitstreitern eine herbe Niederlage, als er gegen Bruni Mayer zum Landrat kandidierte. Doch Erwin Brummer stand wieder auf, fasste neuen Mut und ging letztlich sogar gestärkt und gereift aus dieser Niederlage hervor.

Größter Respekt bei Freund und Feind gilt ihm seit seiner schweren, kritischen Lungenoperation 2004. Bis zum letzten Tag vor der Abreise in die Klinik war er im Rathaus und draußen bei den Vereinen aktiv. Manch einer traute seinen Augen nicht, als „der Erwin" schon einige Wochen später wieder im Rathaus auftauchte. Anstatt den Kopf hängen zu lassen, suchte er seine Motivation – und fand sie, in seiner Familie, in Bad Birnbach, bei den Menschen im ländlichen Bad. Das nächste Projekt war in seinem Kopf längst gereift: Der Bau des Bella Vista Golfparks, der 2007 in Betrieb ging. 2008 zog sich Erwin Brummer nach 24 Jahren wieder zurück ins Privatleben. Die Ehrenbürgerwürde des Marktes Bad Birnbach wurde ihm umgehend vom Marktgemeinderat zugesprochen und durch seinen Nachfolger Josef Hasenberger erteilt. Auch eine Brücke, die Richtung Bella Vista Golfpark führt, ist nach ihm benannt. In die Geschichte Bad Birnbachs ist er in jedem Fall eingegangen. Er, der nie Landwirt und schon gar nicht Politiker werden wollte, und doch beides geworden ist.   (v.g.)

Einen Golfplatz hat er gebaut, ja sogar einen Golfpark. Selbst infiziert von dem Fieber wurde er aber nicht, und so blieb es bei ein paar Probeabschlägen, bei denen Erwin Brummer freilich eine gute Figur machte. Sogar eine Brücke wurde nach Erwin Brummer benannt. Bürgermeister Josef Hasenberger (rechts) übergibt ein Modell an den neuen Ehrenbürger, der mit Ehefrau Frieda (2.v.l.) zur Ehrung kam. Links im Bild ist der Architekt des Bauwerks, Siegfried Desch, zu sehen. Mit Altbischof Franz Xaver Eder (rechts) unternahm Erwin Brummer eine Kutschenfahrt beim Leonhardiritt in Asenham. Es hat furchtbar geregnet und es war bitterkalt. Die beiden Herren haben sich die gute Laune dennoch nicht nehmen lassen.

Minerl Sigl
Kindheit zwischen großer Freiheit und ersten Pflichten

Minerl und ihre jüngere Schwester Elfi im Hausgarten

Im Dorf war ein Kind nie allein. Im linken Mostfass, das frisch ausgewaschen zum Trocknen an die Sonne gestellt worden ist, sitzt Minerl Blüml.

Eine Kindheit auf dem Bauernhof stellen sich Stadttöchter sehr malerisch vor. Die vielen Tiere! Das dürfen auch Kühe sein, die einen mit ihren treuen Augen anschauen. Schafe, vor allem die Lämmchen, gehören zum Traum von einem Bauernhof. Vor allem aber das Pferd, das man vor ein Wägelchen spannen kann, fehlt nie in den Träumen vom Großwerden auf dem Land. Diese Freuden hat Wilhelmine Sigl in ihrer Kindheit auf dem großen Arterhof in Lengham alle erlebt.

Als Rottaler Bauer hat ihr Vater natürlich die üblichen mittelschweren Rösser gehabt, die man vor den Pflug, vor Grasmähmaschinen und Gabelheuer, aber auch vor leichte Gäuwagerl spannen konnte. Mit ihm war sie stolz auf die schönen und handsamen Tiere.

Aber sie weiß auch ganz was anderes zu erzählen, das, was mit dem Alltag auf dem Bauernhof zu tun hat. Die Arbeit geht auf einem Bauernhof nie aus: *Minerl, du machst heit!* Oder: *Geh, das wär deine Aufgab!* Und: *Der Hennastoi ghört ausgräumt, und weißeln miaß ma'n.* So hört sich das im Gespräch mit der Altbäuerin am Lenghamer Arterhof an: „Den ganzen Tiergarten hat ma halt g'habt, ned! Gäns und Henna und Sauen und Zuchtsauen – und Roß' und Kiah und alles, auch Zuchtstiern." Rösser nannten die Rottaler ihre Pferde, und sie nennen sie noch heute so.

Während Wilhelmines Schwester lieber ihre Zeit mit Büchern verbrachte, *„mei Schwester, die hat immer glesen, die hams immer zum Arbeiten antreiben müssen"*, musste sie sich auf die Fortführung der elterlichen Landwirtschaft vorbereiten. Die Schwester haben die Eltern in die Mittelschule geschickt, die wollte aber nicht, *„die hat immer Bettlbrief hoam gschriebn: I mag nimmer!"* Wilhelmine dagegen war jeder Tag im Internat bei den Englischen Fräulein in Neuhaus am Inn – sie besuchte dort die Hauswirtschaftsschule – lieber als daheim am Hof: „Im Kloster, i sag euch was, wie die Ferien waren, die großen Ferien, da hab i mi gar ned holen lassen von dahoam, weil ich hab die Ruhe dann genossen im Kloster drin. Ich bin im Garten draußen gsessen mit einer Handarbeit, und des war…, die haben mich verherrlicht, die Klosterfrauen, weil ich ned hoam druckt hab. Und warum? Weil dahoam hab i um halb vier aufstehn müssen. De andern Dirndln, die ham die Sekunden und Stunden und Tage gzählt, wanns hoam dürfen, und des hab i überhaupt ned begreifen können, dass die so hoam wollten. Mir hats taugt da drin. Meine Eltern ham des gar ned gwusst, dass scho

Lebensbilder

Ferien waren, vor lauter Arbeit ham die des gar ned mitkriagt, dass eana Dirndl schon zum Holen war."

So gern Wilhelmine die Rösser gehabt hat, so stolz war sie dennoch auf den ersten Traktor, den der Vater angeschafft hat, einen *Röhr*, hergestellt in Passau. Ihr Vater hatte sie für einen Kurs für die damals „revolutionären" Mähdrescher angemeldet. „Aber" meint Minerl lächelnd, „weil ich bald darauf geheiratet hab', brauchte ich nicht mehr mitzumachen."

Landwirtschaft war Wilhelmine zu wenig, sie suchte Gesellschaft. Wenn wir sie auf alten Photographien in einer Gruppe sehen – sie ist immer mitten drin: beim Radausflug zum Karpfhamer Volksfest in selbstgenähter Werktagtracht, 1954 bei einer Busfahrt nach Jugoslawien, auf der Theaterbühne der Landjugend. Wenn aber mittendrin zu sein bedeutet hätte, unterzugehen in der Menge, dann finden wir sie ganz vorne dran, im Boot auf dem Zeller See, beim Vortrag des Versgedichts *Weiberratsch* von Max Peinkofer. Deshalb war sie die Richtige, gemeinsam mit ihrem Mann Josef aus dem elterlichen Bauernhof mit dem Arterhof einen der ersten erfolgreichen Tourismusbetriebe des aufstrebenden Badeortes Birnbach zu machen. (m.o.)

Ein Röhr-Traktor hat ab 1952 die Arbeit auf dem Arterhof erleichtert.

Gesellschaft, Wirtschaften und Familie, das ist Minerl Sigls Welt. Hier sehen wir sie mit ihrem Mann, ihrem Sohn und den beiden Enkeln. Mittendrin ist die Schwiegertochter, die bereits viel von „Minerl" Sigls Aufgaben am Arterhof übernommen hat.

Die Dorfjugend draußen auf der Hofwiese. Minerl war immer die Kleinste, aber immer mittendrin.

Der „Weiberratsch" in Versen war Minerl Blüml wie auf den Leib geschrieben.

Ausflug der Landjugend zum Zeller See: ganz vorne im Boot Minerl Blüml

Josef Kagerer
Ein Zuagroaster wird heimisch

Kagerer zeigt den Gästen die beste Taktik für das „Eierlaufen", ein Spiel, das früher unter Kindern sehr beliebt war. Die Eier laufen auf zwei zusammengebundenen Besenstielen nach unten.

Wissen Sie, was Antlasseier sind? Wenn nicht, dann gehen Sie doch einmal mit dem Kagerer Sepp auf eine Themenwanderung. Jeden Monat erfahren so die Gäste einiges über Bräuche in Birnbach und Umgebung. Lichtmess, Josefi, Siebenschläfer, St. Leonhard oder Unschuldigerkindl-Tag: das ist nur eine kleine Auswahl aus seinem Repertoire. Wer wäre für solche Wanderungen besser geeignet, als Kagerer, zwar „Zugroaster", aber dennoch Birnbacher Urgestein.

Der gelernte Konditor ist nach Zwischenstationen in Neutraubling und Augsburg 1966 in Birnbach sesshaft geworden. Zeitweilig betrieb er drei Lokale gleichzeitig: sein Domizil, das Rottaler Rössl sowie als Pachtbetriebe das Rathaus-Cafe und den Alten Weißbräu.

1996 hatte der Kagerer Sepp Glück im Unglück bei einem schweren Verkehrsunfall. Zwei Jahre betrieb seine Frau Martha gemeinsam mit dem Sohn das Traditionswirtshaus noch weiter, bevor man sich aufs Altenteil zurückzog.

Vor 40 Jahren war er Gründungsmitglied im damaligen Fremdenverkehrsverein, der nun Ring der Gastlichkeit heißt. Kagerer wirkte bis 2010 in zahlreichen Ämtern: Vorsitzender, Kassier, Referent für Wirtschaftsförderung.

Wenn der Kagerer Sepp nicht gerade mit Gästen eine Wanderung unternimmt oder ihnen „sein" Birnbach zeigt, zieht er sich auch gerne mal zurück und liest. Besonders angetan hat es ihm die Geschichte. (j.b.)

Nach wie vor zeigt er wöchentlich den Neuankommenden in einem informativen Spaziergang, was im ländlichen Bad los ist und besucht zudem mit den Gästen Wandergebiete im Rottal, wie hier bei Aicha.

Lebensbilder

Wer es auf eigene Faust probieren will, dem kann man die Bruder Konrad Runde empfehlen. Ausgangspunkt ist die Streckentafel am Arterhof. Zwischen Feldern geht es leicht bergauf in das schöne Waldgebiet der Lugenz mit herrlicher Aussicht. Auf verschlungenen Wegen erreicht man nach vier Kilometern eine still gelegene Holzkapelle. Leicht bergab, am Waldlehrpfad entlang, kehrt man zurück.

Für Radfahrer ist die Krokodilsteintour durch die Rottauen ideal: Die Strecke ist leicht und bietet wunderschöne Ausblicke übers Rottal. Ihren Namen hat sie von einem zu Stein erstarrten „Krokodil".

Gut gepflegte Wege, einige auch abends beleuchtet, prächtige Ausblicke und einzigartige Eindrücke kennzeichnen die Wanderwege rund ums ländliche Bad! Viele Wege sind als Rundwege angelegt, die wenigsten sind asphaltiert. Einerseits ist das gelenkschonender, andererseits passt diese Befestigung auch besser in die Landschaft und damit in das ländliche Bad. Die Wege führen entweder entlang der Rott oder hinaus ins bewaldete Rottaler Hügelland. Einige Touren beginnen mitten im Ort, zu anderen können die Gäste kostenlos mit dem Bad Birnbacher Badebus fahren. Wie schön das Rottal im Winter ist, demonstriert dieses Foto eindrucksvoll. Kein Fitness-Studio kann so gut sein wie ein entspannter Spaziergang in freier Natur.

Lebensbilder

Auszeichnung für ein Lebenswerk

Lutz Heese (rechts), Präsident der Bay. Architektenkammer und Günther Hoffmann (links) überreichen den Bayerischen Architekturpreis an Manfred Brennecke (2. v.r.), Thomas Richter (Mitte) und Horst Biesterfeld.

Die Nachricht kam überraschend, wenngleich die Auszeichnung mehr als verdient war: Für ihr Schaffen erhielten die Gründer des Architekturbüros arc-Architekten Manfred Brennecke, Horst Biesterfeld und Thomas Richter den Bayerischen Architekturpreis.

Die „arcs", wie sie landläufig genannt werden, haben Bad Birnbach auf dem Weg zum Kurort von Anbeginn begleitet. Prof. Dr. Claus Hipp fasste die Geschichte der drei Architekten in seiner Laudatio zusammen: „Der Baustil prägt das Gesicht der Heimat. Er hat sich im Laufe der Zeit entwickelt und die Notwendigkeiten, die Bedürfnisse der Menschen in der jeweiligen Umgebung haben ihn beeinflusst. Fremdes empfinden wir als störend, ebenso auch Übertreibung und Angeberei.

Gerade im ländlichen Raum ist die Gefahr, dass Gestaltung misslingt, dass es zu Geschmacksverirrungen kommt, sehr groß. Wichtig ist auch handwerkliches Können: Jeder weiß wie's geht, aber keiner kann's mehr...

Schwerpunkt der planerischen Tätigkeit von arc Architekten war seit jeher die städtebauliche Entwicklung des ländlichen Raumes. Es ist sicherlich nicht übertrieben zu sagen, dass das Büro hier wegweisende Impulse für Bayern gegeben hat: Städtebauliche Visionen haben sie schon vor langer Zeit für den niederbayerischen Kurort Bad Birnbach entwickelt – den Standort ihres gemeinsamen Büros.

Ein besonderer Verdienst der drei Preisträger: Sie haben stets den Menschen, das Soziale in den Mittelpunkt ihrer Entwurfs- und Bautätigkeit gestellt. Dem ländlichen Raum zu neuer Lebensqualität zu verhelfen und so der früher so gefürchteten Landflucht entgegen zu wirken – dieser Zielsetzung haben sich Horst Biesterfeld, Manfred Brennecke und Thomas Richter über 35 Jahre lang gewidmet. Sie machen das Umfeld liebenswert, schaffen Räume, in denen die Menschen sich wohlfühlen, auf die sie stolz sind, mit denen sie sich identifizieren können."

„Der Name ‚Arc' bedeutet ‚Bogen' oder ‚Brücke'. Er stand von Beginn an stellvertretend für das Konzept, Architektur und Städtebau zu verbinden - nicht nur das individuelle Bauvorhaben sondern auch das soziale Miteinander zum Thema zu machen. Fachübergreifendes Arbeiten, Austausch und Zusammenarbeit mit den Kolleginnen in der Obersten Baubehörde und den Regierungen wurden oft zu Voraussetzungen für das Gelingen vieler städtebaulicher Vorhaben", sagte Manfred Brennecke beim gleichen Anlass. Im Städtebau stelle sich die Frage nach dem „Bauherrn" noch komplexer als bei einem einzelnen Bauwerk: Der Bürger als eigentlicher Bauherr melde sich zu Wort und nicht erst seit den Stuttgarter Ereignissen gelte es, Teilnahme zu ermöglichen und Distanzen zu überbrücken. Brennecke weiter: „Hans Peter Dürr hat hierzu ein hilfreiches Bild geliefert, das Bild der ‚T-Intelligenz'. In Ausbildung und Beruf hat sich jeder von uns in die Tiefe gebohrt. Hier in der Tiefe unseres jeweiligen Wissens kommen wir nicht zueinander. Um kommunizieren zu können, müssen wir aus der Tiefe an die Oberfläche kommen, das in der Tiefe erfahrene Wissen mitnehmen und für die Mitmenschen kommunizierbar – verständlich – machen".

(v.g.)